VENCENDO A DOR DA MORTE

InterVidas

CATANDUVA, SP, 2016

A AUTORA DESTINA TODOS OS DIREITOS AUTORAIS DESTA OBRA AO

CENTRO ESPÍRITA LUIZ GONZAGA

instituição fundada por Chico Xavier

PARA BENTO

QUE, AO ME TORNAR AVÓ, RENOVOU MINHAS
CONVICÇÕES DE QUE A VIDA É BELA
E CONTINUA SEMPRE.

AGRADECIMENTOS

A RICARDO PINFILDI E À EQUIPE
DA INTERVIDAS PELA INESTIMÁVEL
PARTICIPAÇÃO NESTE LIVRO, CUJA EFICIENTE
EDITORAÇÃO TORNARAM-NO BEM MELHOR.

AOS MEUS ENTES QUERIDOS DESTE
E DO OUTRO PLANO DA VIDA, EM PRECES
DE LOUVOR A DEUS, AGRADEÇO POR TUDO.

MINHAS HOMENAGENS, COM VIBRAÇÕES
DE MUITO AMOR, A TODOS AQUELES
QUE ME EMPRESTARAM SUAS HISTÓRIAS.

SUM

ÁRIO

FRAGMENTOS DE MINHA VIDA

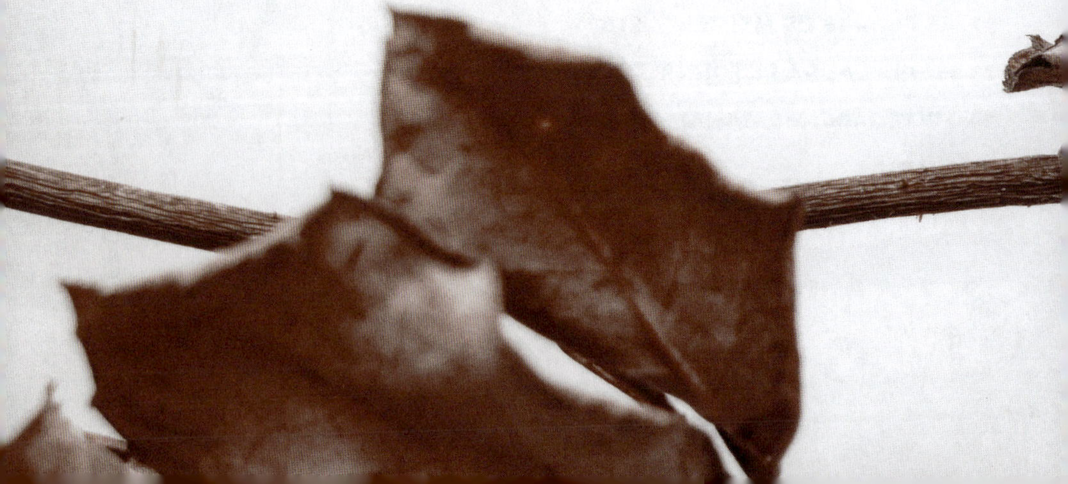

Ap

Nosso filho Rangel se foi, em 1983, após uma queda de bicicleta. Mesmo diante de todo o meu sofrimento, e acreditando que a mãe espírita é mais forte, as pessoas, ao se depararem com suas perdas, procuravam-me tentando encontrar algum consolo ou ajuda. Eu me sentia, e tantos anos depois ainda me sinto, muito pequena diante de seus dramas.

Naquela época, visitando o querido médium Chico Xavier em Uberaba, expus minhas dificuldades, pois quase todas aquelas pessoas iam embora exatamente como chegavam, ou seja, sem se sentirem consoladas. E ele, com sabedoria e bondade, acolhia com tanto carinho em seu coração os corações despedaçados daqueles que o procuravam. Com um jeitinho maroto, respondeu-me: "Ah, minha filha! elas precisam do curso de religião que você fez." Compreendi que ele queria me ensinar que quem consola

é Jesus, quando batemos à Sua porta. Compreendi também que ele se referia à minha felicidade por ter nascido em um berço espírita e recebido, desde muito cedo, as bases dessa doutrina, que responde a questões fundamentais sobre o transcurso de nossa existência que a filosofia materialista tenta responder em vão. Que no curso de religião sublime em que fui criada, encontrei respostas para a pergunta que mais ouvi e nunca precisei fazer, "Por que Deus fez isso comigo?", e para o questionamento também necessário para mim, "Como lidar com essa dor?"

Encontrar respostas é dar orientação e perceber o sentido de nosso existir. É fazer descobertas e conseguir tangenciar a verdade, cuja força traz em si mesma o impulso que a revela e sustenta. Quando descobrimos essa verdade, somos capazes de nos libertar do desespero e do inconformismo, livrando-nos da supervalorização da dor proveniente da morte daqueles que amamos, relativizando o estrago emocional que isso traz. Desse modo, encontramos a nossa fonte.

Muitos anos passei na tarefa de descobrir e divulgar o Cristo Consolador. E, nos últimos tempos, ao pensar e repensar sobre todos os acontecimentos de minha vida, minhas perdas e lembranças marcantes, as emoções perdidas e esquecidas da infância e da adolescência começaram a desejar "sair" da minha cabeça para serem passadas para o papel.

Pensei nas centenas de pessoas que nos procuraram no centro espírita Luiz Gonzaga, em Pedro Leopoldo, Minas Gerais. Ao longo de três décadas, muitas vieram conversar comigo no fim das palestras, sugerindo que eu escrevesse sobre minhas experiências. Ponderei sobre seus apelos emocionados, suas dificuldades e sofrimentos. Pessoas enlutadas, atormentadas por dúvidas e em busca de uma crença que as ajudasse na reconstrução de si mesmas. A angústia que sentiam sempre me comovia, pois ela era grande demais para ser abordada no tempo exíguo e com diálogos rápidos que tínhamos após as palestras.

Lembrei-me da fisionomia de um jovem senhor ao relatar sua história:

> Meu pai morreu há um mês. Eu o amava muito. Nunca consegui acreditar em vida após a morte; aliás, nunca pensei na morte. Mas agora me recuso a aceitar que tudo aquilo que foi meu pai esteja acabado. Ele continua existindo em algum lugar, não continua?

Ou do desejo pungente de um pai ou de uma mãe: "Meu filho se foi, preciso saber se ele está bem."

Recordei-me também de um padre que passou por nossa cidade, a fim de conhecer o berço de Chico Xavier, o médium que parecia trazer as mãos cheias de estrelas que semeava pelo caminho. Muito carinhoso, dizia conhecer a minha história, posto que estava acompanhado por um ex-aluno meu. Conversamos durante algum tempo e ele se encantava admirado, não comigo, mas com as colocações que eu fazia sobre o Deus de bondade e justiça conforme O concebemos; que jamais castigaria com extremos de violência suas criaturas etc. Conversamos sobre a origem do mal e sobre os motivos de nossa resignação. Quando terminamos a conversa, ele me abraçou e afirmou nunca ter visto tamanha fé, dizendo: "A senhora tem a obrigação de escrever sobre o assunto."

Acolhi sua sugestão, que vinha ao encontro de meus anseios, e decidi escrever este livro motivada pelo aprendizado que surgiria na medida em que compartilhasse os ensinamentos que essa doutrina de luz e reconforto me proporcionou – e que ainda me proporciona, e sempre me proporcionará.

O desnudamento de minhas lembranças e emoções e das circunstâncias de minhas perdas tem como objetivo descortinar os princípios que estruturaram o consolo e a esperança em meu coração, fortalecendo a minha fé no amor do Criador para com as Suas criaturas.

Os fundamentos apresentados estão alicerçados em todo um cabedal de informações fornecidos pelo espiritismo. Nada do que é relatado neste livro é fruto de hipóteses mais ou menos plausíveis ou de teorias precipitadas. As reflexões que apresento, ainda que incipientes em abranger toda a grandiosidade da doutrina na qual encontrei refúgio e paz, não são pretensiosas. Tenho tão somente a intenção de despertar o desejo do provável leitor para que ele, por sua vez, possa encontrar seu próprio caminho de superação.

As convicções que tenho foram alcançadas por meio de observações, estudos e vivências que me dão a tranquilidade íntima para lhes afirmar: graças às informações trazidas pelos Espíritos, a vida futura, até então cheia de incertezas, ilumina-se tornando realidade o que era apenas hipotético: existe vida após a morte. E todos nós podemos conhecer a realidade do mundo espiritual que nos aguarda a partir dos relatos daqueles que nos precederam na grande viagem.

Entender a morte significa compreender que a vida e seus mecanismos são divinamente regidos por leis universais, e isso faz com que sejamos todos um pouco filósofos. A dor, quando nos alcança em toda a sua magnitude, faz com que busquemos explicações que a abarquem. E eu, que era a própria dor, só poderia tê-la vencido vencendo a mim mesma, valendo-me de alguns tesouros, os grandes aliados de Deus: o Conhecimento, o Tempo e o Evangelho.

Na contextura dos fatos puros e simples, apresento temas que os explicam, que são amplos e se desdobram em vários aspectos. Muitos poderão se beneficiar de minha abordagem e das respostas que ofereço, ou, ao menos, refletir sobre elas em busca de seus próprios caminhos. Aprofundar-se nesses estudos, caso haja interesse, não será tarefa difícil, e, posso garantir, será muito prazerosa.

Relatarei o que vi, vivi e aprendi: fragmentos de minha vida.

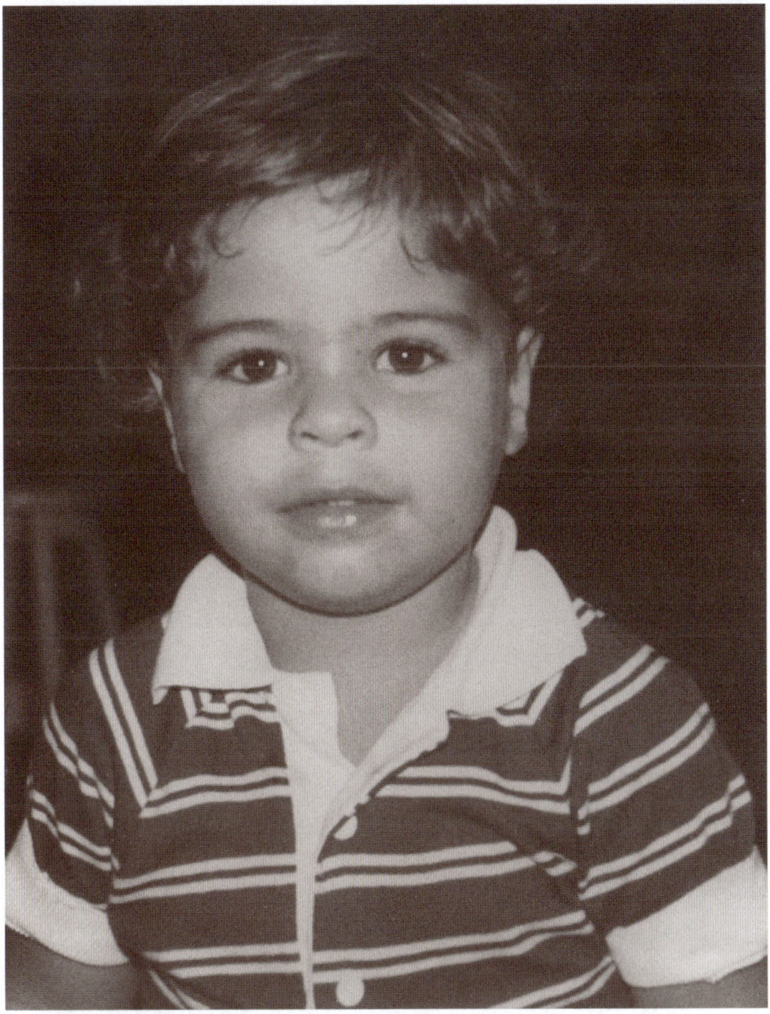

Rangel (Tetéo)

VOCÊ TROCOU UMA LEPRA POR TRABALHO

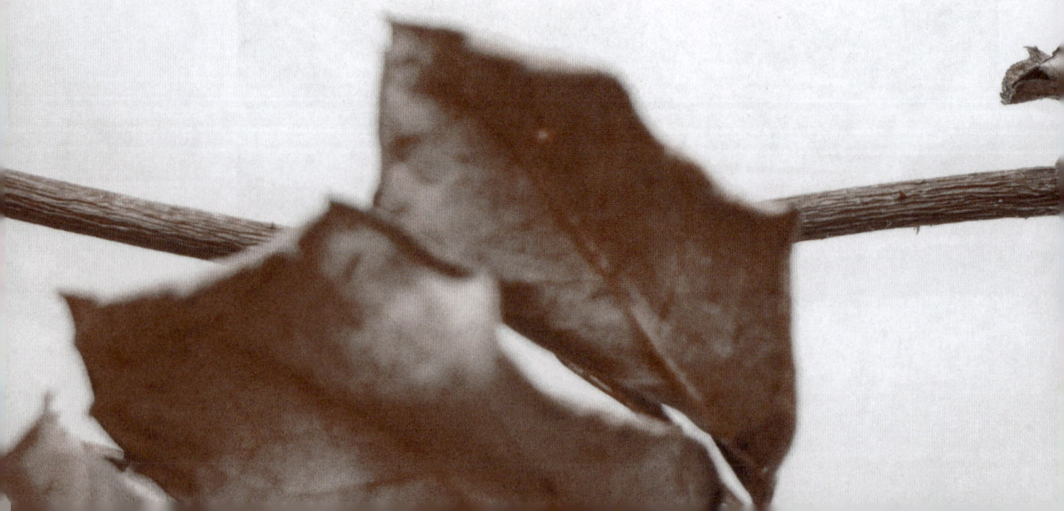

1

QUANDO ABRO MINHA JANELA MENTAL, TRAGO À TONA LEMbranças que me são muito caras; experiências vividas e conhecidas, que as esteiras do tempo jamais conseguirão apagar. Foram dores e lutas que me fizeram agradecer, em cada instante de intenso sofrimento, as bênçãos que me trouxe a educação religiosa que recebi da família que me acolheu nesta existência. Sinto uma profunda gratidão por meus pais, por terem me proporcionado tantos exemplos de superação, e também pela convivência com Chico Xavier desde minha tenra infância na Fazenda Modelo, em Pedro Leopoldo, Minas Gerais.

Os ensinamentos do lar que me guardava em minha imaturidade ecoam em minha mente como vozes do passado, falando-me sobre as lições que recebi para que trilhasse sempre o caminho do bem. Falam-me das primeiras letras que aprendi.

Parece que ainda tenho 5 anos; posso ouvir a voz de minha mãe, que acompanhava os deveres de escola de meu irmão, Célio. Ela dizia que, para escrever meu nome, era só puxar uma perninha na última letra e, assim, o nome Célio se transformaria em Célia. E, pensando no membro do corpo humano, ficava intrigada: como é possível modificar um nome puxando uma perna?

Eu era a nona filha. Nessa época, meus pais já tinham passado pela dolorosa experiência de ver dois de seus filhos serem sepultados. Seus corações começaram a ser forjados pelas lutas muito cedo. É na força incandescente que o caráter se retempera. A morte daqueles que amamos é sempre fonte de amargos dissabores e infinita angústia. Aos quatro anos de casados, os jovens Lico e Lia, meus pais, moravam em Caeté, Minas Gerais, e tinham três filhos. Corria o ano de 1943 quando Marcos, o segundo filho foi acometido por uma gastrenterite. Ele faleceu em 8 de dezembro, com pouco menos de dois anos. Marcos havia estado sob os cuidados de um médico que afirmou na ocasião não ter podido salvá-lo, pois ele não havia sido levado ao hospital a tempo de ser tratado.

Precisamente nesse dia fatídico, Sônia, a terceira filhinha, então com 9 meses, começou a apresentar os mesmos sintomas. Meu pai prontamente procurou socorro médico. No mesmo instante em que o corpinho de seu filho saía para o sepultamento pela porta da frente da casa humilde, ele saía com a filha pelos fundos. "Ei-la, doutor, ao primeiro sintoma! por favor, cuide dela!" No dia seguinte, meus pais a sepultavam também.

Quando o meu pai buscou prontamente o socorro médico e obteve o mesmo resultado anterior, esperava-se um pouco mais de sensatez do médico, considerando, por exemplo, a falta de tratamento adequado há época. A era dos antibióticos, inaugurada pela medicina em 1940 (em plena Segunda Guerra Mundial), certamente ainda não era acessível a filhos de pedreiros e costureiras.

Sustentados pelo amor que sempre os uniu, meus pais conseguiram seguir em frente e, quando voltaram a Pedro Leopoldo, alguns anos depois, levaram, além do primogênito Gilson, os outros filhos, Márcio, Marisa e Cezar. Foram morar em uma casa anexa à de meu avô paterno, onde nasci após a chegada de Célio e Celso. Se antes, em nossos nomes, houve uma sequência de três "M", eu encerrava a sequência da letra "C". Célia, no meu caso, não era um nome: era uma conspiração. Chico me disse certa feita, em Uberaba, com o dedo em riste e muito sério: "Olha o que você vai fazer com seu nome; ele significa 'coisas do céu'."

QUERO ESCREVER UM POUCO SOBRE os cinco anos em que moramos na Fazenda Modelo, em uma das casas cedidas a alguns funcionários. Cheguei ali aos 18 dias de nascida, e nossa casa era muito próxima do escritório de Chico Xavier. Meu pai trabalhava como encarregado de toda construção de alvenaria do Ministério de Agricultura na fazenda, e o Chico trabalhava como escriturário. Lá, vivemos tempos muito felizes. Lembro-me de ter visto em nossa casa uma revista espírita em que eu, aos 8 meses de idade, apareço nos braços do querido Chico.

A presença de Francisco Cândido Xavier em nossas vidas foi constante, terna e carinhosa. E meu aprendizado começou pelo que eu via e conseguia compreender. Como é impressionante a capacidade de absorção do cérebro infantil; ele funciona como uma esponja. A doutrina espírita organizada por Allan Kardec ensina que no período da infância somos mais acessíveis a impressões que recebemos. Creio que essas impressões são muito mais marcantes quando são fruto do que vemos acontecer, mais do que por aquilo que nos falam ou nos ensinam teoricamente.

O primeiro fundamento religioso que arquivei foi sobre a luz. Eu tinha medo de escuro. E quando ouvi meu pai ensinar que quem não acendesse a própria luz ao morrer ficaria no escuro, resolvi prestar atenção para descobrir como eu poderia acender a minha própria luz.

Outra lição que aprendi em meu curso de religião, ao qual Chico se referiu em 1983, foi a de que os mortos voltam. Certa vez, ouvi meu pai contar para minha mãe que, ao passar pelo Chico naquela manhã, este lhe dirigiu um bom dia e em seguida fez o mesmo com meu avô materno. Ao ver o susto de meu pai, que se encontrava sozinho, Chico se desculpou, dizendo: "Oh! meu filho, desculpe-me; seu sogro está tão visível ao seu lado que pensei que ele ainda estivesse entre nós. Não o sabia desencarnado. Como Lia deve ter sofrido!" Meu pai redarguiu que nem eles sabiam. E Chico completou: "Então é isso o que o sr. João veio fazer: avisar."

Providências foram tomadas, e logo veio a descoberta de que vovô estava sepultado em uma cidade distante havia três meses. Muito tempo depois, quando no catecismo do grupo escolar que seguia uma orientação religiosa diferente, tentaram me ensinar que os mortos não voltam, eu já tinha aprendido por meio de fatos incontestáveis que os mortos voltam, sim, e tinha até gente que conseguia vê-los.

Meu curso espontâneo de religião continuou quando minha mãe tomou um analgésico que a deixou coberta de eczemas e manchas vermelhas. O quadro alérgico era muito grave, e todas as tardes Chico aplicava-lhe passes – que são uma espécie de transfusão de energias curativas – após sair do escritório. Passado algum tempo, minha mãe se curou. Mas, como sequela, ficou com uma enorme mancha vermelha na testa. Ela então reclamou com o querido amigo, pedindo solução. Penso que ela queria lhe pedir um *peeling* com abrasivos vindos diretamente do mundo espiritual. Chico Xavier esclareceu: "Essa mancha ficou para que todas as vezes em que se olhar no espelho você se lembre de que, nesta existência, trocou uma lepra por trabalho."

Nessa época, eu começava a aprender sobre a liberdade de escolha. E mais tarde, nos estudos bíblicos do evangelho em nosso lar, quando meus pais nos ensinavam: "Mas, sobretudo, tendes um ardente amor de uns para com os outros, porque o amor cobrirá a multidão de pecados" (*1 Pedro* 4:8), eu sabia do que eles estavam falando. Eu também sabia que minha mãe, ao reencarnar, tinha escolhido a reparação de um passado necessitado de novos aprendizados por meio do amor, e não da dor que todos os terríveis estigmas da lepra trariam a ela naquela época, quando ainda não havia tratamento que paralisasse os efeitos da doença. Não era necessário que ela sofresse para expiar os delitos anteriores; não é só no arroio das lágrimas que as almas se redimem. Podemos evitar um trágico destino sendo submissos ao amor de Deus, porque o trabalho e a prática do bem também redimem nossos equívocos. Minha mãe deveria estender seu amor para além dos limites estreitos dos laços familiares. E cada movimento nesse sentido seria um hino de louvor ao Senhor de nossas vidas. E, como bênção divina que sempre acompanha qualquer recomeço, ela se beneficiaria da presença sublime e exemplar de Chico Xavier, que a ensinaria o caminho do crescimento em direção a Deus.

Mesmo muito pequena, eu percebia como Chico era diferente dos outros colegas de serviço de meu pai. Lá na fazenda nasceram meus outros irmãos: o segundo Marcos, a Silvia, a Lívia e o Ismael. Chico visitava, tomava em seus braços, beijava e abençoava todos eles. Quando nasceu o Ismaelzinho, não foi diferente. A criança chorava dia e noite, não se alimentava direito, sofria com alguma coisa. Quando meu pai o carregava para aliviar um pouco o cansaço materno, ele chorava mais alto ainda e, por seguidas vezes, virava o rostinho em vez de se aconchegar naqueles braços carinhosos e fortes que tentavam confortá-lo. Meu pai, já sabedor da pluralidade das existências, encarava a situação com serenidade, mas não sem algum sofrimento. Chico não via necessidade de revelar a razão do comportamento daquele Espírito que encerrava seus motivos e dificuldades em um corpinho infantil. Ele não considerava conveniente informar sobre o passado no qual o presente se originara, e não tinha a vaidade de dizer o que sabia só por dizer, pois isso não estaria concorde com a mediunidade iluminada pelos ensinamentos de Jesus.

Ele presenteou o recém-nascido com um enxoval que exalava um perfume que ficou guardado em minha memória. Meu irmão viveu por apenas 24 dias. Aí, sim, Chico fez uma revelação e orientou meus pais para que ficassem tranquilos, pois estava tudo bem. Ele finalizou sua explicação dizendo: "Ele só foi trocar de roupa." Aquele caixão pequenino e branco em cima da mesa da sala, meus pais e meus irmãos mais velhos chorando, visitas e flores por todo lado; não me diziam nada. Não compreendi bem quando me falaram que Ismaelzinho tinha morrido.

O certo é que, quando minha mãe me disse um dia "Vá trocar sua roupa, vamos visitar sua avó", tive muito medo e vontade de dizer "Não vou, mesmo". Tive medo da grande tristeza que envolveria esse fato e de nunca mais voltar para casa, pois achava essa coisa de trocar de roupa muito perigosa. Porque a compreensão de que aquele Espírito renasceria novamente filho deles, porém "vestido" de um corpo feminino, só veio bem mais tarde.

Quando minha irmã Nani renasceu cinco anos depois, o médico suspeitou de problemas cardíacos. Chico Xavier tranquilizou meus pais dizendo que tais mazelas eram apenas resquícios da última encarnação daquele Espírito, ainda como Ismael. Chico explicou que todos aqueles problemas haviam sido solucionados entre um nascimento e outro. De fato, as questões emocionais também foram resolvidas, pois minha irmã adorava o pai e só se alimentava se ele lhe desse comida na boca, mesmo depois de atingida a idade em que a criança prescinde desses cuidados, mormente em uma família numerosa.

Nívea, Reinaldo e Deise fecham a extensa prole dos meus pais, acrescentando ainda um aborto espontâneo de gêmeos, que minha mãe sofreu um pouco antes dos últimos três partos. Perderam a conta, não é? Dezoito, incluindo os gêmeos natimortos.

E quanto ao perfume exalado pelo enxoval dado por Chico a Ismael? Falarei sobre ele mais adiante, por respeito à cronologia dos fatos.

**MEU IRMÃO VIVEU POR APENAS 24 DIAS.
CHICO FEZ UMA REVELAÇÃO:
"ELE SÓ FOI TROCAR DE ROUPA."**

Família Diniz na Fazendo Modelo

COMO ERA VERDE O MEU VALE

2

NO ÚLTIMO ANO QUE PASSAMOS NA FAZENDA MODELO, MEUS irmãos não conseguiam alcançar um bom rendimento escolar, e meu pai proibiu algumas brincadeiras – que podiam envolver bolinhas de gude, bolas de meia, chicotinho queimado, peteca feita com cascas do tronco da bananeira e penas. Estas últimas eram retiradas, às vezes, das galinhas ou do galo ainda vivos, que corriam apavorados por tão estranho senso artístico que incluía o uso de suas penas. O uso do estilingue era proibido sempre, e a insistência nele rendia aos meus irmãos surras homéricas com vara de marmelo, cujo pé, ao lado da cerca de nossa casa, espreitava sádico todos os nossos movimentos. O jogo de finca também estava proibido, e, por isso, a pequena barra de ferro com afilamento na ponta usada nessa brincadeira também fora devidamente escondida.

Um de meus irmãos, que se intitulava professor desse esporte "sofisticado" no Grupo Escolar Rui Barbosa, resolveu construir uma barra para seu deleite e por força de ofício quando tinha 7 anos. Ligados por afinidades profundas e desconhecidas desde aquela época, eu assistia às suas peripécias no quintal de nossa casa. Seus braços magrinhos já tinham conseguido criar com um martelo uma extremidade afilada quando uma nova pancada fez a haste resvalar, virar no ar e atingir seu olho esquerdo, de onde vi sair um líquido branco.

Entrei assustada em casa, onde encontrei minha mãe sentada à máquina de costura, e relatei, atabalhoada, os fatos com a competência descritiva que meus 4 anos me permitiram: "Mãe! a finca bateu no olho de Liliu e está saindo uma coisa lá de dentro." Pela primeira vez, vi minha mãe, sempre tão delicada, jogar longe e de forma brusca a cadeira e recolher a saia de seu vestido preto com bolinhas brancas, volteando em um estranho bailado antes de sair correndo.

Meu irmão ficou um bom tempo internado em um hospital de Belo Horizonte. Assustados e saudosos, perguntávamos por ele, e nos diziam: "Está no Felício Rocho." E eu, acreditem, tinha a impressão de que um homem roxo e mau estava muito feliz por tê-lo aprisionado.

Nossos medos infantis eram bem alimentados por três tios um pouco mais velhos que meus irmãos, que foram morar conosco quando meu avô materno morreu. Como era fértil a imaginação desses meios-irmãos de minha mãe! Sempre com histórias recheadas de mistérios e fantasmas que nos arrepiavam, eles nos faziam acreditar que as almas do outro mundo passeavam pelo jardim, em cada lençol que voava ao vento, no varal; que esses mesmos fantasmas faziam-se presentes no barulho da ventania, prenunciando as tempestades, no exuberante bambuzal da fazenda.

Com a história do acidente de meu irmão, aprendi mais uma das leis imutáveis que regem os mundos e seus habitantes. Um fato presenciado na infância, cuja compreensão mais apurada veio a se apresentar mais tarde. Chico pediu ao meu pai que pegasse uma foto que uma de suas visitas, uma linda e jovem senhora chamada Lígia, fizera de nossa família. "Veja, Lico. Aqui, nos olhos de seu filho, já se via a mancha que hoje ele traz no olho furado. Mesmo antes do acidente." Um importante ensinamento dado por meio de uma simples frase. Assim eram sempre os contatos com o Chico. Todos que privaram de sua amizade e conviveram com ele sabem disso.

Ele consolou meus pais explicando que a finca certeira não fora dirigida pelo acaso. Que não existe acaso na realidade das leis universais. Que meu irmão, na condição de Espírito antes de renascer, escolheu ser testado na cegueira física para que fosse ampliada a sua visão espiritual. Mas que as entidades amigas e superiores que o ajudaram no planejamento daquela encarnação, em honra ao Mestre que ensinou que jamais em ombros frágeis se transportariam fardos mais pesados do que eles pudessem suportar, ele perderia apenas parcialmente a visão. Sua alma ainda rebelde poderia sucumbir à revolta, à tristeza ou ao desânimo, caso tivesse que carregar o peso provocado pela cegueira total. Por meio dessa experiência, tive a certeza de que só passamos por aquilo que podemos suportar. Deus cuida de nós por meio de seus mensageiros, e quando a vida nos apresentar um grande sofrimento, por maior que seja, tenhamos a certeza de que há um objetivo, há alguma coisa a ser aprendida, e que sempre haverá em nós a força para enfrentá-lo. O mal é apenas aparente e transitório, e fatalmente resultará em um bem para o espírito imortal e para a vida infinda.

Quando saímos da Fazenda Modelo, perdemos aquele paraíso verde. O ribeirão, que passava por nosso quintal e em cujas margens meu pai havia colocado areia para assim nos proporcionar uma pequenina praia; as pescarias das tardes de domingo; os piqueniques; as traquinices de meus irmãos por entre bois e os jardins bem cuidados, tudo sob o comando do dr. Rômulo Joviano, agrônomo responsável pela Fazenda Modelo. Eram encantadoras as cercas vivas, os muros cobertos de hera e as buganvílias de d. Maria Joviano. *Como era verde o meu vale*![a] Chorei de saudade de minha infância, doce saudade, quando assisti a um filme com esse nome na TV.

Sempre passo em frente à casinha em que morávamos. Relembro a infância feliz. No final do ano de 2014, olhei para os belos morros da Fazenda sendo açoitados pelo fogo. Em minha memória, pude ouvir as nossas vozes infantis ecoando em minha mente em uma agradável ressonância: "Pai! tem fogo no morro." Assim, acionávamos o combate às queimadas, prontamente atendidas por meu valoroso pai e seus igualmente valorosos companheiros de trabalho, que abandonavam o conforto e o descanso do lar à noite para voltarem muitas horas depois, com a pele chamuscada, as roupas escurecidas pela fumaça e pelo carvão. Mas satisfeitos por terem cumprido bem o dever de proteger a natureza.

---

a. Filme lançado em 1941 baseado no romance de Richard Llewellyn *How green was my valley*, lançado em 1939.

PARA ESCLARECER DEVIDAMENTE A REENCARNAÇÃO de meu irmão Ismael, além da escolha de minha mãe, quando no plano espiritual, pelo trabalho, e pelo planejamento reencarnatório de meu irmão Célio, exporei algumas das informações mais aceitas a respeito. Do ponto de vista histórico, desde os tempos mais remotos, as pessoas vêm querendo entender o motivo da dor, a presença do mal sobre a Terra, a existência das desigualdades na detenção de dons da vida como saúde, dinheiro, beleza, realização afetiva, uma pessoa nascer perfeita ou com limitações, doenças e mortes prematuras etc. Elas não compreendem um Deus parcial e injusto que distribui bênçãos a uns e desgraças a outros.

Para responder a essas questões, digo que a filosofia da reencarnação surgiu nas doutrinas místicas do oriente. Essa filosofia explica as causas anteriores de nossos problemas, e funciona como um mecanismo divino que nos dá a oportunidade de rever nossos erros e recomeçar em uma nova existência, corrigindo-os, educando-nos e desabrochando a centelha divina em nós. Há muitos séculos, os povos antigos tinham como certo o fato de que, se cometêssemos uma falta, seríamos compelidos à expiação, regressando por meio de diferentes corpos físicos aos mesmos lugares em que delinquimos. Como poderíamos perceber a misericórdia divina nos dar novas chances para fazer o certo onde erramos senão pela reencarnação?

Como referência, cito o parapsicólogo e filósofo indiano dr. Banerjee (1929–1985) que iniciou uma série de investigações acerca de diversos casos de crianças que se lembravam de suas existências anteriores. Ele catalogou três mil casos. O resultado da pesquisa alcançou o Ocidente a partir dos Estados Unidos, onde despertou o interesse de pessoas mundialmente conhecidas como o neuropsiquiatra Ian Stevenson, da Universidade da Virgínia. O dr. Stevenson, por sua vez, começou a fazer suas próprias pesquisas a partir da década de 1970, despertando ainda importantes autoridades em psicologia, psiquiatria e na medicina moderna para essa questão. É importante destacar que a lembrança consciente do passado se dilui na medida em que o reaprendizado do viver ocupa o cérebro. Também nos Estados Unidos, o psiquiatra judeu Brian Weiss do Mount Sinai Hospital Center em Miami, com 60 milhões de livros vendidos, apresentou suas conclusões sobre a terapia de vidas passadas. No Brasil, o dr. Hernani Guimarães fundou o Instituto Brasileiro de Pesquisas Psicobiofísicas em 1963, onde, entre muitas pesquisas, acumulou casos comprovados e muito bem documentados de reencarnação.

No Segundo Concílio de Constantinopla, realizado em 553, o império romano dominava os judeus, e o responsável pelo império romano do Oriente, o imperador Justiniano, colocou um ponto final na crença da reencarnação.

Os fatos que envolvem essa história são estranhíssimos. O imperador era protetor das artes e dos artistas, e se apaixonou por Teodora, uma mulher bela, inteligente e forte. Uma atriz de espetáculos burlescos. Naquela época, associava-se a profissão de atriz à prostituição. Casaram-se, ela se tornou imperatriz e passou a interferir nos negócios do Estado e da religião. Enquanto isso, suas antigas companheiras de bordel se vangloriavam dizendo que era importante a profissão de prostituta, já que dela saíra a imperatriz. Sendo a nova imperatriz muito temperamental, diz-se que aprisionou em um convento todas as prostitutas de Constantinopla (hoje Istambul, na Turquia). Outros diziam que ela mandou matar as 500 prostitutas que viviam na cidade. O povo se revoltou e vaticinou: "Ela vai pagar por tudo o que fez, vai reencarnar e pagar por cada vida que tirou."

Outros historiadores dizem que Teodora era muito cruel com suas escravas e temia renascer como uma delas. Em 548, à beira da morte e envolta em desespero, ela pediu ao marido que na primeira oportunidade que tivesse declarasse a reencarnação como sendo uma doutrina herética, pois não queria ter de resgatar nada do que fizera naquela existência.

Se considerarmos que os imperadores se autoproclamavam o próprio Deus na Terra, o pedido da imperatriz não era de se estranhar. Apaixonado pela esposa, Justiniano teve um surto depressivo depois da morte dela e nunca mais saiu do palácio.

Memorial e Centro Espírita Luiz Gonzaga

Convocou, no ano de 552, o Segundo Concílio Ecumênico de Constantinopla, ao qual o então papa se opôs, fato a que Justiniano não deu importância. No Concílio, para não erguer suspeitas, declarou herética toda a obra de Orígenes, que entre outros princípios falava da reencarnação.

A partir de então, a doutrina da reencarnação foi extinta da Igreja católica. Quem se interessar pelo assunto poderá encontrar ótimas fontes de pesquisas. No ano 2000, a Igreja Anglicana encomendou à Universidade de Oxford uma pesquisa sobre o tema, que foi realizada em 212 países. O resultado mostrou que dois terços da humanidade aceitam a ideia de reencarnação. A verdade acaba por se impor, propagada por artistas, pensadores, filósofos.

Evidentemente, as correntes religiosas que não aceitam a reencarnação terão dificuldades intransponíveis na busca por respostas, pois só os princípios alicerçados em uma lógica irrefutável nos dão a solução para muitos problemas obscuros. A teoria da unicidade das existências não pode mais ser acolhida por quem queira entender os dramas existenciais, pois crer na reencarnação deixou de ser uma questão de fé para ser uma questão de lógica.

Quando a ideia da reencarnação estiver ainda mais consolidada, haverá um impacto poderoso no comportamento da humanidade que a levará a uma consciência maior da influência que nossos pensamentos, emoções e ações têm em nossas existências futuras, chamando-nos à maior responsabilidade. É mais fácil e cômodo não pensar sobre isso, mas nossa indiferença não nos imuniza contra as consequências que criamos. Schopenhauer, em sua filosofia (citado por Irvin D. Yalom em *A cura de Schopenhauer*), comparou a vida a um bordado, no qual comodamente podemos enxergar apenas o lado direito da peça, o melhor.

Porém, ao acordarmos para as realidades espirituais, enxergamos o outro lado, não tão bonito, apesar de mais instrutivo, já que é por meio dele que se torna possível observar a maneira como os fios vão construindo a trama do tecido. Conhecer outras existências nos mostra o avesso do bordado.

Voltemos agora ao ponto em que estávamos antes dessa digressão, para quando nos mudamos da Fazenda Modelo.

SÓ PASSAMOS POR AQUILO QUE PODEMOS SUPORTAR. QUANDO A VIDA NOS APRESENTAR UM GRANDE SOFRIMENTO, HÁ UM OBJETIVO, HÁ ALGUMA COISA A SER APRENDIDA.

MIL VEZES MAIS INFELIZ DO QUE NÓS

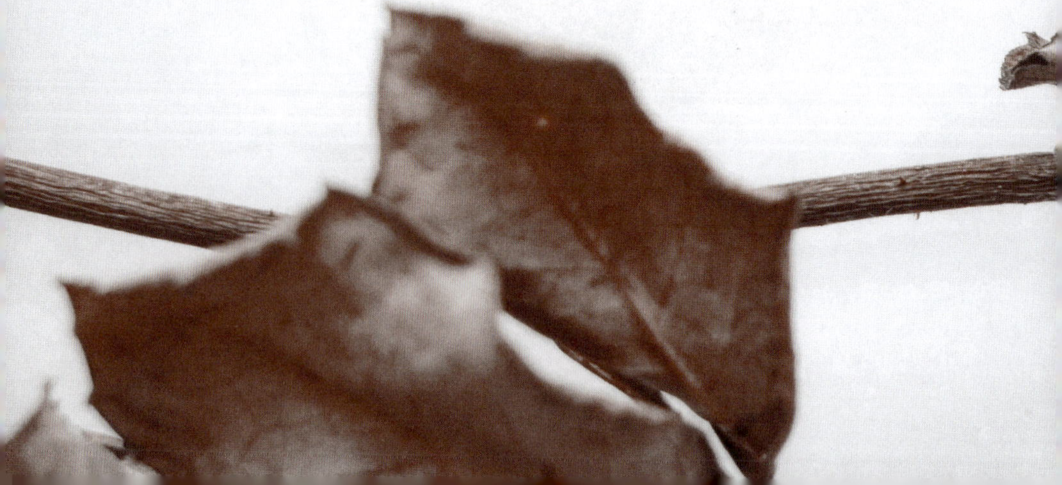

3

A BELA CASA JÁ ESTAVA CONSTRUÍDA. FICAVA NO CENTRO DA cidade, pertinho do Colégio Estadual Imaculada Conceição, onde estudei e mais tarde lecionei. Meus pais não precisariam mais voltar para casa de bicicleta e de madrugada após as reuniões do Luiz Gonzaga, o centro espírita fundado por Chico Xavier e alguns poucos amigos em 1927. Lá, meu pai era diretor doutrinário, e minha mãe, zeladora, evangelizadora infantil e, durante as ausências de Geni Xavier, segurava as mensagens enquanto Chico as psicografava. Crescemos ali dentro, praticamente. Encontramos no quintal as mangueiras plantadas por d. Maria João de Deus, a querida mãezinha do Chico, pois a sede definitiva da instituição fora construída no local em que ele havia nascido em 2 de abril de 1910.

Durante minha adolescência, enquanto cursava o magistério e trabalhava no escritório de contabilidade de meu irmão Márcio, eu frequentava as reuniões do centro às segundas e sextas-feiras. Também cuidava da livraria, meu primeiro passo no ofício voluntário de livreira, que exerço até hoje. Já não contávamos com a presença de Chico com sua inefável doçura e tocante humildade, pois ele tinha se transferido para Uberaba. Até os anos 1970, Chico vinha de duas a três vezes ao centro Luiz Gonzaga. Era comum que saísse do salão e se dirigisse rapidamente ao cômodo em que funcionava a livraria em busca de algum título para presentear alguém. Incrível! Salão cheio, pessoas vindas de todo o Brasil. Como ele não podia falar com todas elas, quando algumas se aproximavam apenas para um abraço ele as presenteava com um livro, autografado com o nome que a pessoa nem tinha dado ainda naquele primeiro contato, e que tratava de um tema que lhe respondia as dúvidas ou lhes consolava as angústias.

Meu pai reclamava que eu demorava muito para encontrar o título solicitado, e dizia que eu deveria agilizar a entrega, pois Chico não podia ficar me esperando. Em uma dessas noites inolvidáveis, tentei decorar os títulos das prateleiras para que Chico pensasse que eu, na adolescência, sabia o que cada um – Kardec, Emmanuel, André Luiz, Humberto de Campos e outros – havia escrito. Um conhecimento impossível para mim naquela época.

Distraída nessa função, não o vi chegar, e, quando me virei para a porta, eis que ele me observava e ria de mim. Percebera minha intenção, abriu o sorriso mais doce e disse:

> Célia, minha filha, aos 17 anos você está tal qual lhe vi um ano antes de você nascer, entre seu pai e sua mãe, no casamento de sua tia Mariquita. Os mesmos olhos, os mesmos cabelos, o mesmo sorriso.

Ele voltou ao salão com o livro que devo ter demorado ainda mais a encontrar, deixando-me com as dúvidas que aquela revelação suscitara. Eu queria saber se havia desencarnado com a idade referida, onde, quando e por quê. E até se meu sorriso tinha sido naquela ocasião tão "amarelo" quanto o que eu acabara de lhe ofertar, constrangida e silenciosa. Logo que foi possível, pedi a meus pais que perguntassem a ele quais eram as respostas para minhas dúvidas. Mas eles responderam:

> Não, minha filha! o Chico levantou um pequeno véu apenas para ensinar-lhe que, antecedendo a reencarnação, é comum que os Espíritos passem uns tempos em companhia dos futuros pais. O véu do esquecimento, que é uma bênção do mecanismo da reencarnação, não deve ser desrespeitado por mera curiosidade.

Isso eles aprenderam na obra de Kardec *O livro dos Espíritos*:

> Ao entrar na vida corporal, o Espírito perde, momentaneamente, a lembrança de suas existências anteriores, como se um véu as ocultasse; entretanto, às vezes, tem uma vaga consciência disso e elas podem até mesmo lhe ser reveladas em algumas circunstâncias. Mas é apenas pela vontade dos Espíritos Superiores que o fazem espontaneamente, com um objetivo útil e nunca para satisfazer uma curiosidade vã.

Aquele foi o ponto final sobre a questão, mas não sobre o assunto, que devo desdobrar um pouco mais a frente.

TORNEI-ME PROFESSORA E COMECEI A lecionar à tarde. À noite, iniciei o curso de extensão em ciências exatas na Universidade Católica. Pela manhã, trabalhava em uma boutique de minha tia. Não havia tempo para frequentar o centro espírita, mas eu estudava com crescente interesse os livros que meu pai me passava. "Leia isso, minha filha, você entenderá ainda mais do que eu com o que tem aprendido na faculdade." Em André Luiz há conceitos de física, química, biologia etc. Em Emmanuel, encontramos a história das civilizações, das religiões, conceitos filosóficos profundos e, principalmente, o evangelho de Jesus em todo o seu esplendor e beleza. Em Kardec, entendemos a aplicação do método científico com lógica e razão. Em Humberto de Campos, há vários estilos literários, crônicas, apólogos, contos e cartas. Meu pai se enganara. Meu entendimento não era melhor que o dele.

Quando meu pai nos deixou, foi terrível vê-lo partir tão jovem, tão sábio. Falava-nos, entre muitas outras coisas, da maiêutica socrática com a mesma desenvoltura de meus professores de filosofia. Posso dizer que me tornei espírita por ele. Foi por amor a ele, pela pessoa que ele mostrava ser, que fui me apaixonando cada vez mais pelas ciências e pela doutrina espírita. Primeiro, o amor por eles, os pais, os educadores, os exemplos. Essa foi a base para o engendrado amor que trago hoje por essa doutrina que tão bem tem me ensinado o caminho da verdade e da vida.

*

FOI EM 1972 A PRIMEIRA vez que a morte devastou minha vida com imensa intensidade. Aguinaldo, Lé (a amiga-irmã de todas as horas) e eu saboreávamos as laranjas no quintal de nossa casa. Era como uma pequena chácara, com frutas, uma pequena horta, criação de coelhos, de porcos e, pasmem, até um grande buraco em que meu pai nos ensinava sobre a reciclagem do lixo orgânico. Dali saía o adubo para as plantas e para o jardim da frente.

Era uma tarde de domingo. Ouvimos gritos e percebemos uma movimentação estranha. Fomos rapidamente verificar a origem de tanto alvoroço. Ao passar pela sala enorme, encontro meu pai que entrava aos prantos, dizendo: "Meu Deus, se minha filhinha morrer, eu morrerei também." Seguimos em direção à rua a tempo de ver Deise, nossa irmã caçula de 9 anos, já deitada no banco de trás do carro de meu irmão Gilson para ser levada ao hospital. Ela estava consciente, mas de seu ouvido escorria um filete de sangue. O carro partiu e nós todos ficamos procurando uma forma de também ir ao hospital.

Entrei no caminhão pequeno de nosso querido amigo e vizinho Aristóteles, concunhado de meu irmão Márcio.

"Toca, Nonô, toca depressa!"

Como lhe pedir isso? Se ele só andava devagar por aquelas ruas? No meu desespero, não percebi de pronto o dele, que chorava convulsivamente. Só notei quando ele deu um soco no volante e disse:

"Eu sou um burro!..." Entendi: ele era um burro! Só então me dei conta de que poderia haver um responsável pelo que tinha acontecido à minha irmã, e perguntei quem a tinha atropelado. Foi quando o seu desespero chegou ao auge, e ele respondeu:

> Fui eu!... Ela brincava de pique-esconde com outros irmãos e primos, saiu correndo do esconderijo e parou atrás do carro que estava estacionando, e eu não consegui frear a tempo. Ela foi arrastada alguns metros. Como posso ter feito isso a Deisinha, ela adora nos visitar. Gostamos tanto dela!

Tentei parar de chorar para não aumentar ainda mais o sentimento de culpa e consolar àquele que se sentia tão infeliz. Queria incutir-lhe esperanças, mas a visão do sangue no ouvido de minha irmã as desmentia em meu coração. Compadeci-me profundamente diante da situação dele. Ninguém vem à Terra para servir de instrumento de tortura a ninguém, e pensar o contrário é desconhecer a extensão infinita da bondade de Deus. Mas o amigo da família foi colocado naquele cenário de destruição para o qual serviu de instrumento involuntário, o que jamais imaginou que seria.

Ele deixou a esposa na casa da irmã porque sentiu vontade de ir embora mais cedo, e passou devagar exatamente na hora em que a criança atravessava a rua. Outra vontade, então, secundava a sua naquele momento. Como o acaso não existe, conforme nos ensina Allan Kardec, existe uma força que atrai os acontecimentos.

Minha irmã foi transferida para Belo Horizonte, onde passou por uma cirurgia para debelar o traumatismo craniano. Mas, para nossa imensa tristeza, a primeira maior e mais devastadora de minha vida até então, Deisinha encerrou sua breve passagem entre nós.

Só depois de algum tempo, naqueles momentos em que tentamos reconstruir e reter os últimos acontecimentos, percebemos os sinais que ela nos deu sobre sua partida iminente. Muitas pessoas falam sobre esses sinais premonitórios. Relatarei apenas dois. O primeiro ocorreu no mês anterior ao atropelamento, em setembro, quando um de meus irmãos se casaria. Minha mãe estava tendo um trabalho tremendo para fazer os vestidos de suas seis filhas. Cores, tecidos e modelos desfilavam pela sua mente. Discussões infindáveis se sucediam em seu quarto de costura. Em uma dessas tertúlias estilísticas, Deise disse que não era preciso se preocupar, pois ela não iria ao casamento.

"Como não vai? Todos nós iremos."

Tranquila, ela retorquiu: "Sei, mas eu não vou."

Ninguém deu maior importância ao fato nem ao pedido – o segundo sinal – que ela fez naquele domingo em que ocorreu o atropelamento: "Mãe! faça aquele pé-de-moleque que eu adoro, pois quero comer para me despedir."

Se o que eu tinha feito na minha vida até aquele momento era um curso de religião, o que se iniciava ali, com aquela perda, era uma fase de grande aprendizado. O exemplo de meus pais, a dignidade com que enfrentaram a partida da filhinha inteligente, linda, gordinha e carismática, foi arrebatadora. O desespero pungente que meus pais sentiram no primeiro momento cedeu lugar a uma serenidade, que era ao mesmo tempo filha da dor e da resignação.

O materialista, que só consegue ver na morte um corpo destruído e enterrado, vítima de trágica coincidência, não consegue compreender essas coisas. Os religiosos, no sentido exato da palavra, ou seja, os verdadeiramente religados a Deus, não se afastam Dele na hora da contrariedade. São os que trazem tanta confiança em Deus que não se dão o direito de julgar Seus divinos desígnios. Deus é justo e está cuidando de nós; então, os verdadeiros religiosos sabem que há uma causa justa e um fim útil a todas as dores. Assim, choram, mas confiam, suportam e vencem. Esse é o mote de todas as religiões que têm como pilar maior os ensinamentos do Cristo.

Uma das maiores bênçãos em nossa religiosidade é conseguir perceber Deus conosco, mesmo que a nossa vontade não tenha sido atendida. É tão vacilante a fé de quem só consegue perceber a presença divina quando está coberto com as glórias do mundo! Estes só conseguem perceber o amor divino ao ter a própria vontade atendida.

Sinto tanta gratidão por meus pais, que me ensinaram a ver Deus através das lágrimas! E a não dizermos coisas infantis e banais como: "Deus foi tão bom para mim, pois consegui a vaga no estacionamento logo que cheguei." Só que outro alguém chegou logo em seguida e não pôde estacionar. Deus estava sendo ruim com essa pessoa? Quando o filho chega, achamos a vida generosa; quando ele se vai, achamos que a vida não é justa. Aliás, muitas pessoas falam com toda convicção que a vida não é justa. Essa é uma premissa aceita sem questionamentos por todos aqueles que não entendem a beleza da justiça divina, que não compreendem como é belo tudo o que vem do Criador em favor das criaturas.

Todas as vezes em que acharmos que foi a bondade divina que nos deu algo em detrimento de outros temos de refletir sobre o aspecto parcial e intervencionista de Deus em nossas questiúnculas. E mesmo em questões importantes, rezo pedindo a Deus que dê a mim ou a alguém que amo a única vaga para um excelente emprego. Deus faz acepção de pessoas? Pedro ensina (*I Pedro* 1:17): "E, se invocais por Pai, aquele que, sem acepção de pessoas, julga segundo a obra de cada um [...]." Por que as benesses a esse filho e não ao outro? Porque depende das obras de cada um.

Devemos orar sempre, é certo, para glorificar a Deus, fazer um pedido ou em agradecimento. E se Jesus nos ensinou a dizer "seja feita a vossa vontade", orar é estar atento ao que estamos pedindo. Se pedimos que a vontade de Deus seja feita, por que brigar, blasfemar e duvidar quando a nossa vontade não é atendida? Fiz todas essas reflexões na tentativa de compreender a irrestrita submissão de meus pais a um poder maior.

À beira do túmulo de minha irmã, quando entregamos seu corpinho para a natureza, senti uma dor profunda, intensa, cuja a existência eu ignorava completamente. Doía tanto, mas eu sabia que o sofrimento maior era aquele de meus adorados pais, e o infortúnio deles exacerbava o meu. Pensava em como era difícil para minha mãe sepultar aquele corpinho gestado quando ela contava com 44 anos. Como tinham sido difíceis os primeiros cuidados para com aquela criança ao mesmo tempo em que minha avó materna, residente em outra cidade, era consumida lentamente por um câncer de estômago em metástase.

E ver meus pais, depois de alguns dias, recebendo as visitas que chegavam chorando e saíam dizendo que tinham ido levar consolo e solidariedade... Elas é que saíam consoladas pelas explicações que ouviam. Onde meus pais encontravam tamanha força? Certamente em orações. Na prece que fizeram no momento em que o féretro saiu de nossa casa a caminho do cemitério, como costuma acontecer em cidades que não dispõem de um velório público. Nessa oração, em vez de se lamentarem com Deus, agradeceram-No por Ele lhes ter emprestado aquela filhinha, mesmo que por tão pouco tempo.

Essa maneira de orar repercutiu e foi motivo de comentários de muitas pessoas em nossa cidade. Mas meus pais já sabiam que quando alijamos de nossos corações toda a revolta, toda a mágoa e todo o desespero, adquirimos, por meio da oração, a força moral para vencer os obstáculos. Nossas preces buscam as bênçãos da vida maior, e de lá vêm as energias irradiantes da Divindade, que fortalecem e vitalizam nosso mundo íntimo e nos ensinam a nos curvarmos ao jugo dos acontecimentos inevitáveis.

Na noite em que Aristóteles reuniu coragem e nos visitou, meus pais ligaram a televisão, que havia ficado emudecida desde o fatídico acontecimento, e se desdobraram para que ele se sentisse um pouco melhor. Tentaram lhe explicar que o acaso não existe, que estava tudo certo, que Deise certamente viera para ficar pouco tempo e escolhera sair da vida daquela forma agressiva. E disseram que, um dia, ele saberia por que havia sido ele o seu instrumento de saída.

O processo do atropelamento correu à revelia, e o advogado era o diretor da faculdade em que eu estudava. Meu pai fez uma defesa de próprio punho, que entregou a esse advogado, isentando o motorista de qualquer culpa.

Meu sobrinho Manoel Ferreira Diniz Neto, também advogado, desarquivou esse processo para que pudéssemos colocar aqui um trecho da carta que meus pais enviaram ao juiz. Essa carta foi escrita apenas uma semana após o atropelamento, e fez com que o processo se encerrasse ali:

> [...] declaramos, livre e espontaneamente, que nenhuma culpa pode ser atribuída a Aristóteles Antônio Pereira Filho, com referência ao lamentável acidente que vitimou nossa filha Deise Diniz. Não agiu ele com dolo, nem foi imprudente, nem negligente e nem imperito. Na realidade, foi ele também vítima da mesma fatalidade imprevista e inevitável. Por isso, expressamente, afirmamos que não desejamos que contra ele seja movido nenhum processo civil ou criminal, pois sabemos não ter tido ele nenhuma responsabilidade no evento, tendo mesmo feito tudo que estava ao seu alcance para minorar suas consequências. O que realmente desejamos é que Deus nos dê, a nós e a ele, forças para acolhermos com resignação os Seus sábios desígnios; e que Ele nos dê tranquilidade e paz. Por ser verdade, firmamos a presente, que expressa a nossa verdadeira vontade.

Que orgulho senti de meu pai quando o dr. José Luciano Castilho Pereira me chamou à sua sala só para me contar que todos haviam se sensibilizado pela beleza das argumentações. Até o juiz tinha se emocionado, assim como ele também, que no momento de nossa conversa tinha os olhos lacrimejantes. Décadas depois, a esposa de Aristóteles, a doce Marina, disse-me que ele jamais havia conseguido se perdoar, que nunca mais tinha sido o mesmo. Uma pena! Hoje, no outro lado da vida, ele já deve ter se encontrado com sua suposta vítima e, certamente, a misericórdia divina já terá lhe proporcionado o esclarecimento dos fatos prometido por meu pai.

Fico imaginando o motivo de esse homem ter vivido um tão nefasto acontecimento. Aquela situação pungente em que ele se viu envolvido nada tinha de arbitrária; ela era uma aplicação do incomparável código divino a reger nossas existências. Atraímos para nós consequências das quais não conseguimos nos furtar. Esses acontecimentos inevitáveis são o remédio que cura o mal que ainda existe em nós. A justiça divina se cumpre por si mesma, sem que ninguém se institua como carrasco de seu semelhante. A lei de justiça se revela no funcionamento do universo. Suas forças estão todas interligadas, e encontramos a violência na mesma proporção em que a plantamos um dia.

Deus não causa feridas em ninguém, Ele deixa que, no tempo devido, diluam-se as causas dos efeitos criados. Por essa razão, Jesus disse (*João*, 5:22): "[...] o Pai a ninguém julga". A pessoa é seu próprio juiz e, no uso de sua liberdade, ela encontra a felicidade ou a desdita. Existe injustiça, mas não injustiçados. Como disse Léon Denis, pensador francês contemporâneo de Allan Kardec:

> A dor reina sempre soberana no mundo, contudo um exame minucioso nos mostraria com quanta sabedoria e previdência a vontade divina mede suas consequências [...] Confiemos no poder diretor do universo, nosso espírito limitado não poderia compreender todos os meios de que Ele dispõe [...][b]

---

b. DENIS, Léon. *Depois da morte*. Tradução Torriere Guimarães. 3. ed. São Paulo: Edicel, 1987. p. 305–306.

Terrível imaginar nosso amigo no papel de instrumento da desencarnação de nossa irmã. Mais do nunca, entendemos a súplica: "Senhor! fazei com que eu procure mais, perdoar que ser perdoado [...]" Nenhum de nós queria estar no lugar dele. Ele se sentiu mais derrotado e mil vezes mais infeliz do que nós. Por mais que tenha tentado enquanto esteve por aqui, ele nunca conseguiu se livrar da dor de ter sido causador de tamanha desdita.

PRECISO DESDOBRAR UM POUCO MAIS a questão do esquecimento de uma encarnação para outra. Chamamos de véu do esquecimento a uma espécie de apagão em nossa memória que nos impede o acesso aos dados de outras existências. O fato de esquecermos não significa que elas não tenham existido, mas apenas que estão em um inacessível disco rígido de computador, ou seja, elas são como uma memória armazenada à qual não temos acesso. O que é um fato bom, apesar de nossa imensa curiosidade a respeito delas. A justificativa dada para esse esquecimento é a nossa necessidade de usufruir a bênção do recomeço sem os remorsos destrutivos, sem nos depararmos tão ostensivamente com nosso passado. Se tivéssemos tido um passado brilhante, não estaríamos enfrentando tantas vicissitudes no presente; por isso, as lembranças podem ser extremamente constrangedoras.

Nosso esquecimento atual é de grande valia, pois estamos a saldar clamorosas dívidas contraídas no passado. Se delas guardássemos recordações, não teríamos a tranquilidade necessária para o resgate, porque nos sentiríamos constantemente torturados pelo remorso. Nada se iguala à vergonha do Espírito; ao se sentir penetrado por uma luz que acorda todas as suas secretas recordações, diante dele se desnudam as cenas de seus delitos, como um aguilhão no fogo da memória que parece despedaçá-lo.

Evidentemente, renascemos e renascem junto a nós, quando

fazemos por merecer, os grandes afetos que conseguimos conquistar. São aquelas pessoas maravilhosas que encontramos e que nos fazem tão bem; pais amorosos e protetores, irmãos abnegados, amigos fiéis e amores outros.

Mas há um detalhe: o véu do esquecimento é incapaz de apagar totalmente as nossas memórias, tanto a intelectual quanto a emocional. Somos hoje o fruto de todas as nossas experiências e as trazemos dentro de nós, de modo que elas definem nosso caráter atual, nossas aptidões, nossos gostos, nossas tendências.

O esquecimento não nos livra das consequências, apenas torna mais fácil de encarar o resultado de atos vexatórios.

O ACASO NÃO EXISTE. DEISE VIERA PARA FICAR POUCO TEMPO E ESCOLHERA SAIR DA VIDA DAQUELA FORMA.

Lia Diniz,
Chico Xavier
e Lico Diniz

JUNTOS NOVAMENTE

4

ERA O DIA 14 DE SETEMBRO DE 1974. EU ESTAVA EM UMA CErimônia de casamento quando apresentei meu noivo ao Chico, que fazia uma de suas visitas a Pedro Leopoldo. Ele uniu minha mão à de Aguinaldo e disse: "Então, juntos novamente. Esse é o filho de meus queridos amigos Totone e Edite..." Com esse "juntos novamente", Chico dava a entender que não seria a primeira vez que compartilharíamos nossas existências, que não nos havíamos escolhido aleatoriamente e que trazíamos alguma programação a cumprir.

Após quase sete anos, entre namoro e noivado, casamo-nos. Os três filhos chegaram em menos de três anos; tínhamos apenas quatro anos e meio de casados.

Sabemos que nosso destino não está todo traçado, mas que trazemos já delineadas as questões mais importantes. O destino

é a consequência de nossos atos e de nossas escolhas quando estamos no mundo espiritual, planejando nossa próxima encarnação. Tomamos conhecimento de nossas imperfeições e procuramos os meios de eliminá-las, aceitando os fatos da vida aqui na Terra para atingir tal finalidade.

Apesar do intenso trabalho com as crianças, as 30 aulas semanais de química no colégio estadual e uma casa enorme para administrar, tudo era lindo e, mesmo com todos os desafios, éramos muito felizes. Meu marido, com muito afinco, vencia profissionalmente em seu belo e tecnicamente bem equipado consultório odontológico, tendo se especializado em endodontia. Os anos 1980 nos permitiram viagens, clube, práticas de esportes, escola particular para os filhos, infindáveis jantares e muitas festas com muitos amigos.

A respeito do "apesar de tudo" considerado anteriormente, devo esclarecer que nossas lutas começaram cedo. Meu primeiro parto foi chamado "seco" por não ter sido encontrado nenhum líquido amniótico. O caso evoluiu para uma cesariana por total falta de dilatação, apesar das contrações em brevíssimos intervalos. O efeito da anestesia passou antes que fosse retirada a criança. Tudo isso somado, sofri muito. Era como se meu filho se recusasse a nascer, pois se refugiava na parte mais alta de meu abdômen, que ficou todo dolorido ao ser pressionado para baixo pelos médicos.

Poucas horas após o nascimento de Aguinaldinho, foi detectada nele uma infecção gravíssima e um nível assustadoramente baixo de leucócitos. Os médicos empreendiam todos os esforços e a situação só piorava. Quando a dedicada pediatra de plantão pediu-me uma roupa na qual o bebê pudesse ser transferido para o CTI (centro de terapia intensiva) em Belo Horizonte, não aguentei me mexer. Uma cefaleia em decorrência de uma infecção da qual eu também sofria me deixou impossibilitada até de movimentar os olhos.

Entregar-lhe a linda roupinha branca que ele vestiria ao ser levado para nossa casa por ocasião de nossa alta hospitalar foi tarefa de minha mãe. Chovia torrencialmente quando a pediatra voltou ao nosso quarto, acompanhada do assustado e tristíssimo pai, que os conduziria em seu carro. Ela me disse: "Despeça-se de seu filhinho." Tentei me virar e fui acometida de tonteira e náuseas intensas. A médica insistiu: "Despeça-se dele, pois é a última vez que o verá com vida; já fizemos tudo o que podíamos e agora ele está nas mãos de Deus." Olhei os enormes e lindos olhos de meu filho, que ela carinhosamente aconchegava em seus braços. Ao me fitarem, percebi que a vida não se esvaía deles. Respondi a ela, automaticamente, que todo o tempo ele estivera nas mãos de Deus, que se faz presente por meio de médicos dedicados como ela.

TRÊS DIAS DEPOIS, RECEBI MEU filhinho transbordando saúde, mas ele não poderia voltar ao berçário do hospital do qual saíra antes da transferência. Assim, ele foi levado para a casa de minha mãe e ficou sob os cuidados dela e de uma enfermeira. Eu o via apenas em visitas rápidas e diárias, porque continuei internada, tomando uma medicação fortíssima. A infecção severa me impediu de passar pela maravilhosa experiência da amamentação. A primeira vez que tive meu filho em meus braços e comecei a cuidar dele, ele já tinha duas semanas de vida.

Anos mais tarde, para ajudar Aguinaldinho a ter certeza de que era mesmo a odontologia sua escolha profissional, marcamos sessões de teste vocacional com uma psicóloga. Para minha surpresa, ela parecia uma clarividente fazendo revelações, e me disse que meu filho quase provocou a própria morte, pois, na última hora, sentiu muito medo de nascer.

Esse acontecimento é tão bizarro que só me animei a relatá-lo em razão das informações que a neurociência acrescenta hoje à realidade fetal. Abrangentes e longas pesquisas realizadas pela respeitada psicóloga norte-americana dra. Helen Wambach, com seus resultados publicados em livros no final da década de 1970 e início dos anos 1980, mostram que pacientes podem mergulhar em um extraordinário depósito de lembranças e trazer informações de importante significação. Do total, 90% dos pesquisados disseram que as mortes pelas quais passaram foram experiências agradáveis, mas que os nascimentos foram tristes; e 68% se declararam relutantes, tensos ou apenas resignados durante o nascimento. Nesse dia, quando perguntei ao meu filho o quê, de tudo o que já lhe havia acontecido, ele mais temeria ter de enfrentar, ele me respondeu: "Viver aqui sem Mariana. Ela era meu porto seguro." Essa história fica para depois.

Quando Aguinaldinho completou 6 meses de idade, engravidei novamente. No terceiro mês dessa gestação, ele apresentou febre e erupções vermelhas que se espalharam por todo o seu corpo. Era fim de primavera e a natureza generosa, que ainda não tinha sido machucada ao extremo como nos dias atuais, trazia-nos abençoados períodos de chuva no tempo certo, na quantidade certa e no lugar certo. O diagnóstico do médico caiu sobre nós como uma bomba. Era rubéola. A gravidade da situação que enfrentávamos delineou-se em minha mente. Se o feto fosse contaminado, os órgãos mais atingidos seriam os que formam o sistema circulatório e o sistema nervoso, ou neural. Esses sistemas começam a ser formados a partir do segundo mês, e contrair rubéola no primeiro trimestre de gestação pode causar sérios riscos à saúde do bebê e malformação de órgãos. É a maior causa de cegueira infantil congênita. As outras consequências, não menos preocupantes, são surdez, retardamento mental e até a morte do feto.

Após aquela noite de terrível tempestade, tanto lá fora quanto dentro de nós, procuramos nosso obstetra. Ele nos tranquilizou, dizendo que era bem provável que eu já estivesse imunizada. Mulheres que tiveram rubéola apresentam defesas no organismo, criando anticorpos no sangue que previnem que elas sejam infectadas uma segunda vez. Esses anticorpos também protegem o bebê. Eu tinha de perguntar à minha mãe se eu já tinha tido rubéola quando criança.

Minha mãe, aflita, revirou sua memória em busca de nossa redenção ou desespero. E a vi desfilar seu rosário de penas: "Sicrano e sicrano tiveram caxumba... fulana, difteria... vocês todos, catapora... vocês todos, gripe asiática." Dessas viroses extraídas da memória materna que, como é possível notar, em nossa casa assumiam status de epidemia, lembro-me de algumas que me atingiram.

Depois de pensar mais um pouco, minha mãe lembrou:

> Oh! minha filha! perdoe-me, rubéola naquele tempo chamava-se sarampinho, e se vocês tivessem uma febre branda e algumas manchinhas pelo corpo que durassem só dois ou três dias nem paravam de brincar. Sintomas leves e difíceis de serem notados. Não posso ajudá-la.

Voltamos ao médico, e ele fez uma observação sobre quão ingênuos tínhamos sido ao pensar que alguém que havia criado tantos filhos gravaria ocorrência tão corriqueira. Consequentemente, o doutor nos orientou a fazer uma coleta de sangue, pois um teste sorológico verificaria se no meu sangue existiam anticorpos suficientes para proteger o bebê. O teste deveria ser repetido dali a um mês, e, se confirmadas as suspeitas, aconselhava-se o aborto.

O nosso nível de tensão emocional, dividi com meus pais, que sofreram comigo. As semanas que se seguiram foram de desolação, e, depois de muito refletir sobre tudo que eu havia aprendido na doutrina espírita, decidi que qualquer que fosse o resultado eu não abortaria. Quando comuniquei a eles minha decisão, seus olhos agradecidos encheram-se de lágrimas. Disse-lhes que eu não acreditava estar em minhas mãos livrar-me da provação de ter um filho deficiente. Que se isso estivesse em meu caminho como parte de um planejamento anterior, o filhinho já nascido perfeito poderia cair, bater a cabeça e ter sequelas comprometedoras.

A gestação prosseguiu, e, como fruto daquela que poderia ter sido uma malfadada gravidez, nasceu uma linda menina, que trouxe aos nossos corações, mais uma vez, aqueles arroubos de felicidade e esperança que acompanham sempre a chegada de um filho.

Quando fui ao hospital remover os pontos da cesariana, que foi necessária novamente, perguntei ao médico se poderia ir ao segundo andar do hospital visitar minha avó paterna. Ele autorizou, dizendo que só o faria porque seria a última vez que veria com vida a minha avó Conceição. Eu já tinha ouvido aquela frase antes, quando a pediatra se referiu ao meu filho, mas daquela vez era verdade.

Na tarde do dia seguinte, quis estar com meu pai quando ele se despediu do corpo dela. Também queria me despedir daquela avozinha tão doce e terna naquele recanto simples e arborizado do cemitério, um local de sepulturas não perpétuas para pessoas simples como ela. E mesmo diante da própria dor, meu pai me pediu que eu fosse embora, pois o sol estava muito quente naquele 16 de abril de 1979. Fiquei mais um pouco, até que todos começaram a se afastar, pois não consegui me distanciar daquele olhar de infinita tristeza com que papai contemplava os despojos queridos daquela com a qual ele tinha tanta afinidade, de uma maneira que ia muito além dos limites dos laços sanguíneos.

O tempo passou e, com ele, os primeiros meses de vida de minha filha. Um dia, enquanto passeava com ela na esquina de nossa casa, passou de carro por nós o nosso médico, que acenou, parou e, em um misto de surpresa e felicidade, falou-me que ela era uma menina linda que nós quase matamos. Só então me dei conta do fato. Realmente tinha esquecido dos riscos daquela gravidez que, no final, transcorreu com a tranquilidade necessária.

DESTINO É A CONSEQUÊNCIA DE NOSSOS ATOS E DE NOSSAS ESCOLHAS.

Rangel, Mariana e Aguinaldinho

MINHA FILHA, SETE ANOS DE SAUDADE!

5

TRÊS MESES DEPOIS DE MINHA AVÓ CONCEIÇÃO TER FEITO SUA passagem, vi meu pai partir com apenas 66 anos. Ao se aposentar, recusou agradecido o convite do prefeito para que assumisse a Secretaria de Obras. É triste vermos idosos que mereciam estar aproveitando o tempo e buscando os sonhos adiados mas não podem. Eles poderiam estar desenvolvendo suas aptidões artísticas sem se preocupar com sua sobrevivência material, ou realizando o que Jesus chamou de a melhor parte: quando temos uma remuneração garantida, podemos nos dedicar à bênção de um trabalho voluntário.

Papai estava feliz ao resolver que não trabalharia mais por dinheiro; assim, foi construir casinhas para as famílias assistidas materialmente pelo centro espírita Luiz Gonzaga, um sonho antigo de Chico e dele. Era preciso atravessar a rodovia MG-424 para

chegar ao terreno destinado para as construções na periferia da cidade, que à época não contava com um trevo adequado. Pela manhã, meu pai fazia o trajeto em aclive no carro conduzido por meu irmão Marcos, homônimo do irmão que eu não conhecera. Acho que ele não recebeu esse nome por ser reencarnação do outro irmão que desencarnara ainda criança, e, sim, porque meus pais o apreciavam. Papai levava no porta-malas uma bicicleta para a descida da volta.

No dia 5 de julho, saindo um pouco mais cedo do que de costume, ele disse ao servente que não estava se sentindo muito bem e que não voltaria após o almoço. Na volta para casa, foi atropelado por um caminhão. Braços amigos o apanharam e o conduziram inconsciente para o hospital da cidade. Avisados do acidente, fomos chegando. Coube ao meu irmão Celso e a mim transportá-lo no mesmo carro que o socorreu na estrada para Belo Horizonte.

Não vou descrever a minha angústia e a minha ansiedade nem a de meus irmãos e de minha mãe, que vinham logo atrás, em outros veículos. Em nosso carro, segurando a cabeça de meu pai, um homem chorava e suplicava ajuda a Deus, pedindo ao meu pai que, por misericórdia, abrisse os olhos, que não morresse. Estranhando aquela dor de um desconhecido, do mesmo tamanho que a nossa, mas que parecia ainda mais desesperado do que nós, perguntei-lhe se ele era o servente que trabalhava com meu pai. "Não, sou o motorista do caminhão que o atropelou." Meu Deus! de novo me encontrava no mesmo carro com alguém desesperado pelo mesmo motivo, tentando incutir esperança e calma, como no episódio do atropelamento de minha irmã Deise, sete anos antes.

Não vou encerrar o relato desse triste episódio sem comentar algo bastante comum. No dia seguinte ao atropelamento de meu pai, os médicos optaram por uma cirurgia para extrair-lhe o baço, que sofrera ruptura parcial causando uma hemorragia abdominal severa. O procedimento terminou por volta das 11 da noite, e os médicos estavam muito esperançosos. Um amigo nosso, estudante de medicina que fazia a residência naquele hospital, pediu e conseguiu autorização para acompanhar a tudo dentro do bloco cirúrgico. Quando tudo terminou, trouxe-nos esperanças, repetia para nós os comentários ouvidos lá dentro: "Esse homem é um touro, organismo muito saudável, nunca fumou, nunca bebeu. Vai escapar."

ENQUANTO ISSO, NOSSOS AMIGOS E alguns médiuns estavam reunidos no centro Luiz Gonzaga, orando por seu presidente. Esperavam certamente o mesmo resultado de três anos antes, quando meu pai sofrera um enfarte.

Uma das casas construídas por Lico Diniz

Naquela época, um desses amigos, ao atender ao nosso pedido e levar até meu pai a terapêutica dos passes, vislumbrou uma luz muito forte na porta do quarto em que estava nosso pai doente. Ele aguardava o resultado de exames e a posterior transferência para um hospital mais bem equipado da capital, Belo Horizonte. O médium entrou, pedindo-nos que ficássemos em preces, e fechou a porta. Sentimos cheiros de éter e perfumes de rosas, e quando ele saiu, algum tempo depois, emocionado relatou-nos que, sob a égide do venerando Espírito Bezerra de Menezes, o coágulo havia se desmaterializado. O que se seguiu foi interessante. Ele nos ligou do trabalho relatando que os médicos de Belo Horizonte estavam indecisos sobre realizar ou não a operação, pois o coágulo detectado no eletrocardiograma havia sumido. Uma espécie de junta médica discutia a impossibilidade desse sumiço e se deveriam abrir o peito dele para ver como estava e, se necessário, realizar o procedimento necessário.

O médium disse:

> Meus filhos! a medicina espiritual nunca deve prescindir da medicina da Terra, mas dessa vez, posso garantir a vocês: a angina que Lico sentiu a vida toda era devida a um enovelamento coronariano, ou seja, os vasos sanguíneos davam mais voltas do que o normal, e o coágulo, de fato, não existe mais. Pela deficiência das coronárias, ele poderia não suportar a cirurgia. Por essa razão ele recebeu o socorro do Alto.

Tudo ocorreu de acordo com a vontade de Deus, e com a nossa. Felizes e assustados, voltamos todos para casa, dizendo: "Como Deus foi bom para ele e para nós!"

Dessa vez, os amigos não vieram de Pedro Leopoldo, alegando que não passariam no hospital porque já estava muito tarde.

O motivo não era esse. Na verdade, eles não queriam nos contar que os Espíritos disseram que a tarefa do presidente do centro espírita Luiz Gonzaga estava encerrada no plano material.

Nós, aliviados pelo relato do médico residente, relaxamos e dormimos, alguns no quarto junto à nossa mãe, outros nos carros estacionados na porta do hospital, e alguns voltaram para Pedro Leopoldo. Meu pai desencarnou naquela madrugada. Como Deus foi bom para ele! Mesmo que Sua vontade tenha sido diferente da nossa.

Tempos depois, em Uberaba, Chico me disse que esteve presente na desencarnação de meu pai, em espírito, naturalmente, em um fenômeno chamado desdobramento ou viagem astral. Ele disse que viu meu pai antes da desencarnação, com o espírito desligado do corpo pelo efeito da anestesia ou do estado de coma, não sei dizer ao certo, despedir-se de cada um de nós. Isso aconteceu no momento em que todos nós dormíamos ao mesmo tempo desde o acidente. E Chico me perguntou: "Você não se lembra? Ninguém se lembrou? Foi tão lindo e comovente." Não, Chico, nenhum de nós mereceu tal dádiva, a de recordar quando acordados as bênçãos que nos chegaram enquanto dormíamos.

Um fato corriqueiro que quero comentar. Às vezes a espiritualidade presente promove uma melhora temporária daqueles que estão deixando a experiência no corpo físico, e boas notícias chegam aos familiares para que, tranquilizados, afastem-se um pouco e deixem o doente livre do apego, da aflição das súplicas que emitem forças de retenção amorosa e que causam sofrimento e desarmonia naqueles que estão partindo. Não é por outra razão que pacientes terminais, às vezes em coma, recobram a lucidez ou apresentam melhoras, pois assim as pessoas que o acompanham relaxam e vão para suas casas, ou apenas saem do quarto, possibilitando as condições de paz necessárias a tão delicado momento da existência humana.

Realmente foi terrível ver o nosso amado pai ir embora. Com o que se passou na sua desencarnação, posso testificar a certeza de nosso reencontro com todos aqueles que amamos e que já se foram. Posso afirmar que encontraremos nossos entes queridos de novo. Que a morte é menor do que o amor que nos une. Chico relatou o encontro de meu pai com Deise, minha irmã caçula, na pátria espiritual há sete anos. Contou o querido amigo e mestre que o dr. Bezerra aproximou-se e o convidou para irem ao hospital em Belo Horizonte, em espírito, naturalmente, para ajudar a desatar os laços que ainda prendiam o espírito de meu pai ao corpo acidentado. Disse o venerando mentor que estava na hora da partida dele. A bênção que meu pai recebia dessas presenças elevadas não se trata de prerrogativa injustificável. Ninguém está sozinho, e todos teremos, na hora de nossa passagem, a presença iluminada de Jesus por meio de seus mensageiros abnegados.

Meu pai saiu de seu corpo e ouviu: "Pai, sou eu. Não está me reconhecendo? Eu cresci." Embora ainda estivesse se ajustando à sua nova condição, com os olhos nublados, viu a filhinha. Emocionado, respondeu: "Minha filha, sete anos de saudade!"

A mediunidade do Chico era tão extraordinária que ele relatou o que meu pai pensou e sentiu naquela hora por lembrar que a filhinha também perecera sob uma máquina pesada. Eles se abraçaram e o recém-desencarnado sofreu uma espécie de desmaio devido à emoção intensa. Foi levado ao repouso e acordou para assistir ao sepultamento de seu corpo físico. O esforço de acompanhar o próprio sepultamento funciona para muitos como um exercício de aquecimento, uma espécie de preparação para os movimentos iniciais de libertação e para a longa viagem que se inicia.

O espírito de meu pai, ao lado de Chico, fez uma prece agradecendo ao corpo físico que lhe serviu de instrumento de trabalho. Despediu-se dele como quem se despede de um uniforme velho e estragado com o qual não podia mais contar ou do qual não necessitava mais. Assim lhe ensinara a doutrina espírita; assim ele fez.

Quando meu filhinho se foi, Chico me disse: "Seu pai manda lhe dizer que aguente sua dor com dignidade, pois um dia você dirá: 'Graças a Deus reencontrei meu filho.'" A dor de qualquer separação é intensa, mas a de uma separação sem fim é insuportável. A vida, porém, é muito mais surpreendente e milagrosa do que entendemos. Comecei a pensar que era preciso sair desta existência melhor do que cheguei para merecer tal dádiva. Sei que um dia, na exata combinação entre misericórdia divina e merecimento, viveremos, meu filho e eu, essa indescritível felicidade do reencontro na pátria espiritual. Ninguém está perdido, o "nunca mais" não existe, a morte não é o fim. "A imortalidade é sublime. Nunca houve adeus para sempre na sinfonia imorredoura da vida". Eis o que afiança André Luiz na obra *Obreiros da vida eterna*, psicografada por Chico Xavier.

Não somos ainda capazes de sentir a beleza dessa sinfonia porque ninguém recebe ou dá um adeus, mesmo temporário, com alegria. Mas ao exercitarmos nossa confiança em Deus, podemos vivenciar a separação com esperanças renovadas. A certeza de sobrevivência é acompanhada pela certeza do reencontro, e são elas que nos fortalecem diante de nossas dores. O maior consolo é saber que nossos entes queridos não se foram para sempre, mas, sim, que estão vivos como nós. Quando compreendemos que poderemos estar juntos outra vez, a morte ganha outro significado. Essa certeza, satisfazendo nossa razão, torna mais suportável a separação e fortalece nossa fé no futuro.

Se compararmos a realidade do reencontro às frias ideias dos que não creem na imortalidade da alma ou nem imaginam como ela seja, quão espantoso é o mundo em que as pessoas lutam, sofrem e vivem uma curta vida, às vezes curtíssima, vindas do nada e para o nada voltando. Os fatos que comprovam a imortalidade da alma e o reencontro fazem parte dos fundamentos da doutrina espírita. São testemunhos de milhares de Espíritos que, por meio de médiuns, trazem informações da vida futura com todas as suas dores e alegrias, esperanças e consolações.

Da crença na imortalidade do espírito nasce uma fé robusta, calcada em um fundamento racional, e não em hipóteses. O conhecimento dessa realidade é muito mais profundo do que a crença pura e simples, porque ele é fruto da experiência direta. Mas o objetivo do espiritismo não é tão somente o de esclarecer nossa inteligência sobre o conhecimento das leis da vida, e, sim, desenvolver nossa vida moral que o materialismo do dia a dia tem amesquinhado. Como uma fé que expressa nossa confiança na lei de justiça e progresso, trazendo-nos a calma necessária para vivenciar nosso luto. Nossos entes queridos partem para o desconhecido da separação, e aqui ficamos com o infinito da saudade; mas a fé nos reúne no cultivo da esperança.

Não posso encerrar este capítulo sem explicar o fenômeno ignorado por alguns, e vivenciados por muitos, da presença de Chico na hora da desencarnação e na hora do sepultamento de meu pai, em que nada de sobrenatural ocorreu. Recorrendo à *Bíblia*, lemos em 2 *Coríntios* 12:2–4:

> Conheço um homem em Cristo, que, há 14 anos, foi arrebatado ao terceiro céu – se em seu corpo, não sei; se fora do corpo, não sei; Deus o sabe! foi arrebatado até o paraíso e ouviu palavras inefáveis [...]

Semelhantes deslocamentos não constituem privilégio dos santos. Todos nós podemos fazer essas viagens astrais quando nos libertamos parcialmente de nossos corpos físicos durante o sono. A essas ocorrências, quando conseguimos registrá-las ao acordar, chamamos de sonhos.

Também conheci um homem que vivia em Cristo e por Cristo, e que era arrebatado ao "terceiro céu", para uma cidade espiritual o qual ele chamou de Nosso Lar.

O MAIOR CONSOLO É SABER QUE NOSSOS ENTES QUERIDOS NÃO SE FORAM PARA SEMPRE, MAS, SIM, QUE ESTÃO VIVOS COMO NÓS.

“CABECHA DOEṆO”, MAMÃE!

6

RANGEL TINHA QUASE 3 ANOS QUANDO SE ACIDENTOU FATALmente. Era uma sexta-feira, 12 de agosto de 1983. Çãozinha, a babá de 16 anos, levou-o para passear de bicicleta, como acontecia todas as manhãs. Parou em uma mercearia para comprar um pirulito, e, quando ele tomou impulso para subir no veículo, passou direto e caiu do outro lado. Foi uma pequena queda para tão trágica consequência. Ele me mostrava o dodói perto da orelha esquerda, sem chorar. Dividi com meu marido a dúvida sobre a necessidade de uma sutura. Ele também achou o corte insignificante; mas, mesmo assim, nós o levamos ao médico. O médico disse que faria o procedimento: dois pontinhos, só para facilitar a cicatrização, mas que poderia até ser dispensável.

No sábado, olhando para meu filho e "vendo" mais com o coração do que com os olhos, percebi que alguma coisa estava

estranha. Levei-o ao consultório de seu dedicado pediatra naquela tarde. Após exames clínicos minuciosos, como testes para verificar os reflexos, o médico pediu que o pequeno paciente se equilibrasse em uma só perna e terminou a consulta jogando meu filho para cima. Sorrindo, afirmou: "Você está ótimo Rangelzinho. Sua mãe está parecendo mãe de primeiro filho." Em seguida, tranquilizou-me dizendo que equilibrar-se daquela forma estava até acima do esperado para a sua faixa etária.

No domingo, dia dos pais, Rangel estava um pouco nervoso e resolvemos deixá-lo em casa com Cota, nossa funcionária que, naquela época, trabalhava também em domingos alternados. Quando chegamos do almoço na casa de meus sogros, ela me relatou que a criança estava indisposta e que não havia dormido após o almoço. A preocupação do dia anterior tomava contornos mais fortes, e busquei minha mãe para orar comigo e aplicar-lhe um passe, que em nome de Jesus, é capaz de curar. Sabemos que o templo de oração é o local adequado e preparado para tal prática, mas exceções são feitas em muitos casos.

Alguns meses antes, Rangel apresentara uma renitente feridinha na perna. As pomadas prescritas não ofereceram o resultado desejado e aquilo nos entristeceu. Mas não a ponto de informarmos à minha mãe ou a qualquer outro familiar. Minha mãe era médium de psicofonia, ou seja, os Espíritos comunicavam-se por meio de sua voz. Certo dia, inesperadamente, ela nos disse que meu avô Gervásio, muito conhecido em nossa região por ter sido benzedor, estava presente e conversaria conosco. O fato não nos assustou, pois já conhecíamos tal fenômeno. E foi com muita ternura e gratidão que o ouvimos se referir à nossa preocupação e nos pedir que mentalizássemos a perna de meu filhinho, pois ele iria curá-la. Qual não foi a nossa surpresa ao ver, no dia seguinte, que a ferida havia secado, em rápido processo de cicatrização.

Aprendemos que, nos momentos de aflição, devemos dirigir nossas preces a Deus, a Jesus, a nossa Mãe Santíssima, pois eles nos socorrem por meio de anjos guardiões ou de pessoas. Por isso, na aflição daquele domingo, dia dos pais, busquei minha mãe. Eu pensava que se para uma feridinha boba meu avô havia interferido, em nome de Deus, se houvesse algo sério, certamente eu poderia contar com ele.

Oramos juntas e ela lhe aplicou o passe. Enquanto isso, eu pedia mentalmente a Deus que, se fosse permitido, meu avô nos auxiliasse com o seu extraordinário magnetismo de cura. Ao terminar, perguntei à minha mãe se ela não havia percebido a presença de vovô, ao que ela respondeu que não, que estava tudo bem, mas uma ruga em sua testa e o pedido insistente para que eu não saísse de perto de meu filhinho diziam o contrário.

Passeando com Rangel até a esquina de minha casa, passei por uma senhora, também conhecida por seus dons mediúnicos, que nos cumprimentou e elogiou a beleza de meu filho. Em vez de agradecer, modestamente contestando o elogio, respondi, sem perceber, que ele era sim, muito lindo. Constrangida pela resposta, virei-me para consertar a situação e a vi consternada, com a mão direita no rosto. Quando comecei a me explicar, ela me falou que não estava olhando para nós devido à minha resposta, mas porque se de um lado eu dava a mão ao filhinho, do outro caminhava conosco um senhor mais velho, invisível para mim, usando calça caqui, camisa branca e um chapéu claro. Ela descrevera meu avô.

Após a ajuda espiritual, busquei novamente a medicina no início da noite, tentando apaziguar meu coração cada vez mais amargurado. Rangel começou a reclamar de dor de cabeça. Dessa vez, não tive coragem de incomodar novamente o querido médico pediatra no fim de semana, e telefonei para o não menos querido obstetra e clínico geral que havia feito a sutura, dois dias antes.

No exercício de seu iluminado sacerdócio, ele prontamente nos atendeu. Chegou à nossa casa levando sua dedicação e seu carinho. Inteirou-se dos fatos, examinou o pequeno paciente que continuava sem apresentar qualquer distúrbio neurológico. E quando o facultativo percebeu nossa apreensão, pediu que providenciássemos para o dia seguinte uma consulta com um renomado neurologista pediátrico. Disse o médico: "Célia está cismada, e espírita quando cisma..."

*

A NOITE FOI LONGA. JÁ não era mais só cisma; Rangel continuou a queixar-se de dor de cabeça. Ainda consigo ouvir sua voz: "*Cabecha doeno*, mamãe." Aguinaldo e eu nos revezávamos nos cuidados necessários. Dormi com ele, entre as almofadas da sala de televisão, e acordei assustada às 4 da manhã, embora ele continuasse a dormir serenamente. Sonhara que uma enorme ventania "varria" minha casa toda, janelas e portas batiam, e tinha gente por todo lado. Tremendo e com estranhos presságios, fui me aconchegar ao meu marido, que também dormia mal e me pediu notícias.

Às 7 horas, Rangel foi ao nosso quarto carregando uma almofada enorme, a mamadeira e uma coberta, muito peso para tão pouca idade. Esses detalhes só demonstravam que ele ainda não apresentava problemas neurológicos mais sérios. "Quero ficar com meu pai" foi seu pedido. Como se amavam! Os pais amam os filhos com a mesma intensidade, mas de modos diferentes, e Rangel era o mais apegado ao pai. De mãos dadas, cochilaram. Alguns minutos depois, Aguinaldo sentiu que o filho lhe apertava a mão. Era a primeira convulsão. Desespero, pressa. Nossos amigos médicos entraram valorosamente em ação durante um feriado, e foi feito um atendimento de urgência em Pedro Leopoldo. Depois, houve a transferência para Belo Horizonte, as orações – mil orações – e mais exames.

Dentro do CTI, ao ser entubado para a pesquisa da causa de sucessivas convulsões, meu filho sofreu uma parada cardiorrespiratória e se foi. Três horas após a primeira convulsão, três dias depois da queda. A causa da morte só fui saber quatro meses depois, em um encontro com Chico Xavier em Uberaba.

> Estava na hora da partida de seu filhinho. Ele escolheu um belo dia, dia de Nossa Senhora da Saúde. Na queda, seu filhinho teve microscópica hemorragia na região das meninges, imperceptível para os dedicados médicos que tanto sofreram junto com vocês.

E, penalizado, reafirmou: "Como os bons médicos sofrem por nossa causa, não é, minha filha?"

Comentei antes sobre os sinais premonitórios de Deisinha, fazendo entrever que não é o acaso que preside momentos tão decisivos em nossa vida. Antecedendo a partida de meu filhinho, os sinais também se fizeram presentes. É sempre consolador saber disso. Mesmo que nos transformemos em profetas do acontecido sem estar cientes disso, porque só depois, ao analisar os fatos com um pouco mais de calma e ainda muita dor, percebemos que os avisos vieram.

Além de meu sonho com a tempestade, Marisa telefonou várias vezes para perguntar se estava tudo bem comigo. Minhas respostas eram sempre positivas. Até que não suportando mais certo grau de ansiedade, ela foi à minha casa, muito preocupada, relatando que suas dúvidas continuavam porque a toda hora minha imagem surgia com intensidade em sua mente.

Esse diálogo se deu na varanda, e nessa hora surgiu meu filhinho, vindo do jardim dos fundos. Olhamos ao mesmo tempo para ele, que retribuiu silenciosamente o olhar e saiu andando devagarzinho e de cabeça baixa. Pareceu-nos triste. Foi uma situação inusitada. Ele era sempre alegre, não se apresentava tímido. Também foi diferente, porque não esboçamos nenhuma reação usual diante do aparecimento dele. Seria natural que brincássemos com ele, dando-lhe atenção antes de sua retirada. Ficamos apreensivas, mas, momentaneamente, não demos atenção aos nossos sentimentos. A premonição, quando nos vem de forma obscura como ocorreu nesse caso e no caso que relatarei em seguida, tem sempre uma utilidade de preparação, mesmo que conscientemente não consigamos um registro completo.

Antes de se acidentar, meu pai deixou encostadas na parede da casinha que construía duas carreiras de tijolos que delineavam uma janela. Repousou sua colher de pedreiro ali e saiu para não mais voltar.

Um dia, cheguei ao cômodo onde seria o quarto de casal em nossa casa e encontrei a parede com duas fiadas de tijolos, que delineavam a janela. A cena idêntica me remeteu àqueles funestos acontecimentos envolvendo meu pai, e, com coração trespassado pela dor e a alma gelada pela saudade, prometi mentalmente ao pranteado ausente que daquele local, quando para lá nos mudássemos, eu oraria por ele todos os dias.

Algum tempo depois, já na casa nova, fitando o entardecer junto à janela, eu orava e estabelecia um diálogo inarticulado com ele: "Papai! nesse planeta de provas e expiações, onde a dor faz parte de nosso aprendizado, qual é a minha cruz, se sou tão feliz?" Em um movimento não premeditado, minha cabeça se virou em direção aos meus três filhinhos que pulavam em minha cama. E, sem motivo algum, senti lágrimas rolarem pelo meu rosto. Em um desespero mudo e com a intensa amargura que me mortificava, fui impelida a suplicar: "Aí não, por favor, meu Deus, eles não." Pouca coisa nesta vida seria mais dolorosa do que ficar sem a presença física deles.

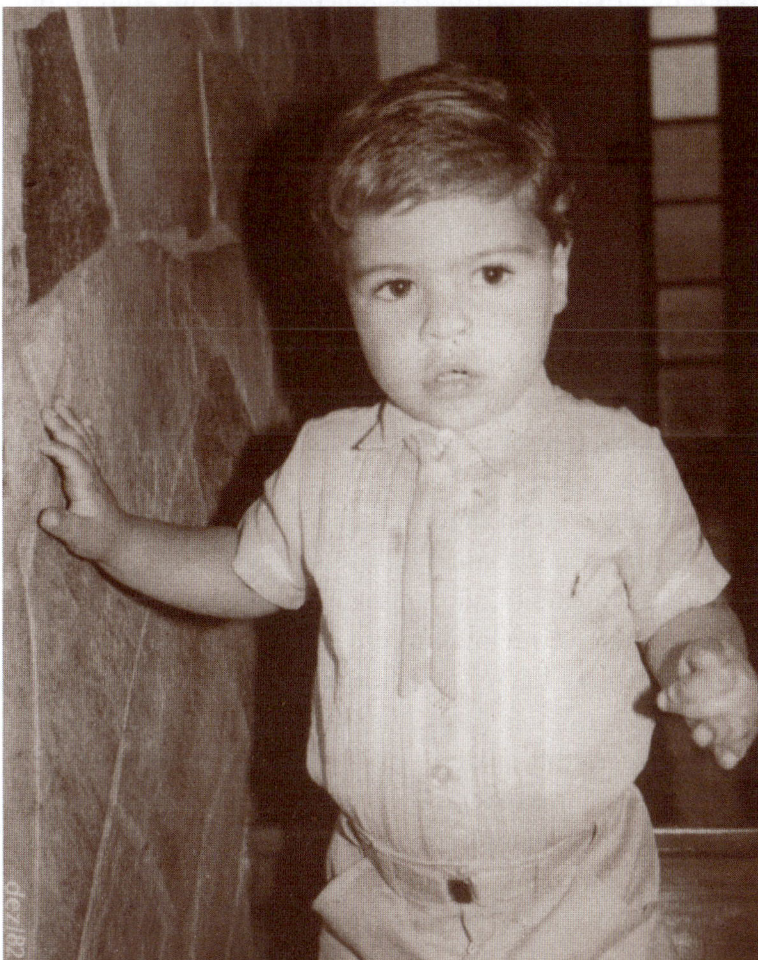

Rangel

No dia 6 de agosto de 1983, lembro-me bem a data pois participava de um congresso sobre educação, sonhei que meu pai conversava comigo. Com a cabeça encostada em seu peito, eu chorava muito.

Raramente lembro-me de meus sonhos com detalhes. Era a misericórdia divina preparando-me para aquela que é considerada por muitos a maior de todas as perdas: a de um filho. Muitas vezes, um sonho não faz nenhum sentido, mas depois assume um profundo significado quando identificamos a mensagem que ele traz. Outras vezes, quando um sonho caracteriza uma espécie de premonição, tememos o significado da mensagem que o sonho traz e o engavetamos em um canto qualquer de nossa mente na tentativa de impedir sua realização pelo fato de ignorarmos o aviso.

No velório na sala de minha casa, lotada de pessoas como em meu sonho, acariciei a cabecinha de Rangel pela última vez. Ao meu lado estava minha mãe, com seu amor incondicional, sua fé inquebrantável e sua dupla dor. Dupla porque ser avó é ser mãe duas vezes.

— Como a senhora suportou tal dor tantas vezes?

— Tenha paciência, minha filha, essa dor vai passar.

Naquele momento, não consegui acreditar que passaria. Pensamentos horríveis teimavam em minha cabeça: nunca mais conseguiria ficar alegre, a felicidade estava acabada para mim. Apegada às sensações daquele momento, eu ignorava a possibilidade de acreditar na esperança e não conseguia enxergar a situação como uma separação provisória em vez de um trágico adeus. E muito menos conseguia enxergar como a paciência poderia ser um recurso de superação.

O que é a paciência senão a virtude da tolerância diante do sofrimento, para que ele não continue intolerável? Se a paciência é a ciência da paz, nas horas mais dolorosas da vida, na sombra escura da dor, chegamos a duvidar que um dia voltaremos a encontrar a paz. Mas ela estava como uma semente, plantada em meu coração, apenas aguardando o arrefecer de todo aquele trauma, do susto, da angústia, da perplexidade, da desilusão e da dor, para me dar os frutos abençoados da resignação. Aguardando resignadamente aquela força interior de aceitação daquilo que, de fato, eu não podia mudar.

A dor está insuportável? Só existe uma solução para torná-la suportável: ter paciência.

TENHA PACIÊNCIA, MINHA FILHA, ESSA DOR VAI PASSAR.

O MUNDO NÃO PAROU DE GIRAR; NÃO PUDE DESCER

7

ABANDONANDO A ORDEM CRONOLÓGICA DESSAS NARRATIVAS e seguindo mais uma ordem afetiva, anos depois – aproximadamente 27 anos depois –, revivi todos esses momentos com uma intensidade inacreditável ao assistir a uma cena do filme *As mães de Chico Xavier*. Eu conhecia todo o roteiro, ajudei um pouquinho o Emmanuel Nogueira nas pesquisas das outras histórias, li várias vezes aqueles textos, mas ver minha história na tela foi diferente. O diretor executivo Eduardo Girão fez a gentileza de nos mostrar a película ainda sem as finalizações de praxe. Alegava que, por licença poética, havia mudado o perfil psicológico de alguns personagens, inclusive o meu e o de meu marido, e gostaria de nossa aprovação.

Reunimos a família em casa de minha irmã Silvia, lugar apropriado para aquele evento com mais ou menos 50 pessoas. Vi o

desenrolar de minha vida enquanto agradecia a Deus pela oportunidade de autoconhecimento que aquela experiência inusitada me proporcionava. Analisei quem eu era antes daquele grande sofrimento e quem me tornei depois dele. O único aspecto que comentarei neste capítulo, adiando os outros sobre o filme, é que, ao assistir a admirável performance de Vanessa Gerbelli na porta do CTI recebendo a notícia da morte do filho, voltei no tempo de forma visceral.

Quando olhei para o ator que interpretou o querido pediatra que cuidou de meu filhinho no CTI, pude perceber que, mesmo sem ele saber exatamente como ocorreram os fatos, também fez um quase imperceptível aceno de cabeça ao gravar a cena e, pálido, encostou-se na parede. Ainda comentando a cena do filme, também não esmurrei o vidro com a raiva e a revolta da atriz, mas gritei: "Não se vá, meu filho, volte! Por favor, volte!" Nenhuma revolta senti. Apenas uma grande e profunda tristeza. Como me torturei depois, pensando que não tinha oferecido ao meu filho a tranquilidade diante do inexorável. Pedia a Deus que sua alma em processo de libertação não tivesse me ouvido.

Sem que comentasse nada a esse respeito com Chico Xavier, um dia ele me disse: "Não fique preocupada, minha filha, seu filhinho não ouviu seus gritos... Saiu dormindo em braços tão maternais quanto os seus." Na pré-estreia do filme em São Paulo, perguntei à Vanessa sem pensar em como isso pode ser fácil para uma grande atriz, como ela havia conseguido expressar tão bem a minha dor. A resposta dela foi: "Coloquei-me em seu lugar. Tenho um filho quase da idade do seu quando partiu."

* * *

EU DISCORDAVA COM VEEMÊNCIA QUANDO alguém dizia que essa dor dura para sempre. Não, ela passa, sei que passa, de um modo estranho, mas passa. Os sentimentos ficam um pouco confusos, porque não podemos falar em superação no sentido de algo que fomos capazes de passar por cima, de deixar para trás e esquecer. Porque na verdade eu segui em frente, mas levando meu filho ausente comigo. Ele permanece comigo, ainda que de outra forma. Só naquele momento, ao assistir ao filme, percebi que aquela dor sempre estivera dentro de mim. Eu era o resultado dela. Tinha consciência de que tudo em que havia me transformado era consequência dela, dessa dor. E gostaria muito de saber falar o nome de uma dor que, de tão bem guardada, não dói mais. Seria a lembrança do tanto que doeu? Seria saudade, essa palavra tão peculiar ao nosso idioma? Ter a lembrança de um tempo que doeu muito é o mesmo que continuar sentindo dor? Creio que não. As lembranças que tenho dele são tão nítidas e despertam uma saudade tão boa e afetuosa que é como se eu estivesse embalando meu filho em meu coração.

E, no mesmo instante em que formulei esse pensamento, a resposta chegou vinda de todos os lados, de tudo o que havia aprendido, de todas as respostas que a vida ao lado de meus pais me dera antes mesmo que eu me perguntasse como venceria aquela dor. "Essa dor passa, minha filha!" A serenidade do olhar de minha mãe parecia enxergar além daquelas palavras, que não eram mentirosas. Eram uma verdade a ser conquistada por meio dos caminhos que Nosso Senhor Jesus Cristo nos traçou. Há uma grande e dramática beleza na saudade. É ela que me impulsiona a seguir em frente. Quando me entrego a ela, busco na memória as belas lembranças. Com elas neutralizo os sentimentos de ausência e sinto como a saudade é bendita. Não quero esquecer meu filho, nem conseguiria se quisesse. O que uma vez marcou nossa alma nela fica eternizado. Quero sempre lembrar a existência dele entre nós, e não a dor que sua partida nos causou. Quero me unir a ele por esse elo sagrado do coração: o amor. Não por meio da dor.

Na pré-estreia do filme em Fortaleza, conheci o ator que fez a cena do médico na porta do CTI. Ele me disse que ficou tão preocupado com a minha aceitação da cena, já que gostar seria impossível para mim, e me perguntou o que eu tinha achado da interpretação dele. Eu disse que tinha achado perfeita e muito real. Ele me agradeceu feliz, dizendo que ele tinha uma fala, mas a emoção foi tanta que ele não conseguiu dizer nada. Naquela hora, lembrei-me com gratidão dos médicos que nos acompanharam a Belo Horizonte. O querido pediatra conduziu o amigo de infância Aguinaldo, com o carro em alta velocidade e farol aceso, abrindo caminho para o nosso veículo que vinha em seguida. Rangel e eu íamos no banco de trás do outro automóvel, conduzido pelo outro médico, acompanhado por sua esposa, amigos igualmente tão amados. E então pensei na minha conversa com o ator, pois nem o pediatra conseguiu falar naquele momento. Quando ele saiu do CTI, pálido e esgotado, confirmou dolorosamente por meio de sinais sutis a minha imensa tragédia.

Quando tudo acabou e as esperanças se foram, outra emoção terrível também foi embora. O medo. Nunca em minha vida o experimentara com tamanha intensidade. No percurso de Pedro Leopoldo para Belo Horizonte, meu filhinho havia convulsionado em meus braços. A cada convulsão, meu coração se apertava. Minha apreensão e ansiedade atingiram limites inimagináveis na ânsia da expectativa funesta. E não havia nada que eu pudesse fazer para gastar a adrenalina que essas emoções derramavam em meu organismo, a não ser orar. Mas serenidade para pedir e receber não existia. Então eu rezava, ou seja, repetia automaticamente as orações decoradas. Todos os meus músculos e nervos estavam tensos. Faltava-me o ar, e eu não conseguia articular direito as palavras. Não sei se alguém consegue entender o que senti quando ele se foi. É paradoxal falar em alívio diante de tanta dor, mas o medo asfixiante desapareceu. Eu não sabia de onde vinha aquela emoção tranquilizadora que senti.

Hoje posso aferir que a espécie de tranquilidade que senti veio de duas fontes. A primeira, acabei de relatar: a ausência de medo. A segunda era a resposta de Deus às minhas preces. Orar, rezar é tão eficaz, que quando Deus não atende ao que pedimos, Ele manda forças para que suportemos o que recebemos. E, nesse momento, energias nos alcançam e nos sustentam, impedindo que morramos também em face de tanta dor. Se assim não é, não tenho resposta para a pergunta: como foi que também não morri naquela hora? Aprendi que a prece não é, como muitos supõem, uma recitação vazia de frases repetidas. É algo espontâneo, sem fórmulas, que brota de nossos corações e conecta-se às fontes de energias superiores. Encontramos o apoio, que muitas vezes nem conseguimos compreender de onde vem, e uma enorme paz interior.

Essa amiga que nos acompanhou ao hospital estava grávida quando de uma visita minha ao Chico, tempos depois, e pediu-me que levasse uma carta para ele. Chegou o dia de minha volta e ele ainda não tinha me dado a resposta. Como voltar sem resposta, se ela era uma amiga a quem eu devia tanto? Na madrugada, ao me despedir de Chico na varanda da casa dele, após o café para o qual ele sempre fazia a bondade de nos convidar, perguntei se ele daria a resposta.

"Ah! a carta..." Ele colocou a mão no bolso do paletó, retirou dali o envelope ainda fechado e segurou-o entre as mãos, alisando-o. Então me disse:

— Diga a ela que está tudo bem, ela terá uma linda menina.

— Mas, Chico, o ultrassom mostrou ser um menino.

— Minha filha, eu erro, mas as máquinas também erram. Diga a ela que o nosso Vitor ficará para mais tarde.

Eu não sabia o teor da carta nem a escolha do nome do bebê.

Nesse fato, observamos as faculdades da psicometria, em que ele foi capaz de ler uma carta sem abrir o envelope, e da clarividência, pela qual acertou o sexo do bebê que, de fato, era menina. Sobre esse fenômeno conceituado por André Luiz como "a faculdade de ler impressões e recordações ao contato de objetos comuns", tive a oportunidade de presenciar sua manifestação em uma tarde em casa de Chico, quando chegou sua correspondência. Centenas de cartas que, sem abri-las, ele ia separando, enquanto conversava conosco. Tive curiosidade sobre o critério que ele seguia, mas nada perguntei. Mais tarde, soube que ele as separava pelo grau de necessidade ou desespero dos emitentes. A necessidade é diferente de desespero, porquanto dramatizamos muito os nossos problemas. E as cartas nas quais estava escrito "Chico, você é a única pessoa que pode me ajudar" ele respondia, pois precisava dizer àquelas pessoas quem é que realmente nos ajuda. Outras, as quais traziam rogativas também a Jesus ou Maria, em que as pessoas relatavam seus sofrimentos e diziam estar orando pelo consolo, ele dizia que não precisavam ser respondidas, pois daquelas pessoas Jesus e Maria já estavam cuidando.

No saguão do *shopping center* em que ficava o cinema de Fortaleza, cidade que foi o local das filmagens – exceto a cena de minha participação com Caio Blat no papel de jornalista, que foi feita em minha casa –, eles capricharam e montaram um minicenário. Havia um pequeno gramado e brinquedos. Meu coração disparou pela realidade do que vi. Ao fundo, encostada em um gradil, uma bicicleta. Eu não havia falado para eles a cor nem o modelo da bicicleta de meu filho e, no entanto, ela era igual à dele. Por ali, correndo por todo lado com sua mãezinha, brincava o ator mirim que fez o papel de meu filho. O turbilhão de emoções dentro de mim desmentia a alegria que demonstrei ao conhecê-lo.

Muitos dizem que a perda de um filho é a maior das perdas. Quando me lembro de quanto meu coração imaturo sofreu quando Deise se foi, e quando penso quanto foi doloroso ver a partida de meu pai, reflito que não é possível comparar ou mensurar a dor. Penso que amamos pais, irmãos, filhos com a mesma intensidade, mas de modos diferentes, e logo as dores que as partidas de cada um causam são diferentes e não maiores ou menores. Mas, há um aspecto que considero que pode contradizer minha reflexão.

Nas partidas anteriores, eu acordava pela manhã sentindo aquela expectativa fugaz de que tudo não passara de um horrível pesadelo. Com meu filhinho, não tive essa dúvida, pois a dor estava sempre presente, noite e dia, estando eu dormindo ou acordada. A triste realidade se impôs e não me deixou esquecer por um segundo sequer que ele se fora. Abria a janela do quarto, deixando entrar a claridade do sol e a primavera, com o perfume gostoso de nosso jardim. Ali ele brincou tantas vezes com os irmãozinhos ou com o nosso lindo cãozinho Bob, que ofuscava a falta das crianças quando elas iam para a escola. Eu não conseguia render graças a Deus pelas bênçãos da vida estuante e bela e pelo recomeço de cada dia. Todo aquele reviver parecia estar pedindo não a luz do dia, mas o amanhecer cinzento de minha alma. Precisei de algum tempo para perceber que o futuro nos acena sempre com suas esperanças, e que basta saber que elas são infinitas. Por força de nossa filiação divina, fomos criados para a felicidade.

Apesar de todos os pesares, quando temos vontade de pedir ao mundo que pare pois queremos descer, a vida não para, ela continua. No dia 16 de agosto eu iniciei minha licença-prêmio, período de descanso de três meses concedido ao servidor sem prejuízo em remuneração concedido a cada cinco anos de efetivo exercício no serviço público estadual. No meu caso, magistério. Solicitei apenas um mês. Meu objetivo era ter um tempo maior para ficar apenas com meu filhinho caçula, enquanto meus outros dois filhos estivessem na escola. Eu queria "curtir" aqueles dias só com ele, pois logo ele ingressaria também na vida escolar e, até então, dividia com os outros a minha atenção. Que estranha premonição me havia conduzido?

Então, durante aqueles 30 dias a partir da data aprazada, eu estaria livre das 30 aulas semanais de química e ciências. Contudo, o período livre que havia sido programado para ser motivo de alegria tornou-se de terrível luto. Mas a vida continuou... O mundo não parou de girar, não pude descer e tive de seguir em frente. A realidade da vida começou a reivindicar os seus direitos na solidão daquela caminha vazia, e diante de mim ressurgiu a necessidade de prosseguimento dos meus deveres. Abrir mão da presença constante de Rangel era também abrir mão do desânimo de continuar vivendo. No dia 7 de setembro, precisei contrariar a vontade de me entregar de corpo e alma à minha dor e acompanhar minhas duas outras crianças ao desfile de Independência da escola deles. A entrega continuava na alma, mas a vida pedia ao corpo outra entrega. Como não me fazer presente em tudo que meus filhos precisassem? Já não lhes bastava a ausência incompreensível do irmãozinho? Já não lhes bastava a tristeza do ambiente familiar?

Naquela manhã ensolarada, com pessoas por todos os lados e pais fotografando seus filhos, a exuberância da vida, a alegria geral, a movimentação me violentava de alguma forma, pelo contraste com meu estado de espírito. Onde encontrar coragem para continuar naquela efervescência? Mas vi meus filhos marchando com galhardia. Dar a eles a parcela de amor que lhes era devida me fortaleceu. Assim, eu encontraria a coragem necessária; sempre que elevasse meu pensamento a Deus, fonte inesgotável de toda a consolação, sentiria o revigorar das potências de minha alma. Somente aceitando a ausência do filho que partiu, eu continuaria demonstrando todo o meu amor aos que ficaram comigo.

CHICO XAVIER DISSE:
"NÃO FIQUE PREOCUPADA, MINHA FILHA, SEU FILHINHO SAIU DORMINDO EM BRAÇOS TÃO MATERNAIS QUANTO OS SEUS."

NUNCA CONSEGUI ACREDITAR NESSAS COISAS

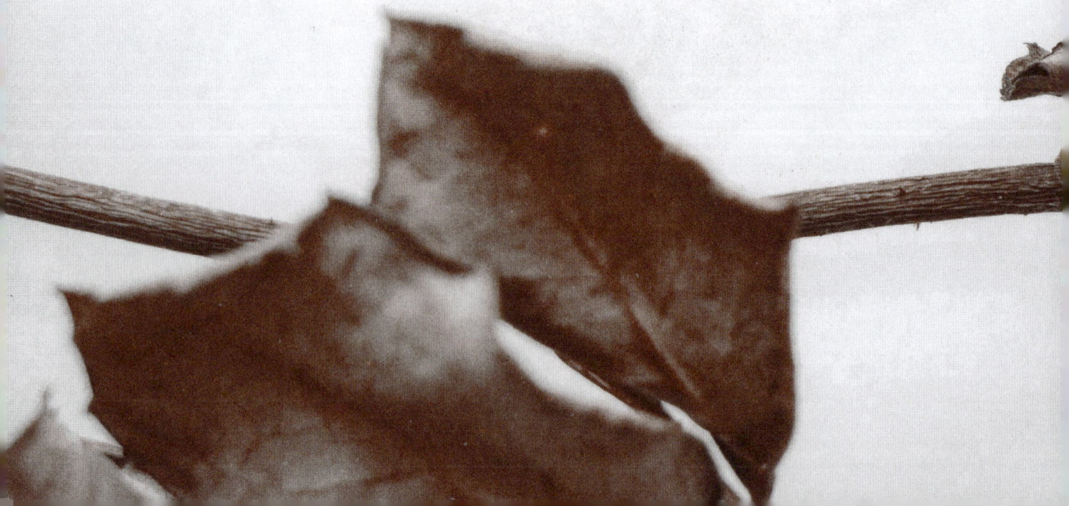

8

MEU PAI REFORÇOU MINHA DISPOSIÇÃO DE CUIDAR DOS filhos que estavam sob minha responsabilidade da maneira mais inusitada. Porém, foi a que ele encontrou para me socorrer de uma dúvida atroz, que acomete as mães que sabem como a vida continua em outros planos. Dependendo da crença religiosa, quando se sepulta um filho pequeno, ele não vai mais para o limbo se não tiver sido batizado, dogma medieval extinto em 2007. A Comissão Teológica Internacional da Igreja que assessorava o papa Bento XVI concluiu que seria incompatível com a piedade divina deixar por toda a eternidade uma criança às bordas do céu sem nunca poder nele adentrar. Hoje, acredita-se que as crianças que morrem antes de atingir a idade da razão vão para o céu.

Humildemente, peço licença para dizer que também aí não consigo ver a piedade divina para com a sorte de meus dois filhos que na Terra ficaram e cresceriam, enfrentando enormes dificuldades para garantir um céu tão fácil para quem morre cedo. Então, para quem conhece um pouco sobre a vida que se desdobra além da sepultura, eu sabia que meu filho estaria recolhido em uma das muitas moradas da casa de nosso Pai, e que ele seria cuidado por almas bondosas. Minha duvida era se ele chorava pedindo minha presença. Eu me preocupava: como está meu filho? Está se adaptando bem na nova escola e com as novas companhias que a vida lhe apresentara?

Eu tive no colégio um colega que havia se tornado um jornalista muito competente. Ele redigia excelentes e concisos textos, e era um cético até a raiz dos cabelos sobre o fenômeno que irei relatar. Uma amiga e eu o procuramos para pedir ajuda na redação de um manifesto por ocasião da greve de professores, nossa categoria. Quando chegamos à sua casa, onde morava sozinho, ele nos recebeu, perplexo. "Vocês, aqui?" Não consegui imaginar o motivo para tamanho susto até pedir que me contasse o que estava acontecendo:

> Deitei-me um pouco após o almoço, e passei por uma sonolência. Foi quando vi nitidamente o sr. Lico entrar e me dizer que você viria aqui em casa esta tarde, e que eu deveria lhe dar um recado: que você leia o *Evangelho de Lucas*, capítulo 9, versículo 60. Não dei atenção, pois você nunca vem à minha casa. Mas principalmente porque nunca consegui acreditar "nessas coisas". Seu pai está morto. Agora você está aqui, então não foi um sonho, ele esteve mesmo aqui. Ele também me disse que você entenderia o recado.

Ele se apressou em buscar uma *Bíblia* que tinha mais por hábito do que por necessidade, pois, às vezes se dizia ateu, em outras, agnóstico. Lemos: "Deixa aos mortos o cuidado de enterrar seus mortos, porém tu vai e anuncia o Reino de Deus." Meditativo, ele me diz: "Penso que seu pai está lhe dizendo que cuide de seus filhos que estão aqui, pois aquele que foi não precisa mais de você; ele está sendo bem cuidado."

Mais adiante, quando eu comentar a carta que Rangel ditou a Chico Xavier, mostrarei minhas preocupações e a interpretação de meu incrédulo e assustado amigo. Todos podemos ficar tranquilos, pois nossas crianças são recebidas e cuidadas com muito amor quando são levadas de volta para casa. Continuam a estudar em escolas muito melhores do que as de nosso plano.

A propósito, foi esse jornalista quem primeiro publicou em seu jornal a mensagem de Rangel. A matéria foi tão bem escrita que quando Chico Xavier nos pediu autorização para publicá-la em livro, foi deste periódico que o dr. Hércio Arantes, da cidade de Araras em São Paulo, retirou o texto para inserir nossa carta na obra *Caravana de amor*. Aquele conselho de meu pai, assim como todos os outros que ele me deu, estruturados no evangelho de Jesus, segui como pude. Cuidei dos que estavam vivos comigo e entreguei aos cuidados dos vivos em outras dimensões, apesar de mortos aqui, o meu filhinho.

Iniciei minha participação nas reuniões públicas do Luiz Gonzaga com pequenas palestras e enorme incompetência e insegurança. Quanto ao horrorizado mensageiro que meu pai utilizou, creio que ele, inteligente como era, deve ter percebido que há um limite em que o preconceito, a indiferença ou a descrença devem ceder lugar à força robusta da linguagem dos fatos e em uma nova conceituação encontrar eco profundo e persuasivo no coração. Em seu favor, declara Kardec que "a crença é um ato de entendimento que, por isso mesmo, não pode ser imposta",[c] e cada pessoa cultiva de acordo com seu modo de pensar.

Assim como meu pai, minha mãe também andou "horrorizando" outro professor. O professor M. é uma bela alma. Após anos de seminário, no limiar da ordenação sacerdotal, resolveu abandonar esse sacerdócio e se dedicar a outro, a educação, pois acredito eu que ele achava que ela lhe garantiria o céu mais depressa. Costumávamos dizer brincando nos intervalos das aulas que duvidávamos que existissem professores no inferno. Ali estava a oportunidade de garantir nossa salvação.

Pois bem, em 1983, o professor M., que havia sido meu professor de português e de psicologia no magistério, era vice-diretor do turno da tarde. Consternado com minha perda, resolveu fazer-me uma visita e levar junto com ele toda a classe da sexta série, 40 meninas, poucos dias após a minha tragédia. Uma delas, por ele preparada com antecedência, expressou condolências em nome de todas as alunas. Após servir-lhes um lanche, pois ele também havia me preparado para recebê-las, ouvi em lágrimas a linda e trêmula aluna, e com a mesma emoção recebi os 40 abraços.

Sem condições de externar meus agradecimentos, pedi à minha mãe que o fizesse por mim. Mamãe se levantou e, apesar de ter cursado apenas até o quarto ano do primário, acostumada com os estudos espíritas e comentários evangélicos, desincumbiu-se da tarefa com inspiração. Lembro-me de parte do que ela disse àquelas adolescentes que não conseguiam disfarçar o pranto.

> Desejo que vocês nunca tenham que passar pela dolorosa experiência de minha filha. Mas, se por ventura isso acontecer, que vocês

---

c. KARDEC, Allan. *O céu e o inferno*. Rio de Janeiro: FEB, 2004. cap. VI, "Doutrina das penas eternas", item 23, p. 98.

tenham a mesma força e a coragem com as quais ela tem enfrentado essa situação, pois ela traz o evangelho de Jesus no coração.

Ao agradecer ao professor M., ela externou elogios a ele pela maneira com que ele conduzia seu sacerdócio, pois, dizia ela, ele era um autêntico sacerdote nas hostes educacionais, ensinando a solidariedade que devemos aos que sofrem. Pediu que ele continuasse firme em sua sublime tarefa de educador, pois nunca estaria sozinho. À medida que ela falava, o ouvinte ia empalidecendo. O que aquelas lindas meninas levariam em seus corações daquela tarde que tinha sido ao mesmo tempo tão linda e tão horrível, tão terna e tão trágica?

Quando voltei ao colégio para retomar as aulas, o professor me chamou na diretoria para falar de um fenômeno que para ele era inexplicável. Ele contou que enquanto minha mãe falava, ele tinha ouvido a voz de seu mentor espiritual dos tempos de seminário, de quem sentia imorredoura saudade, pois era como um pai para ele. E disse que quando se despediu dele para seguir novos caminhos, ouviu as mesmas palavras ditas em minha casa naquela tarde.

Quando ele me chamou na diretoria e aludiu a esse algo inexplicável que tinha acontecido durante a visita à minha casa, antecipei-me ao relato dele. Porque eu acreditaria no que ele me dissesse, acostumada que estava a determinados fenômenos, mas talvez ele tivesse dificuldades nesse sentido...

"Já sei o que o senhor vai dizer, então lhe digo antes. Logo que terminou a visita, minha mãe, que é médium de psicofonia, contou-me que ao seu lado havia o Espírito de um sacerdote", e o descrevi com os detalhes entrevistos por mamãe, "e que este a inspirou as palavras. O seu guia espiritual continua lhe protegendo, como sempre fez."

Emocionado, ele me disse que essa havia sido a promessa dele ao se despedirem décadas antes. Mostrou-me o "santinho" da missa de sétimo dia que ele sempre levava no bolso. Confirmada a descrição que a minha mãe havia feito.

Como acontece ao trazemos valores arraigados de forma tão profunda, nem quando vemos conseguimos crer de forma diferente do que nos foi exaustivamente ensinado, o que é muito natural. Tempos depois, ele ainda recitava os mesmos versos para nos cobrar a devolução de livros que nos emprestava: "As almas do outro mundo vão e não vêm, meu livro é alma também?" Hoje, após uma longa existência dedicada ao saber e já vivendo no outro mundo, novas verdades já devem ter sido agregadas às muitas que ele tão bem lecionava, como grande conhecedor de teologia e filosofia que era por sua privilegiada formação acadêmica.

Ao relatar aqui a história dessa visita e a presença do sacerdote desencarnado naquela tarde, lembrei-me de outra muito interessante, só que o sacerdote dessa história é o padre S., diretor-geral de nosso colégio. Ele chegou trazendo consigo um folheto em que constava o *Evangelho* daquela semana, e que seria apresentado na celebração da missa de domingo. Com esse material, falava-me de Jesus e me consolava com ternura. Pensei, mas não falei, que ele era um bom pastor de almas por levar elucidações evangélicas a uma ovelha que sofria, mesmo a ovelha não pertencendo ao seu rebanho. Agradecida, começamos a conversar sobre a *Bíblia*. O padre, espantado, perguntou-me:

— Você é espírita e conhece a *Bíblia*?

— Não como o senhor, mas meus pais reúnem os filhos desde sempre, uma vez por semana, para estudá-la.

— Ah! não sabia.

A conversa transcorreu sem dificuldades. Os pontos contraditórios de nossas doutrinas foram detalhes não abordados. Simples detalhes ante as verdades que tínhamos em comum. As doutrinas têm fronteiras que causam as divisões. Devemos aprender a olhar para além delas e descobrirmos a espiritualização que sempre nos conecta uns aos outros. O cerne de toda religião cristã e o ponto alto de nossa religiosidade é o conjunto da mensagem, muito mais importante do que qualquer divergência; o que nos unia era muito maior do que aquilo que nos separava. A estrutura de ideias que trocávamos não se chocava. É como ensina um adágio japonês: "Os caminhos que sobem a montanha podem ser diferentes, mas no topo pode-se ver a mesma lua."

Possivelmente, o padre S. tenha ficado feliz também em saber que, por ocasião da pré-estreia em Pedro Leopoldo de *Chico Xavier: o filme*, de Daniel Filho, por estar totalmente envolvida na organização, recebi a imprensa de todo o Brasil. A pergunta sobre a relação entre a Igreja e Chico não faltava em nenhuma entrevista. Eu ficava feliz em esclarecer que o padre do filme não era o padre S., e, sim, um padre de outra cidade, chamado J.M., que de vez em quando ia à nossa cidade para combater o Chico e a nova religião que surgia ali. E que o padre de Pedro Leopoldo defendia, com zelo, os dogmas de sua Igreja, atacava até com certa veemência as doutrinas contrárias, mas de Chico ele não falava mal. Creio até que havia uma certa admiração da parte dele por uma pessoa tão boa e humilde, pois, do contrário, ele não se faria presente em 15 de novembro de 1980 na inauguração de uma praça em Pedro Leopoldo que homenageava seu filho mais ilustre. Nada como o tempo para nos ensinar o respeito às diferenças.

Para encerrar este capítulo, trago mais um relato que considero marcante. Uma senhora que eu não conhecia foi à minha casa para visitar meu marido. Ele chorava muito e, em meio às palavras de consolo, na melhor intenção de ajudar, ela o aconselhou sobre como deveria vivenciar seu luto. Que deveria se conformar etc. Ao que ele, usando o direto que seu descontrole lhe impunha, perguntou: "Alguma vez a senhora perdeu um filho?" Diante da negativa da resposta, com o mundo íntimo desgovernado, totalmente tomado por uma revolta desesperada, ele redarguiu: "Então não venha me dar conselhos, a senhora não sabe o que estou passando."

Colocar delicadezas e desculpas nessa situação não foi tarefa fácil para nenhum dos dois. Compadeci-me do constrangimento instalado; a situação era realmente desconcertante, um querendo ajudar, o outro não vendo eficácia na ajuda.

Visitar alguém em luto é um ato de caridade. Muitos tentam nos consolar, e às vezes conseguem. Mesmo daqueles outros com suas frases previsíveis e comentários desastrosos pode-se extrair a intenção. Diante de perdas de entes queridos, devemos prestar nossa solidariedade, mesmo que seja com um olhar, com um abraço silencioso e eloquente, uma fraternal companhia para escutar e acolher o outro, mas, jamais com palavras jogadas ao vento, conselhos ou jargões e falsas profecias como: "Deus quis assim; você tem que se conformar; não chore..." Enfim, sabemos que a intenção é boa, mas no momento real do luto, da saudade doída, o silêncio vale mais do que mil palavras ditas que não sabemos como serão ouvidas.

**SEU PAI ESTÁ LHE DIZENDO
QUE CUIDE DE SEUS FILHOS
QUE ESTÃO AQUI, POIS AQUELE
QUE FOI NÃO PRECISA MAIS DE VOCÊ;
ELE ESTÁ SENDO BEM CUIDADO.**

NÃO PEDI PARA PASSAR POR ISSO

9

OUTRA SITUAÇÃO DESCONFORTÁVEL ACONTECEU NA CASA DE Chico Xavier, em Uberaba, em uma tarde de sábado. Um grupo de pessoas e eu conversávamos com Chico na cozinha, de onde se podia ouvir o diálogo de meu marido, que chorava muito, com uma senhora na sala:

— Procure se resignar, meu filho, foi você quem pediu para passar por isso.

— Não pedi.

— Pediu, sim. A dor muitas vezes é a oportunidade de nos transformar em pessoas melhores.

— Não pedi.

Diante da insistência da bem intencionada interlocutora, Aguinaldo desabafa:

“Eu preferiria queimar no fogo do inferno a sacrificar a vida de meu filho para que eu me transformasse em uma pessoa melhor.”

Constrangida pela distorção do pensamento espírita (como sacrificar a vida, se a vida continuava? Existiria inferno pior do que aquele experimentado por ele em sua dor?), e constrangida também pela falta de paciência dele, Chico vem em meu socorro e me diz:

— Aguinaldo está lembrando, realmente não foi ele quem pediu.

— Fui eu? Se fui eu, fale baixo. Aguinaldo não me perdoaria a escolha.

— Não, foi o menino que desejava que a dor de sua partida despertasse o pai.

Léon Denis, no livro *Depois da morte*, ensina que o que pensamos ser fatalidade nada mais é do que a consequência de um passado em que cumprimos um destino aceito por nós antes de renascermos, para o nosso bem e a nossa elevação. A dor, sob todas as formas, é o remédio supremo das imperfeições e das enfermidades da alma. Devemos aceitá-la assim como nos sujeitamos a uma dolorosa cirurgia, ou a um remédio muito amargo, pois ambos nos devolverão a saúde.

Quando Aguinaldo voltou para junto de nós na cozinha, Chico explicou-lhe com a ternura de quem compreendia e aceitava os limites alheios, aquele despertar pela dor, contando-lhe a seguinte lenda indiana:

> Um fazendeiro precisava atravessar uma correnteza com a boiada, mas uma vaca empacou e nada a fazia executar a travessia. O fazendeiro então jogou o bezerro dela no rio e logo ela foi atrás.

Eis a simbologia dessa lenda: por amor, voltamos nossos interesses para a vida espiritual na direção em que a correnteza das águas da vida conduz nossos filhos. Se soubermos por onde caminhamos, conhecermos a causa de nossos males e a razão de ser do nosso sofrimento, conseguiremos entrever o que existe além das angústias do momento. É como disse Santo Agostinho: "A fé procura, o intelecto encontra."[d]

Quando não entendemos direito o benefício da dor, parece que fazemos uma apologia a ela, ou que somos masoquistas e gostamos de sofrer. E não é verdade. Ninguém com uma boa saúde mental gosta de sofrer. O sofrimento é uma constante em nosso mundo. Em qualquer lugar, em qualquer idade, em qualquer situação, em qualquer cultura, a humanidade sofre e se dobra ao peso da dor. Então, por que não procurar entender a razão pela qual Deus permite a presença da dor? Porque no grau de evolução em que ainda nos encontramos esse é o melhor método, segundo a pedagogia divina. Somente quando ignoramos as leis universais é que nos revoltamos com o sofrimento.

O apóstolo Paulo disse que há corpos espirituais e corpos materiais (*1 Coríntios* 15:40). A vida é imortal e acontece nos dois planos; ora estamos no corpo, ora fora dele. Uma das maiores contribuições da revelação espírita para as intricadas questões dos relacionamentos familiares talvez seja a compreensão dos dois tipos de famílias que o mestre francês Allan Kardec comenta no capítulo 14 de *O Evangelho segundo o espiritismo*, ao desdobrar o quarto mandamento do *Decálogo* de Moisés. Se há corpos espirituais e materiais, também há famílias espirituais e famílias corporais. É um tema tão importante que consta nas narrativas de *Mateus* (19:19), *Marcos* (10:5) e *Lucas* (28:20).

---

d. Santo Agostinho. *De trinitate*, livro xv, cap. 2, item 2.

Quando tentamos entender o que acontece com os membros de uma família, considerando que ela se forma a partir da união de duas pessoas e da chegada aleatória de Espíritos na condição de filhos, não temos respostas precisas para as afinidades e antipatias encontradas. Mas, considerando que a existência de relacionamentos anteriores reflete na atualidade, as facilidades e dificuldades não são injustificáveis. Já passamos por vários grupos familiares nos quais amamos e fomos amados, ferimos e fomos feridos. Neles, criamos laços consanguíneos com um número enorme de Espíritos.

No decorrer de várias existências, formamos uma família espiritual muito maior do que aquela que temos aqui hoje. É dessa família espiritual, à qual estamos ligados pela afeição, pela simpatia e pelas semelhanças de inclinações, pela comunhão de pensamentos, pelos sentimentos que criamos ao conviver, que saímos e para a qual voltamos na Terra. Quando reencarnamos nós nos separamos dela por um tempo e voltamos ao mesmo grupo familiar ao desencarnarmos. O reencontro se dá como aquele entre pessoas que fizeram uma longa viagem e não se viram por um bom tempo. É por essa razão que podemos dizer que morrer é voltar para casa.

Quando Rangel se foi, Chico me disse: "Seu filhinho foi rever novos velhos amigos." E quando esses Espíritos não renascem na mesma consanguinidade, às vezes reencarnam próximos a nós, e ficamos ligados por laços de profunda amizade. É assim que temos amigos aos quais amamos como se irmãos fossem, ou até mais.

Os que ficam no plano espiritual, se adiantados, cuidam de nós aqui no plano físico. Os mais adiantados, encarnados ou não, estão sempre amparando os que fraquejam para que todos saiam dos abismos que criaram para si próprios. E todos caminhamos juntos. A cada existência, um passo à frente no aperfeiçoamento. Reencarnamos para aprender a fraternidade universal.

O cenário familiar pode ser muito complicado porque estamos unidos por laços de afeto ou de desafeto. Nossa família espiritual está unida por semelhanças de virtudes e até de defeitos. Espíritos endividados entre si formam aqui uma mesma família para quebrar as arestas e harmonizar as relações. Às vezes, recebemos como filhos almas difíceis, de temperamento adoecido que certamente são almas que nós mesmos adoecemos em outras experiências reencarnatórias e com as quais precisamos contribuir para que se curem, assim como contribuímos para o seu processo de adoecimento. O abandono afetivo, a traição e a lesão financeira geram ligações indestrutíveis e difíceis que devem ser harmonizadas.

Visita de Chico Xavier à residência de Célia e Aguinaldo

Esteve na livraria do Luiz Gonzaga, há uns 15 anos, um juiz de direito que hoje é aposentado, o dr. AAMI. Ele se disse aliviado e tranquilo porque, ao tomar conhecimento dos postulados espíritas, por meio da obra *O livro dos Espíritos*, finalmente havia conseguido entender milhares de processos de pais contra filhos e de filhos contra pais que ele havia julgado sem compreender a origem de tanto ódio, tanta disputa insensata, onde normalmente deveria existir apenas amor.

Emmanuel ditou a Chico Xavier na obra *Pensamento e vida* que as famílias são "reflexos agradáveis ou desagradáveis que o pretérito nos devolve." Essa foi a causa do estranhamento do juiz: ver o passado se fazendo presente. Por ser sincero e muito lúcido em sua opinião de pessoa inteligente e questionadora, sempre citei em palestras o seu depoimento. Agora, 15 anos depois, ao registrá-lo aqui, resolvo abordar o autor para conferir nossas lembranças. Recebo outras colocações e questionamentos muito interessantes, que transcreverei quando mencionar meu irmão Celso, com quem ele mantinha um relacionamento tão próximo como aquele entre irmãos.

A formação da família, muitas vezes, é planejada quando ainda nos encontramos no mundo espiritual. Creio ter sido esse o motivo para o Chico nos dizer "Então, juntos novamente" quando lhe apresentei meu noivo. E também o motivo de ele ter nos revelado as razões para que o Espírito que ao ser abrigado em nossa família nomeamos Rangel ter planejado uma rápida passagem entre nós: por necessidade dele e nossa. O resultado seria o nosso crescimento por meio da dor, e o dele, uma questão que passo a explicar usando o texto de uma de nossas singelas palestras, acrescido de alguns detalhes. Quanto ao planejamento de nossas encarnações, esse é um tema por demais esclarecedor pelos aspectos que abrange, portanto voltarei a ele mais adiante.

É quando Deus nos concede Seu perdão por meio de Espíritos superiores que nos levam a fazer uma revisão de nossos atos. Eles nos conduzem por labirintos de nossos arquivos psíquicos nos quais somos levados a nos responsabilizar pela totalidade de nossos atos, que, pesados na delicada balança de nossa consciência, definem nossa redenção ou nossa necessidade de recomeço. Esse é o julgamento de cada suspiro, cada grito de dor, dos sorrisos ou das lágrimas, dos gestos de nobreza ou de desfaçatez que proporcionamos ou nos foram proporcionados.

SOMENTE QUANDO IGNORAMOS AS LEIS UNIVERSAIS É QUE NOS REVOLTAMOS COM O SOFRIMENTO.

DOENÇAS GRAVES E MORTES PREMATURAS

10

ENFRENTAR AS DIFICULDADES E OS SOFRIMENTOS COM COMpreensão daquilo que os causou nos traz serenidade e equilíbrio; a nossa dor se intensifica quando não é explicada. Nenhuma outra doutrina explica tão bem as leis divinas que regem nossas vidas nos dois planos quanto a espírita. O consolo, a resignação e a força da fé nascem espontaneamente em nossos corações ao percebermos que tudo faz sentido, que tudo tem uma causa. Na hora das provações, muitos vêm até nós em busca desse tesouro incalculável que temos a bênção de possuir: o conhecimento do sentido da vida e do porquê de estarmos aqui, o saber de onde viemos e por que sofremos, e para onde vamos. Por essa razão, Chico me disse:

Sinta-se privilegiada. Para você, a dor chegou depois do evangelho. Você não imagina o que sofrem as mãezinhas até encontrarem o evangelho quando a dor vem primeiro.

Evidentemente, ele não estava dizendo que as outras não encontrarão em Jesus o consolo. Dizia que é mais fácil quando se estuda a mensagem de Jesus sob a ótica de uma doutrina consoladora que traz tantas respostas para nossas questões existenciais.

A lei de reencarnação projeta luzes nos intricados problemas da vida, respondendo nossas dúvidas em torno dessas questões. É a chave sem a qual fica difícil compreender a justiça divina e crer na própria existência de Deus. Consultei, certa feita, um renomado médico em Belo Horizonte, e olhando na ficha o meu endereço (em Pedro Leopoldo) ele se mostrou surpreso e interessado: "Então você é da terra de Chico Xavier." Meus olhos devem ter brilhado de alegria quando me identifiquei não só como conterrânea, mas também como espírita. E Chico, que há muito ultrapassou a barreira do sectarismo religioso, foi o tema de nossa conversa.

Ele fez perguntas sobre os problemas da vida, e eu só pude dar rasas respostas por causa do tempo escasso que tínhamos. O doutor se disse agnóstico porque não tinha coragem, por respeito à educação religiosa que recebeu de seus amados pais, de se declarar ateu. Falou da enorme dificuldade de crer na existência ou na eficácia de um criador após sua residência médica em um hospital infantil. Ele se especializara em dermatologia, e convivia com crianças com tumores que lhes deformavam a fisionomia, com crianças queimadas cujas peles exigiriam várias cirurgias apenas para reduzir um pouco o estrago causado, quase sempre, por negligência doméstica. Sua pergunta era quase uma súplica: "Onde estava Deus?" Ele ansiava por uma resposta! Como dizer em poucas palavras, e com a sala de espera lotada, tudo isso que tento explicar neste livro? Aconselhei-o a ler algumas obras, iniciando por *O livro dos Espíritos*. O conhecimento que adquiriria lhe acalmaria a alma sensível, esclarecendo a origem do mal e muito mais.

Nenhuma alma foi criada por Deus com qualquer restrição ou dano que a torne alguém com necessidades especiais definitivamente, ou predestinadas a ter doenças. Tais restrições, sejam elas físicas, mentais ou espirituais, podem ter causas diversas e quase sempre estão vinculadas a atos que nos comprometeram no caminho de nossas inúmeras existências passadas. Somos herdeiros de nós mesmos. Levamos conosco nossas conquistas, que geram progresso, e nossos prejuízos, que aguardam reparação. "A Lei é viva e a Justiça não falha!", sublinha Emmanuel no prefácio de *Entre a terra e o céu*.

Cada caso é um caso. Não devemos tentar encontrar regras gerais para assuntos do espírito como a individualidade. Emmanuel, na magistral obra *Justiça divina*, em que desdobra os ensinamentos que os Espíritos superiores nos trouxeram, lançou lampejos belíssimos sobre essas questões:

> Antes da reencarnação, no balanço das responsabilidades que lhe competem, a mente, acordada perante a Lei, não se vê apenas defrontada pelos resultados das próprias culpas. Reconhece, também, o imperativo de libertar-se [...] Para isso partilha estudos e planos referentes à estrutura do novo corpo físico que lhe servirá por degrau decisivo no reajuste [...]

Muitas vezes, após se conscientizarem de todo o mal provocado pelo mau uso de sua inteligência, esses Espíritos imploram para renascer restritos nessa área como garantia de que não recairão no mesmo ponto em que se consideram frágeis.

Emmanuel descreve alguns exemplos. Diz ele que "patronos da guerra e da desordem, que esbulhavam a confiança do povo, escolhem o próprio encarceramento da idiotia". Emmanuel descreve ainda que caluniadores, fofoqueiros e delatores escolhem renascer surdos-mudos; espiões que teceram intrigas de morte pedem olhos cegos e estreiteza de raciocínio, receosos também de novas quedas. Pessoas insensatas, traidores, avarentos que prejudicaram toda a família com seu egoísmo e ganância desenfreada, que não vacilaram em infelicitar, solicitam nervos paralíticos. Cantores e bailarinos que corromperam solicitam empecilhos na garganta ou nas pernas a fim de não delinquirem de novo. Preferem entrar na nova existência com as possibilidades limitadas.

Do mesmo modo, aqueles que fizeram mau uso da beleza solicitam uma pele deformada e purulenta que provoque repugnância, e outros pedem restrições na função cerebral como um momento de repouso para o espírito enquanto não se sentem fortes o suficiente para serem testados mais uma vez, temendo recaídas. Outros pedem determinada limitação como meio de compreender os que portam alguma restrição para melhor ajudá-los em encarnações futuras. Há inúmeras possibilidades. E todas essas escolhas estão alicerçadas nas palavras de Jesus, registradas por Mateus, no capítulo 13: "Se vossa mão ou vosso pé é um motivo de escândalos, cortai-os e atirai-os longe; é bem melhor que entreis na vida sem eles."

Um dia, uma senhora me questionou: "Então devo agradecer a Deus a bênção da leucemia de meu filho?", ao que respondi:

> Se fosse para agradecer não seria a Deus, não foi Ele que adoeceu seu filho. Mas você poderia agradecer a Ele pelo filho que lhe

emprestou. Você o amou menos por estar doente? Não o considerava uma pérola maravilhosa? Não foi bom ele ter existido em sua vida? Não foi bom ser correspondida em seu amor? Não foi bom o tempo em que ele esteve com você? Então você pode agradecê-lo por essas bênçãos e compreenderá que a dor da partida não será maior do que a alegria de ter sido mãe dele.

Deus não precisa de nossa gratidão, mas esse gesto nos fará um bem enorme. Porque seu filho, onde estiver, estará igualmente muito grato a você por ter dado a ele um corpo no qual deixar a doença que trazia na alma, mesmo tendo partido antes de você. E hoje, curado e feliz, rende graças a Deus pelas bênçãos de ter tido você junto dele nessa empreitada tão difícil. Foi isso o que Chico Xavier me garantiu com relação ao meu filhinho Rangel. Para esbravejar sobre a morte de um filho, precisamos achar horrível também o seu nascimento, pois o ato de morrer já o acompanhava desde sempre. Todo ser vivo que nasce, morre.

Quando os juízes condenaram Sócrates à morte, ele ironizou dizendo que pelo simples fato de ter nascido já estava condenado a ela.

Os suicidas sofrem uma profunda e dolorosa perturbação que dura, às vezes, até a encarnação seguinte. A violência destruidora perpetrada contra seu corpo físico estraga também as estruturas do corpo espiritual, e esses estragos são transmitidos ao próximo corpo carnal em novos renascimentos, na maioria das vezes.

Essas repercussões mencionadas por Emmanuel não são castigos impostos por Deus, mas consequências inevitáveis da extrema rebeldia do autoextermínio. Esse crime fica com aquele que o pratica, às vezes durante séculos, e, quando ele está em condições de enfrentar o reajuste, retorna à Terra trazendo consigo os abalos criados pelo gesto infeliz.

Certa ocasião, Chico me explicou essas questões:

> Os que se enforcam podem renascer paraplégicos, pois danificam a região cervical, comprometendo os membros inferiores, os que se afogam trazem problemas respiratórios e os que se atiram de um quarto andar renascem assim...

Disse ele, apontando para meu sobrinho Henrique, portador de distrofia muscular progressiva, uma doença degenerativa que leva a uma extrema dificuldade de movimentação.

Nessa época, Henrique devia ter uns 5 anos de idade. Trazia a insidiosa enfermidade a fim de corrigir a extrema rebeldia do passado. Era um menino muito inteligente, amoroso e, mesmo quando, aos 7 anos, passou a se locomover apenas por cadeira de rodas, sua alegria de viver não arrefeceu. Estudava a doutrina espírita como "gente grande", e parecia ter uma boa compreensão da lei de causa e efeito, que é aquela que esclarece nossas colheitas. Criança ainda, ele disse ao Chico que quando crescesse iria estudar o *Apocalipse*, último livro da *Bíblia*. E Chico, sorrindo, respondeu: "Que bom, meu filho. Vou esperar, pois assim você poderá explicá-lo para mim."

Ele esteve conosco por dez anos além do prognóstico mais otimista da medicina, pelo tanto de amor que ofereceu e recebeu de seus pais, minha irmã Marisa e Luizinho, e de todos nós. Partiu em agosto de 1997, aos 21 anos, por insuficiência respiratória, rodeado por todos os tios, avós e por quase todos os primos aos quais ele aconselhava como um adulto.

*

DOR NÃO SE MEDE, LUTO não se compara. Mas ao observar a "perda" de minha irmã e a minha, conjecturava com ela qual teria sido pior. Tive meu filho por três anos e por apenas três horas adoecido, sem que nada indicasse a prematuridade de sua partida. Não tive tempo de construir o processo de perda, nem Rangel necessitava passar por longo período de sofrimento. Ela, que durante anos viu Henrique em um corpo que aprisionava seu Espírito e que o limitava mais e mais a cada dia, poderia ter tido certa facilidade para entender a morte como um lindo processo de libertação, o que realmente ela é. Qual foi pior? Não soubemos responder. Dor não se mede, luto não se compara.

Se, imperfeitos que ainda somos, compadecemo-nos dessas pessoas que escolhem remédios tão amargos para a cura de suas almas, podemos imaginar quão grandiosa é a compaixão divina.

Só são permitidas tais expiações quando os envolvidos no novo cenário de reajuste podem suportá-las bem. Aprendemos que em nossos ombros não serão colocados fardos mais pesados que nossas forças.

Acompanhei os últimos dias na terra da filhinha da jovem senhora S. que era portadora da síndrome de Down e de severos problemas cardíacos. Esse Espírito precisou de apenas cinco meses no corpo para se livrar dos estragos que trazia na alma. A mãe me ligava cheia de medos, dúvidas e questionamentos. Queria, a todo custo, entender a razão pela qual a filhinha B. nascera assim, o porquê daquela situação. "Preciso entender, senão enlouqueço", disse-me ela, um dia. Conversávamos muito; se geralmente é fácil falar essas coisas para um coração tão aflito que precisa de força, de esperança e de confiança em Deus, e só não de explicações, pelo menos naquele momento aquela não foi uma tarefa leve.

A inquietude espiritual daquela mãezinha era comovedora. Pedia a ela que simplesmente cuidasse, amasse e deixasse as explicações para momentos mais oportunos, mas ela não abria mão de respostas. Poucos minutos antes do sepultamento, ela indagou: "Onde e como está minha filhinha agora, nesse instante?" Interessante a atitude dela: compreender para aceitar. Sofrer com compreensão de causa traz muito alívio. Respondi por alto, baseando-me nas mensagens enviadas por crianças desencarnadas a seus pais. A desencarnação é sempre leve e suave, qualquer que seja a causa da morte. Simplesmente adormecem e são transferidas para a outra dimensão da vida em locais maravilhosos; são acolhidas por braços carinhosos de parentes ou por pessoas extremamente amorosas, e continuam seu desenvolvimento em escolas muito mais atraentes que as da Terra. Disse a ela que não se preocupasse.

Ao renascer em um corpo limitado, o Espírito se matricula em uma escola em que vai aprender submissão e humildade na colheita que lhe exigirá também muita paciência e coragem. E se ainda trouxer uma tendência ao autoextermínio para evadir-se de uma existência mais difícil, a força de vontade e a perseverança serão ótimas companheiras. O renascimento nessas circunstâncias é um excelente caminho para trabalhar os arrependimentos mal canalizados em forma de culpa destrutiva que se alojam nas camadas mais íntimas da alma, exigindo reparação.

*

D. E S. SÃO PAIS de um lindo menino de 1 ano e meio de idade, nascido com malformações intestinal e do sistema nervoso central. Ele faz uso de uma bolsa de colostomia, ainda não fala e não anda e suspeita-se de que seja portador de uma síndrome raríssima ainda em investigação. S. deu-me o seguinte depoimento:

Sou espírita, conheço sua história, assisti ao filme e luto pela recuperação de meu filho com todas as minhas forças, com esperança e fé. Quero vê-lo crescer. Quero tê-lo comigo, perfeito ou não. Mas se isso não se der e ele tiver que ir embora, vou me resignar como você, e darei novo sentido à minha vida.

Essa mãezinha nos presenteou com o amor verdadeiro, sem apego; com o amor que liberta, pois pensa no que é melhor para o ser amado.

Quando o filho chega trazendo limites físicos ou mentais, envolve o lar em uma atmosfera de muito sofrimento. Fica impossível para os pais que desconhecem as leis espirituais aceitar essas situações. Como entender que a cura da alma pode se dar com a doença do corpo? Revoltar-se é recusar o remédio amargo.

Quando não compreendem esses mecanismos da vida, os pais se perguntam se são culpados pelo renascimento dos filhos com graves problemas de saúde. Os casos são diferentes uns dos outros. Os pais ou afins que convivem com um portador de uma restrição certamente têm um histórico que os une, e, sobretudo, uma oportunidade de crescimento em comum quando também se reabilitam diante de suas consciências e de Deus, estendendo mãos generosas, doando e recebendo amor. Mas nunca devemos pensar em punição e, sim, em aprendizado. Geralmente todos estão envolvidos por um passado em comum. O certo é que, se por alguma razão, um Espírito nessas condições renasceu em determinada família trazendo enormes dificuldades, ela deve ter algum envolvimento pessoal naquele contexto, alguma responsabilidade que a envolva, mas não necessariamente uma culpa.

Marisa, minha irmã e mãe do Henrique, disse-me que o primeiro sentimento ao fitar pela primeira vez os olhos do filhinho que renascia sem apresentar nenhuma deficiência foi uma sensação muito forte: "Devo muito a esse Espírito."

Esse envolvimento pode ser também por amor, sem resgates. Um Espírito mais adiantado pode oferecer-se para auxiliar um ente querido que ficou na retaguarda do processo evolutivo, proporcionando a ele a vivência de extremado amor, tal como acontece com os portadores da Síndrome de Down ou seus pais, em que alguém aceita voluntariamente a tarefa de ajudar outro alguém por quem sente amor a iniciar a subida do abismo em que se colocou.

Logo que foi diagnosticada a deficiência muscular de meu sobrinho Henrique, em razão da transmissão de genes defeituosos pelo organismo materno, os médicos disseram à minha irmã que nos avisasse do risco que corríamos. Segundo eles, todas nós trazíamos as mesmas informações genéticas. Disseram ainda que a possibilidade de gerarmos filhos com distrofia era de 50%. Também indicaram a ela a laqueadura de trompas e avisaram que o segundo filho dela, que já havia nascido, deveria ser observado de perto. Diante de tudo o que tenho exposto aqui, fica fácil deduzir que o organismo físico é herdeiro dos genitores, mas é ainda mais herdeiro de si mesmo, trazendo ele próprio a sua gênese espiritual. Dos nove descendentes que geramos após essa advertência médica, nenhum apresentou a enfermidade, e, com base nos dados da própria medicina, se assim não fosse, a síndrome não seria rara.

Se não tivermos essa ótica, teremos enormes dificuldades em compreender as escolhas difíceis e as mortes que sempre julgamos prematuras.

Para sintetizar a grande lição que fica deste capítulo, cito Hermínio C. Miranda no livro *Nossos filhos são Espíritos*:

> Simples de entender e, ao mesmo tempo, reconhecidamente difícil de se pôr em prática [...] não podemos afirmar que isso é fácil, o que asseguramos, convictamente, é que é possível, necessário e indispensável [...]

Em consonância com tudo o que foi exposto, é razoável admitir que não existem mortes prematuras, e que as doenças mais graves são as que trazemos na alma, que pedem esforço no sentido da cura.

PARA VOCÊ, A DOR CHEGOU DEPOIS DO EVANGELHO. VOCÊ NÃO IMAGINA O QUE SOFREM AS MÃEZINHAS ATÉ ENCONTRAREM O EVANGELHO QUANDO A DOR VEM PRIMEIRO.

AS DUAS DAMAS ESPANHOLAS

11

Para ilustrar as reflexões sobre a ocorrência de doenças graves, trago uma história. Ela preenche vários aspectos que apresentei como motivos para a existência de pessoas que nascem encarceradas na idiotia, na surdez, na mudez, na cegueira e na estreiteza de raciocínio, além de nervos paralíticos e outras patogenias tão graves quanto estas. Pois bem, um Espírito escolhe todas essas provas ao mesmo tempo porque participou de situações citadas por Emmanuel: foram abusadores da confiança do povo, caluniadores, fofoqueiros, delatores, espiões que teceram intrigas de morte, pessoa insensatas, traidores, avarentos que prejudicaram toda a família com seu egoísmo e ganância desenfreada e que não vacilaram em infelicitar. São histórias muito fortes e tenebrosas em alguns aspectos.

Mesmo em face de preconceitos que ainda persistem, a inclusão social é algo novo. Na Grécia antiga, a hegemonia espartana criou a eutanásia eugênica. Doentes, mutilados e psicopatas eram considerados inúteis. Os gregos acreditavam no homicídio exercido por compaixão. Trata-se de uma falsa piedade totalmente diferente da terapêutica divina que se utiliza do presídio orgânico das jaulas mentais de infratores que rogaram pela bênção do recomeço.

Essa história impressionante foi narrada por Divaldo Franco, e consta na revista *Reformador* de maio de 2005. Apresento-a aqui parcialmente.

Na passagem da noite de 19 para 20 de junho de 1954, Chico se encontrava em desdobramento parcial, enquanto os benfeitores psicografavam. Ele recebeu a visita espiritual de duas damas espanholas que, reencarnadas, precisavam de ajuda material. Vinham pedir-lhe que não se esquecesse de levar-lhes comida, pois ainda não haviam terminado seu resgate doloroso, mas a fome poderia interromper o processo libertador. Moravam na Lapinha, região do Aeroporto de Confins, Minas Gerais. Chamavam-se Lia e Maria da Conceição. Chico organizou um grupo de socorro formado por Divaldo, dr. Francisco Pereira de Andrade, que era um dos diretores do Banco do Estado de São Paulo, e a esposa deste, Lucy, e Luiza Xavier, irmã mais velha de Chico.

Fazia um inverno muito rigoroso em Pedro Leopoldo, e o drama das senhoras era tão grande que Chico ouvia sua mãe dizer que, toda vez que experimentava grande sofrimento, encontrava conforto no testemunho de d. Lia e na coragem de Maria da Conceição. Na época, ele tinha 3 para 4 anos (1914), mas isso ficara em sua memória. Nunca mais tinha ouvido falar delas, até que por volta de 1940, Luiza narrou para seu irmão a história das duas nesta existência. (Luiza havia morado na Lapinha, antes de Chico nascer). E contou que d. Lia havia se casado com um homem portador de transtornos psiquiátricos muito graves.

Naquela época, d. Lia residia com a família em uma das fazendas em torno do Curral del Rei, antigo nome de Belo Horizonte, quando esse senhor muito rico se apaixonou por ela e pediu-a em casamento. O pai dela aquiesceu, e antes das bodas ela viu o futuro marido apenas uma vez, no dia do pedido.

Ele a levou para sua propriedade após o consórcio matrimonial, e foi quando começou o calvário da senhora porque, muito atormentado, entre os vários desvios de conduta, ele era portador de um ciúme mórbido. Depois que nasceu a primeira filha, desvairado, ele começou a atribuir ao capataz a paternidade da menina.

Depois de mandar surrar o empregado e expulsá-lo da fazenda, queimou com tição de fogo as partes pudendas da mulher para que ela ficasse impossibilitada de traí-lo outra vez com quem quer que fosse. Dona Lia criou a filha com abnegação, com muito sofrimento, sem nunca sair daquela herdade. Mais tarde, a filha casou-se e foi morar com seu marido em outra propriedade.

Dois anos depois, grávida, mandou pedir à mãe que fosse acompanhá-la no momento do parto e levasse a parteira, prática muito famosa que havia na região. Era a primeira vez que d. Lia saía de casa: para ir ajudar a filha. O parto foi muito difícil e, quando nasceu a criança, a parteira teve um choque muito grande, porque a menina apresentava anomalias teratológicas muito graves: a cabeça era normal, mas o corpo se apresentava retorcido como se tivesse sido moldado por mãos impiedosas que lhe mudaram a estrutura. A parteira, assustada, mostrou-a para a mãe, ainda no leito. A senhora teve uma crise de loucura e atirou a filha pela janela.

Então d. Lia, a avó, saiu correndo, pegou a criança e desapareceu. Não se soube, durante muitos anos, do paradeiro das duas, até que as notícias começaram a aparecer. Elas narravam a história dolorosa de uma senhora que carregava um monstro (Maria da Conceição) e pedia esmolas pelas cidades interioranas próximas a Belo Horizonte.

Dona Luiza se lembrou de que chegou a vê-las em uma ocasião, e contou isso ao irmão comovido. No começo dos anos 1950, ele estava em uma de suas reuniões psicografando, quando, fora do corpo, viu adentrarem dois Espíritos, duas damas muito belas, vestidas ricamente, à espanhola.

Aquela que parecia ser a de mais idade perguntou-lhe: "Você é o filho de d. Maria João de Deus, o Chico Xavier?" Ao que ele respondeu: "Sim, sou." Ela continuou:

> Pois é! sua mãe foi muito amiga nossa. Nós estamos reencarnadas, resgatando dolorosos crimes anteriormente cometidos. Encontramo-nos em uma situação muito lamentável e d. Maria João de Deus sugeriu-me que viesse pedir-lhe socorro, porque você é dotado de sentimentos cristãos e de muita misericórdia. Nós estamos morando aqui perto, na Lapinha, e precisamos de alimentos para que nossos corpos resistam à expiação. Você poderia nos visitar, Chico?

Ele confirmou: "Mas com muito prazer."

Ela então lhe explicou que havia ocupado na corte de Felipe II uma posição muito relevante, tinha sido mãe de uma personalidade de grande importância no clero e tinha contribuído com a sua ambição para atormentar pessoas que eram acusadas no processo inquisitorial por heresia.

Ela e sua filha – sendo esta a irmã da alta personalidade clerical –, beneficiavam-se das denúncias que eram feitas contra pessoas muito ricas, porque, segundo a lei da época, os bens passavam a pertencer ao Estado, que ficava com 50%, e a outra metade era dividida entre a Igreja e o denunciante. Elas compraziam-se em denunciar, caluniar, mas nunca se deram ao trabalho de ver como eram arrancadas as confissões de suas vítimas.

Sabiam, no entanto, que era por processos muito bárbaros, e que, ao desencarnarem, os três – ela primeiro, o filho depois e por último a filha – tiveram o despertar da consciência e encontraram um grande número de suas vítimas, que os infelicitaram de maneira impiedosa, quase hedionda.

A misericórdia divina, apiedada de seus sofrimentos, trouxe-os às expiações dolorosas e, por várias vezes, eles reencarnaram com lepra. Mas a reencarnação na qual se encontravam seria a última fase de recuperação e a última que pretendiam ter – o filho já estava redimido –, e por isso queriam coroar a jornada com muito êxito. Chico ficou muito sensibilizado e prometeu visitá-las.

No dia seguinte, em companhia de d. Luiza, ele procurou reunir alguns víveres do pouco que tinham e foram visitar o casebre de d. Lia e d. Conceição. Era uma dessas construções de pau a pique muito modestas, no cimo de um aclive, em um lugarejo separado do aglomerado de casas.

A partir de então, vez ou outra, quando ele dispunha de algum recurso, comprava alimentos e os levava às duas senhoras. Dona Maria da Conceição era surda-muda, além de apresentar a deformidade no corpo. E também era quase cega.

Ela ouvia-o, sentia-o, e os dois conversavam mentalmente. Quando ele se acercava, ela se agitava de felicidade, porque lhe percebia a presença. Então, com um jeito muito peculiar, ele disse ao Divaldo que ele próprio cortaria os cabelos e as unhas dela. Que a moça tinha cabelos lindos e que ela era linda, que se parecia com Rita Hayworth, atriz famosa que atuava no filme *Gilda*.

E Divaldo diz que com sua imaginação juvenil daquela época, já imaginava aquela mulher hollywoodiana, fascinante, e começou a concebê-la mentalmente, deslumbrante. E Chico completou a descrição: "O corpinho é deficiente", acrescentou, com um sorriso velado. Subimos o aclive, e, quando ele bateu à porta, d. Lia abriu-a. Nonagenária. Foi comovedor o encontro, porque ela o olhou e exclamou: "Seu Chico, essa noite eu sonhei com vosmecê. Eu dizia: 'Venha trazer comida pra nós, seu Chico, que nós *tá* morrendo!'" (Notem que ela teve apenas uma lembrança parcial da visita que fez a Chico.)

Entraram. Dona Luiza foi à cozinha, que era um pequeno vão, levar os alimentos e preparar um lanche, enquanto os outros foram ao quartinho. A cama de capim estava coberta com tecidos velhos, sujos, e havia ali um corpo que não deveria ter mais do que seis palmos de altura. A cabeça era perfeitamente normal. Os cabelos, desgrenhados, não tinham nada a ver com aqueles de que Chico falara. Mas como ele possuía beleza nos olhos e na alma, belos os via.

Nesse ínterim, ela agitou-se, contorceu-se. Chico se acercou e disse-lhe: "Pois é, Maria da Conceição, eu aqui estou", e acarinhou-lhe os cabelos. Ela precisava de ajuda com a higiene, e ele podia ir até lá uma vez por semana para cuidar disso. De imediato pôs-se a conversar, acalmando-a, suavemente. Era como se o corpo dela fosse retorcido, não exatamente como um parafuso, mas algo parecido, pequeno, com muitas limitações.

Dona Lucy, que era uma senhora muito generosa e elegante, vestia um casaco de peles muito caro, enquanto d. Lia, a idosa, tremia de frio, com um tecido muito ralo sobre o corpo arroxeado, quase sem roupa íntima. Isso sensibilizou a dama paulista, que tirou o casaco de peles e vestiu a senhora com ele. Naquele momento, esse foi um gesto tão natural, pareceu ser a coisa mais simples do mundo. Então, a senhora não entendeu nada. Foi imediatamente à cozinha e, quando voltou, estava suja de borralho. Chico exclamou com jovialidade: "Que beleza! Lia já tirou o selo."

É assim que precisamos fazer. Aquilo me impressionou, porque a mente racional pensaria de maneira diferente. Diria: "Bom, quando chegar à casa, comprarei uns agasalhos, um casaco e os enviarei depois." O dr. Bezerra de Menezes afirmava: "Quando a caridade é muito discutida, o socorro chega tarde."

A caridade pode ser até delineada, tracejada, mas não muito discutida, enquanto a miséria chora, sofre e morre. Os visitantes ficaram ali sob forte emoção. Ele tratou de higienizar as duas. A irmã trouxe um caldo revigorante e quente.

Chico dizia que as duas nutriam-se do amor recíproco, quando uma desencarnasse, a outra logo desencarnaria. O dr. Francisco Pereira de Andrade assumiu a responsabilidade de contratar uma auxiliar para vir dar-lhes banhos, para cuidar delas, preparar-lhes a alimentação. "Desse modo, sim, podemos contribuir na condição de bons samaritanos." Voltaram a Pedro Leopoldo quando já era noite.

No ano seguinte, no mês de março, quando Divaldo retornou a Pedro Leopoldo, pediu a Chico notícias das duas e lhe perguntou quando iriam visitá-las. Ele contou:

> Ah, Divaldo, você não faz ideia do que aconteceu! Eu não lhe contei tudo. Naquele período, eu estava muito sofrido. Meu próprio pai não me entendia. Às vezes, portava-se mal, dizendo que eu não era médium coisa nenhuma, embora não o fizesse por mal.
>
> Eu estava, em uma noite de Natal, muito amargurado! Sem ninguém, fisicamente. Luiza se encontrava com os seus filhos e esposo no lar, e eu não queria perturbá-los. Os meus irmãos estavam reunidos com as suas famílias modestas, e esse era o momento deles. Então, quando tomado pela tristeza e solidão, lembrei-me: como estariam Lia e Conceição? E já que nós éramos,

possivelmente, as pessoas mais isoladas que eu poderia identificar como as mais solitárias, resolvi visitá-las.

Tomei um táxi e fui correndo até a Lapinha. Quando saltei do veículo e me aproximei do outeiro, eu vi uma espécie de *spotlight* que descia de um ponto que eu não podia identificar; do Infinito, salpicado de estrelas. Estrelas matizadas cobriam aquela choupana modesta. Quando me acerquei, à porta estava Eurípedes Barsanulfo,[e] porém vestido com a indumentária de Rufus.[f]

E, então, houve o Natal mais lindo que se pode imaginar. Vozes entoando hinos e as duas em suas expiações libertadoras. O Espírito erra na carne e na carne se redime.

A partir daquele dia, toda época de Natal quando terminava suas tarefas, ele ia à casa de d. Lia e d. Conceição. Ele também informou a Divaldo:

Pois é, eu estava no mês de janeiro último[g] psicografando, quando o dr. Bezerra, um Espírito superior, se me acercou, solicitando-me:

"Chico, assim que termine as atividades programadas não dialogue com os nossos irmãos, porque Maria da Conceição está voltando ao Grande Lar. Já estamos operando o processo de libertação do Espírito, desligando-o dos liames materiais e, logo, dentro de duas horas no máximo, ela estará conosco. Gostaríamos que você fosse participar desse momento."

---

e. Grande humanista da região de Sacramento, Minas Gerais.

f. Personagem do livro *Ave, Cristo*, ditado por Emmanuel. Rufus era um escravo que, no século II, na cidade de Lyon, deu seu testemunho de fé, quando os cristãos eram perseguidos. A morte de Rufus foi muito dolorosa: ele foi amarrado à cauda de um potro bravio, para que quando este saísse em disparada o despedaçasse.

g. O ano a que ele se refere aqui é o de 1955.

Ele então contou que terminou o trabalho, desculpou-se, pegou um automóvel, seguiu à Lapinha e, então, comoveu-se com a mesma presença feérica de entidades nobres que ali visitavam o casebre modesto. Ele acompanhou o momento em que o próprio dr. Bezerra de Menezes desenovelou a moribunda, liberando-a dos últimos vínculos com a matéria.

Desprendendo-se, ela reconheceu-o, sorriu, e foi conduzida pelo benfeitor para o mundo espiritual. Ante a nova realidade, ele ficou em uma conjuntura dolorosa. Que fazer a partir de então com d. Lia, que já estava com mais de 90 anos? Sepultou d. Maria da Conceição e levou d. Lia para Pedro Leopoldo. Alugou um quartinho próximo de sua casa para dar-lhe assistência, mandou comunicar o fato ao dr. Pereira de Andrade, e, mais ou menos 15 dias depois, também em uma madrugada de domingo, o venerando guia convidou-o, novamente, explicando-lhe: "Estamos retirando Lia do invólucro carnal". Ele se referia ao corpo físico da senhora.

Conceição veio buscá-la; vieram também o filho e alguns beneficiários de seus sofrimentos e testemunhos dolorosos. Concluída a reunião, ele correu à nova residência da anciã e, de longe, viu sobre aquela ruela sem saída as luzes e a movimentação de entidades nobres. Ouviu também um coral que havia escutado anteriormente, quando sua irmã desencarnou, que entoava um hino à vida.

Quando d. Lia foi retirada do corpo, ele anotou o poema de exaltação da vida, que diz, em parte:

Rasgaram-se os véus da noite,
Novo dia resplandece,
Viajor, descansa em prece
Ao lado da própria cruz.
No horizonte rebrilha nova aurora matutina,

Pois a morte descortina
Dia novo com Jesus.

A música continuou, e ele ainda pôde ver d. Lia sorrir-lhe ao ser retirada do corpo e levada para o mundo de origem, sem possibilidade de agradecer-lhe. Poucos dias depois de desencarnada, ela retornou trazendo a netinha, que falecera com 55 anos de idade, mais ou menos, a qual então transmitiu uma mensagem de rara beleza por psicofonia, que se encontra registrada no livro *Vozes do grande além*, publicado pela FEB. Transcreverei apenas um trecho da mensagem:

> Paralítica, surda, muda e quase cega, não era surda para as vozes que me acusavam, na profundez de minhas dores da consciência, não era paralítica para o pensamento que se movimentava à distância de minha cabeça flagelada, não era muda para as considerações que me saltavam do cérebro nem cega para os quadros terrificantes do plano imaginativo... Dama vaidosa e influente da corte de Felipe II, na Espanha inquisitorial, reapareci neste século, de corpo desfigurado a mergulhar nos próprios detritos [...]

Finalizando essa singular ocorrência e extraordinário exemplo, quero acrescentar que as duas senhoras, ao se desligarem parcialmente do corpo físico pelo sono, apresentavam-se com formas e vestimentas diferentes daquelas que trajavam no mundo material. E podemos esclarecer, com base no que temos aprendido, que ocorreu um fenômeno de hipermnésia, que tanto pode fazer parte do morrer como do dormir. A mente, ao se ver livre da matéria que o limita, recobra as lembranças recentes ou aquelas há muito perdidas no tempo, mas nunca apagadas. E as mendigas voltaram ao tempo e ao espaço em que delinquiram, encontrando forças para vencer os resgates de agora na compreensão das causas que lhes deram origem. E seus corpos espirituais, seguindo tão fortes reflexos mentais, transformaram-se durante os diálogos com o caridoso médium.

Emocionante, intrigante, esclarecedora e incontestavelmente real: uma história confirmada pela mensagem recebida por Chico. E já que estou falando em psicografias, dedicarei os dois próximos capítulos às duas mensagens que recebi de meu filho Rangel (Tetéo).

**O ESPÍRITO ERRA NA CARNE
E NA CARNE SE REDIME.**

ESSE MENINO CORRIA E BRINCAVA PELO SALÃO

12

TIVE A BÊNÇÃO DE PRESENCIAR VÁRIOS ASPECTOS DA MEDIUNIDADE de Chico Xavier: clarividência, clariaudiência, psicofonia, psicometria, efeitos físicos e muitas outras. Ele era dotado de todos os tipos conhecidos de capacidades mediúnicas, embora tenha se notabilizado mais pela psicografia.

Algo que pude observar muitas vezes em Uberaba e depois, nos mais de cem livros de mensagens familiares, é que a comunicação acontecia quando existia uma utilidade. Saudade e dor, e vontade de receber notícias, era comum a todos. A insistência de parentes leva muitos médiuns a querer ajudar a qualquer custo, e isso pode abrir portas para mistificações. Mesmo que nossa saudade seja grande e nossa intenção seja boa, as leis que regem as comunicações são rigorosas. Chico sempre dizia que o telefone toca de lá para cá, ou seja, que não devemos evocar nossos familiares.

Quando recebi a mensagem, ela não teve para mim o mesmo impacto que teria para alguém que desconhecesse totalmente a realidade espiritual, que é a de que a vida continua e que os supostos mortos podem voltar e nos escrever. Impactante foi a descrição de um médium, que chegou depois de a reunião ter começado e assentou-se à mesa ao meu lado. Chico estava à cabeceira e nós estávamos no lado oposto, à sua frente, naquela mesa enorme. O visitante não sabia meu nome, pois ainda não havia chegado quando fui convidada a comentar o *Evangelho*.

Noite adentro, algumas horas de psicografia depois, esse médium toca de leve meu braço e baixinho pergunta se meu nome era Célia. Após minha confirmação, ele prosseguiu: "Quem está escrevendo a mensagem agora é o seu filhinho, Rangel." Tomada de forte emoção e muito surpresa, pois tinha a expectativa de que talvez meu pai me desse alguma notícia, e não a criança ainda tão novinha, perguntei como ele sabia. Na maior naturalidade, ele me disse:

> O menino começou escrevendo "querida mamãe Célia", e ele corria e brincava aqui pelo salão e a toda hora chegava perto de sua cadeira e lhe abraçava. Agora chegou perto dele um senhor assim, assim...

E ele descreveu meu pai com detalhes, então continuou: "que lhe disse: 'Venha Rangel, agora é a sua vez.'"

Senti uma alegria enorme ao verificar que, após um ano longe de nós, ele estava perfeitamente adaptado às mudanças e agia como uma criança feliz que corre e brinca. Entre cochichos e exclamações, o médium seguiu com o seu relato:

> Aquele senhor que o chamou lhe disse agora que segurará na mãozinha dele para que escreva mais depressa. A criança não

aceita e diz que quer contar tudo sozinha. O senhor só consegue convencê-la quando diz: "Você é quem vai contar, eu vou apenas ajudar um pouquinho."

E o médium descreve que, segurando o lápis, estava a mão de Chico; por cima dela, a de meu filhinho, e, por último, a mão de meu pai. Ele asseverou que eu notaria essa mudança de letra. De fato, pode-se ver que a letra perdeu a característica infantil e tornou-se mais cursiva.

Conversando com Chico após a reunião, ele nos disse: "Um menino risonho e feliz chegou com o Lico, que lhe disse: 'Escreve sozinho, meu filho; vai demorar, mas não tem importância.'"

As duas mensagens que transcreverei preenchem todas as exigências de um coração incrédulo quanto à continuidade da vida e a possibilidade da comunicação entre os dois planos, o que não era o meu caso. Citação de nomes de parentes que não sabíamos que existiam, de vizinhos, de amigos, detalhes dos últimos momentos dele conosco, detalhes do nosso cotidiano, apelidos. Vejamos:

Estou vivo e vou crescer.

Querido papai Aguinaldo e querida mamãe Célia, com vovó Lia. Sou eu, o Tetéo. Estou aqui com meu avô Lico e com minha tia Gilda.[1] Vovô me auxilia a escrever porque estou aprendendo. Estou vendo a tia Lé e o nosso amigo Sérgio, e vovô me diz que um menino educado não deve esquecer os amigos.

Papai Aguinaldo e mamãe Célia! venho pedir para não chorarem tanto por mim. Mamãe, eu já estava doente quando falava e brincava com a Cota.[2] Depois, sai e bati a cabeça no chão, mas fiquei forte. Mas a cabeça ficou pesada, e você lembra a noite que chorei com a cabeça doendo... Vi que papai ficou assustado, e depois lembro que sai carregado do quarto. Depois, nada mais vi. Ficou tudo tão escuro. Depois ouvi papai me chamar: "Meu filho, meu filho!" Quis responder, mas não consegui. Acho que dormi muito.

Quando acordei, estava perto de mim a moça que me pediu para não chorar e chamá-la de minha tia Gilda. Depois, vovô Lico veio ao lugar em que eu estava e comecei a chorar, pedindo a ele que me levasse para casa. Ele me abraçou e me disse: "Rangel, você não é um rapaz de moleza. Não chore assim, pois estamos em casa..." Procurei obedecer, mas estava com muitas saudades de Aguinaldinho e Mariana, do papai e da mamãe, da Cota, da vovó Lia, da vovó Dite, do vovô Totone, da tia Lé, do tio Neca e da tia Maria; mas não queria falar disso porque meu avô e minha tia se mostravam tão bons para mim!

Muitos dias se passaram, e vovô Lico me levou lá em casa.[3] Papai, você estava pensando porque não havia me levado nos passeios com meu irmãozinho e chorava... Expliquei que eu estava muito doente, e que você e mamãe não podiam sair sempre comigo. Não chore mais, meu pai,[4] pensando que eu fiquei triste. Eu ficava sempre alegre, esperando. Aqui, vovô Lico me disse que eu não fui para a nossa casa para ficar muito tempo,[5] e que minha cabeça não me permitiu passear muito. Estou dizendo isso para que o papai e a mamãe não fiquem preocupados.

Papai Aguinaldo, o vovô Lico pede para você não desanimar com o serviço e não deixar a tia Bete desmarcar as consultas. Papai, se eu estivesse aí com a boca doente você me trataria, pois os meninos e a gente grande que o procuram, conforme penso hoje, são como eu mesmo. Já vi você falando com a mamãe Célia e com a vovó Dite que está desanimado. Não fique assim, eu estou vivo e vou crescer.[6] Estou aprendendo a escrever melhor. Mas já estou mais adiantado que Mariana e creio que Aguinaldinho ficará satisfeito.

Papai e mamãe, vovó Lia e tia Lé![7] não posso escrever mais, porque fiquei cansado de fazer letras. Mas quando eu puder, voltarei. Estou com muitas saudades e o vovô Lico me diz que posso escrever. Muitos abraços para meus irmãos e digam a eles que o Tetéo não desapareceu. Mamãe Célia! estou feliz com a fé que as suas preces me oferecem. Papai Aguinaldo! peço para que seu coração sorria. Vovó Lia abraçará a todos por mim. E para meu papai e minha mãezinha, muitos beijos do filho que lhes pede a bênção,

TETÉO (Rangel Diniz Rodrigues)

[Primeira mensagem de Rangel psicografada por Francisco Cândido Xavier na madrugada de 30 de junho de 1984, em Uberaba, Minas Gerais.]

NOTAS E CONSIDERAÇÕES

1. Gilda – Tia de Aguinaldo desencarnada em 1954.

2. eu já estava doente – Rangel trouxe ao renascer um problema que existia no cérebro do corpo espiritual que refletiu no corpo físico como um aneurisma, imperceptível, que se romperia com a mais leve contusão, em uma data previamente marcada pelos desígnios superiores.

3. vovô Lico me levou lá em casa – Essa é uma realidade. Nossos entes queridos nos visitam. Às vezes, é permitido que passem algumas horas ao nosso lado, e muitos tentam se fazer presentes das maneiras mais diversas: uma luz que se acende sozinha, uma lembrança súbita que não sabemos de onde tiramos e que nos faz perguntar: "por que estou lembrando disso agora?" O perfume deles espalhado pelo ar, uma brisa leve que toca nosso

rosto mesmo com as janelas fechadas, a sensação gostosa de um abraço ou de um toque e dezenas de *et ceteras*.

4. Não chore mais, meu pai – Analisei centenas de mensagens e todos são unânimes em pedir que vençamos a tristeza e as lágrimas amargas, pois elas nos fazem sofrer ainda mais.

5. eu não fui para a nossa casa para ficar muito tempo – Aqui, ele faz uma alusão a um planejamento anterior. Nosso destino não está traçado; podemos construí-lo a cada dia. Mas existem alguns aspectos que fogem ao nosso controle, e a data e o modo em que sairemos desta vida é um deles. Mesmo assim, às vezes, antecipamos a partida pelo cultivo de hábitos destrutivos.

6. estou vivo e vou crescer – Na já citada obra *Entre a terra e o céu*, temos informações reveladoras:

> [...] em determinado momento no plano espiritual, passa a ouvir uma suave melodia; ao se aproximar, percebe que a música era entoada por um coro de crianças felizes e sorridentes, em meio a paisagens de rara beleza. Ele se encontrava no Lar da Bênção – um misto de escola de preparação para a maternidade e abrigo para Espíritos que haviam desencarnado na infância. Alguns deles, naquele exato momento, recebiam a visita de suas mães, ainda encarnadas, que para lá se deslocavam por ocasião do sono físico. André Luiz, então, fascinado com o que via, questiona se haveria ali cursos primários de alfabetização; ao que a dirigente daquele educandário responde afirmativamente, pois que se tratava de um verdadeiro estabelecimento de ensino no além, que abrigava, à época, cerca de dois mil Espíritos desencarnados em tenra idade.

7. Lé – Celma Pinto Pereira. Sempre esteve presente em nossa vida. É de uma dedicação inexcedível, solícita participante de todos os meus momentos de dor e de alegria. É amiga de infância de Aguinaldo; conhecemo-nos na adolescência e nunca mais nos separamos. Essa amizade que perdura entre nós há tantas décadas e a harmonia de nossos princípios e objetivos têm sido para mim uma fonte inesgotável de felicidade. E, sem desfazer de todos os demais, ela é imprescindível. Onde houver uma lágrima, a misericórdia de Deus, que cobre toda a Terra, colocará a bênção da consolação. Considero Lé uma grande bênção em minha vida e, tenho certeza, na de meus filhos também.

CHICO SEMPRE DIZIA QUE O TELEFONE TOCA DE LÁ PARA CÁ.

ESTOU MAIS CRESCIDO, RECOMEÇANDO O CAMINHO PARA SER UM HOMEM

13

A SEGUIR, REPRODUZO A SEGUNDA E ÚLTIMA MENSAGEM QUE recebi de meu filhinho pelas mãos abençoadas de Chico Xavier. Ela foi ditada dois anos após a primeira, apesar de termos estado presentes nas reuniões de psicografias, em Uberaba, muitas outras vezes. O telefone continuava tocando de lá para cá. Esse é o critério, e não a nossa presença ou anseios por novas notícias. Já havíamos sido por demais abençoados e precisávamos aprender a fazer nossa parte na busca do equilíbrio íntimo. Escreveu ele:

> Querida mãezinha Célia e querido papai Aguinaldo,
>
> Aqui sou eu, Tetéo, com o vovô Lico. Estou melhor e me sinto com mais desembaraço.

Ao vê-los, a saudade está maior em meu coração, mas o vovô Lico me auxilia a escrever e me dirige. Agradecemos, o vovô Lico e eu, as lembranças do dia de ontem. Três agostos se passaram. Meu avô me diz que estou mais crescido, recomeçando o caminho para ser um homem. É tanto amor que recebo, além do mais sinto a cabeça sem dores,[1] então não tenho do que me queixar. Desejava, porém, medir minha altura com a do Aguinaldinho e conversar com Mariana sobre os exercícios da escola. Já sei que esse dia virá no futuro;[2] não posso ficar moleza, conforme o vovô Lico me afirma. Vim escrever hoje como quem está fazendo um exercício escolar.

Disse-me o vovô: "Veja o que você fará com as suas notícias para os pais. Procure não incomodar a ninguém com a referência a nomes de pessoas amigas." Perguntei por que e o vovô me explicou que me esqueci de citar o nome de Sérgio e do nosso amigo Laurinho, o mesmo que me deu o nome de Tetéo. Diz meu avô que ele ficou muito triste.

Mãezinha Célia, será que esqueci mesmo? Meu avô confirma que sim. Pedi a ele o consentimento para falar de minhas alegrias da escola com os nomes das pessoas que passei a querer tanto bem. Ele falou: "Rangel, escreva com cautela, mas só os nomes daqui para os nossos da Terra, que você pode mencionar."

Então, mãezinha Célia e papai Aguinaldo, quero lhes falar que a nossa escola apresenta mais quadros do que palavras.[3] A querida tia notou que eu estava melhorando e me conduziu à presença de uma professora que me abraçou limpando os olhos. Não sei se ela chorava de saudade ou de alegria. É a sua prima Lêda,[4] informou a tia Gilda. Prima Lêda? Não me lembrava dela, mas a tia Gilda me ensinou a beijar a mão dos que me auxiliam e aproximei-me dela, para demonstrar respeito, com um beijo na mão direita. Ela me abraçou e me suspendeu para o alto, como se me conhecesse há muito tempo. "Então você é o Tetéo da Célia e do Aguinaldo? Nada receie, em nossa classe temos muitos quadros que você ainda não conhece."

As professoras chamam esses quadros de visuais, e tia Gilda me deixou em aulas novas, nas quais estou aprendendo muitas matérias. Parece que a minha cabeça está mais leve e mais ampla, dando-me a ideia de que o meu cérebro está se transformando em uma sala grande, onde guardo os conhecimentos que recebo. Depois dessas novas aulas, volto para a nossa casa sob a proteção do meu avô Lico.

Em casa, temos a vovó Conceição e a minha tia Deise, que me ensina a fazer as folhas que devo apresentar. Não sabia que encontraria uma tia tão amável e tão linda! Ainda não vi a tia Deise irritar-se ou desobedecer. Meu avô tem muita confiança nela e noto que ela é tão calma e tão prestativa, que não senti

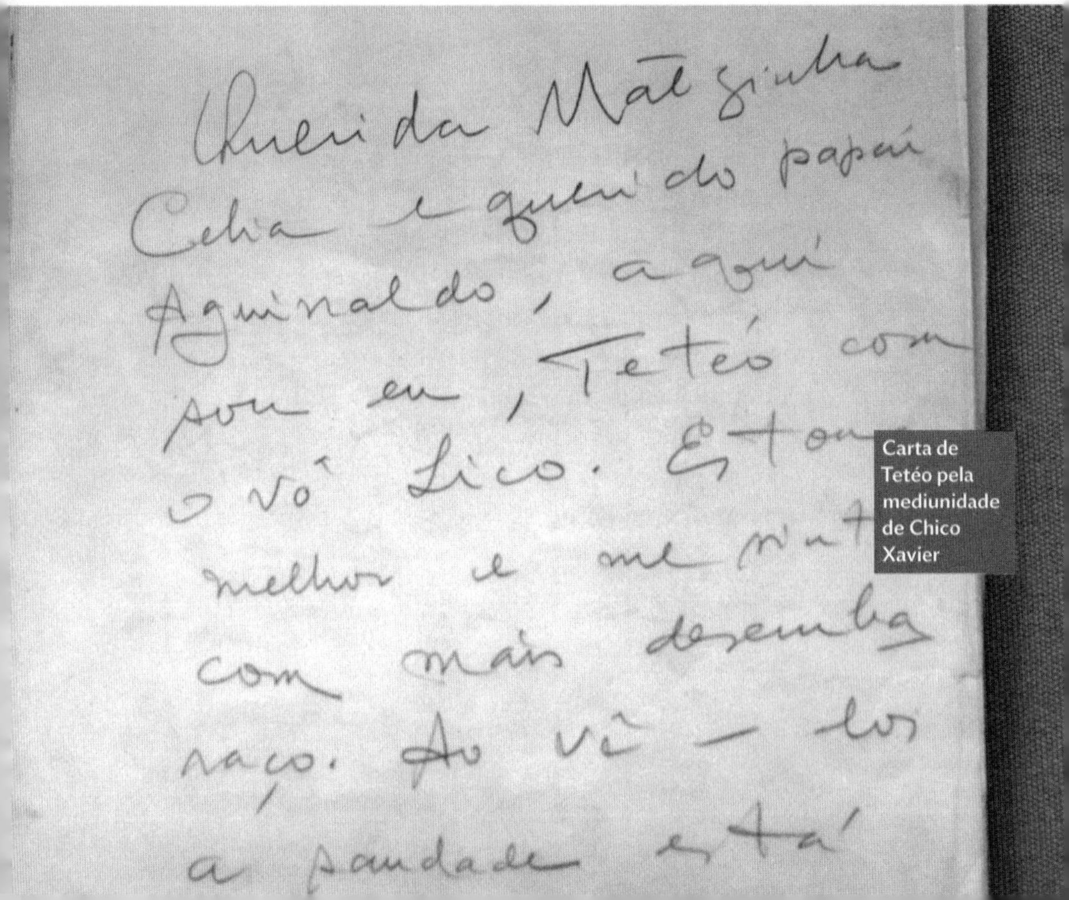

Querida Mãezinha
Celia e querido papai
Aguinaldo, aqui
sou eu, Tetéo com
o vovô Lico. Estou
melhor e me sinto
com mais desembaraço. Ao vê-los
a saudade está

Carta de Tetéo pela mediunidade de Chico Xavier

ciúmes de meu avô Lico. Mãezinha Célia, mesmo que eu quisesse ter ciúmes, nada acontece para que eu perca a paciência, tenho a certeza de que estou entre os nossos.[5] A tia Gilda vem me ver, apreciando o meu progresso, e fico muito alegre ao ouvi-la dizer: "Rangel merece as melhores notas."

Papai Aguinaldo! agradeço a atenção que recebi de sua bondade, pois várias vezes consigo encontrá-lo trabalhando com os doentes da boca,[6] recordando o meu pedido – dando a todos a carinhosa atenção qual se fosse a mim mesmo. Papai! ouço as suas petições[7] quando está sozinho meditando na vida. Sei que sou um filho sem recursos para auxiliá-lo, mas o vovô Lico me diz que ele e outros amigos cuidarão de atendê-lo. Peço-lhe não ficar triste ao pensar em minha transferência para cá. Minha tia Gilda diz que sou um aluno remanejado, mas não sei o que é isso. Penso que deve ser uma situação muito boa para mim, porque ela repete isso com muita alegria.

Mãezinha Célia! peço à sua bondade transmitir minhas saudades ao Aguinaldinho e à Mariana com um abraço à nossa querida Cota.[8] Queria muito falar muitos nomes de amigos a quem estimaria mandar lembranças, mas o vovô Lico julga que seja melhor que eu fale nisso somente à vovó Lia, à vovó Dite e ao vovô Totone. Muitas lembranças para eles todos.

Agora diz meu avô que preciso encerrar esta carta. Preciso terminar porque, se ele retirar a mão que mantém sobre a minha mão, não terei forças para escrever sozinho. Papai Aguinaldo, receba todo o amor de seu filho Tetéo, e mãezinha Célia guardará em seu coração o coração do filho que continua a pertencer-lhe[9] com a bênção de Jesus e com o amparo do vovô Lico. Sempre com muitos beijos para os meus queridos pais, sou o filho com muitas saudades,

TETÉO (Rangel Diniz Rodrigues)

[Segunda mensagem de Rangel psicografada por Francisco Cândido Xavier em reunião pública, na Casa da Prece, em Uberaba, Minas Gerais, na noite de 16 de agosto de 1986.]

NOTAS E CONSIDERAÇÕES

1. sinto a cabeça sem dores – Diferentemente dos adultos, as crianças quase nunca levam sequelas em seus corpos espirituais. A transição é mais fácil porque elas ficaram pouco tempo encarnadas. Às vezes, podem ser levadas dormindo para hospitais para breves períodos de recuperação. Acordam ao lado de familiares conhecidos ou de almas abnegadas que lhes dispensam o mesmo amor e carinho de verdadeiros pais biológicos.

2. sei que esse dia virá no futuro – Chico nos disse que Rangel renasceria como nosso neto. É muito comum as crianças voltarem para o mesmo lar ou para a mesma família. O mesmo se aplica aos natimortos. Quando trazem doenças congênitas, o primeiro corpinho que recebem funciona como um abafadouro das doenças da alma, extraindo os defeitos que estavam no corpo espiritual, e a criança retorna curada para prosseguir sua jornada evolutiva com estadas mais longas aqui na Terra. Nessa época, Chico me disse que quase podia garantir a todas as mães enlutadas que seus filhinhos voltariam para elas em novas gestações.

3. a nossa escola apresenta mais quadros do que palavras – Tudo que existe aqui na Terra é uma cópia imperfeita do plano espiritual. Podemos deduzir que o método educacional é mais adiantado do que aquele que conhecemos nas melhores escolas daqui.

4. Lêda – Lêda Diniz de Oliveira. Desencarnou aos 9 anos. Era a primeira neta de meu avô paterno. Não a conheci, pois sua passagem pela Terra se deu muito antes de meu renascimento.

5. a certeza de que estou entre os nossos – Existem as famílias corporal e espiritual, e esta última é muito mais extensa, pelos laços que vamos criando a cada encarnação. Quando alguém retorna, sempre encontra almas queridas que lhe dão apoio na readaptação.

6. várias vezes consigo encontrá-lo trabalhando – Chico Xavier dizia que a saudade é uma realidade nos dois planos da vida. Sente quem fica, sente quem vai. Então eles estão, sempre que podem, ao nosso lado, e ficam felizes em nos encontrar tentando reagir, voltar à normalidade da vida.

7. ouço as suas petições – Muito importante esse detalhe. Ninguém se transforma em anjo da guarda ou em Espírito protetor só porque passou para uma outra dimensão da vida. Não devemos importunar nossos familiares pedindo que nos protejam, guiem-nos, ajudem-nos ou o que quer que seja. Evidentemente, eles continuam unidos a nós e tudo fazem para nos atender, mas só o tempo utilizado no próprio crescimento criará as condições necessárias.

Certa vez, eu disse ao Chico que existia pouca literatura informando sobre a vida das crianças do outro lado. Ele conduziu-me a um quarto de sua casa cheio de livros e mensagens, do chão ao teto, e conseguiu localizar uma cópia de uma mensagem com a qual queria me presentear. Disse que não o faria com todas as mães, mas que eu suportaria a informação.

A mensagem era de um pediatra que desencarnara por um acidente de carro a caminho de Brasília. Dizia que estava muito feliz, pois lá lhe tinha sido permitido exercer a mesma profissão que tanto amava: cuidar de crianças, mas recém-chegadas da Terra. Relatava momentos tristes e difíceis, pois elas pediam a presença de suas mãezinhas; e quando que esses momentos aconteciam, eles tentavam acalmar com muito carinho e distrações as crianças que choravam, para que voltassem a dormir até que finalizassem a recuperação e a readaptação. Também disse que logo depois de acalmá-las, muitas acordavam aos prantos dizendo: "Onde está mamãe, ela está me chamando, ouço seus gritos."

Fiquei chocada com a notícia, e Chico me esclareceu que a eloquência do silêncio de nossas lágrimas desesperadas e inconformadas faz nossa alma gritar. Roguei:

> Meu Deus, permita que, como o poeta, eu possa cantar; eu quero a paz de crianças dormindo, o abandono de flores se abrindo para enfeitar as noites e os dias de meu filhinho.

Vemos aí motivos graves para que nos resignemos, assim como relatos de inúmeros Espíritos comunicantes que falam das dificuldades de adaptação, fruto do desespero dos familiares. É comum que nos peçam que a saudade se transforme em esperança em nós, para que a saudade que sentimos deles não os prenda em sombrias tristezas. Pedem que vejamos a saudade como uma flor de rara beleza que nasce no canteiro de nossos corações. Mas quando exageramos na inalação de seu perfume ou na contemplação de suas cores, podemos nos intoxicar.

E lemos em várias mensagens: "Peço a vocês não que não chorem, ou clamem por minha presença com a angústia do amor na ausência que hoje nos reúne..." "Vê-las chorando me corta a alma por dentro e fico ansioso, querendo vencer o tempo, sem meios para isso." Ou: "As lágrimas com que me recordam caem em meu coração por chuva de fogo."

Com uma frequência extraordinária, pedem desapego e resignação: "Suas lágrimas caem sobre mim e me queimam como ácido..." "Seu pranto revoltado é como mil agulhas torturando meu corpo..." "Sua voz chega a mim não sei de onde, como se uma caixa acústica estivesse instalada dentro de mim, e vejo seu desespero que se converte em meu desespero..." "Auxilia-me com suas preces e aceita as provas porque a vida prossegue..."

8. Cota – Maria Sandra Machado. Fico muito à vontade para falar em Cota, tamanha a minha gratidão. Ela começou a trabalhar em nossa casa antes de meu primeiro filho nascer, e hoje, já aposentada, ainda me presta serviço remunerado uma vez por semana. Ela é meiga e carinhosa, e nunca nos agastamos uma com a outra. Ao renascermos aqui, Deus nos designa um Espírito superior para nos guiar, amparar, intuir, proteger. Muitos o chamam de anjo de guarda. Pois a mim, Deus deu também um encarnado ao meu lado. Emociona-me lembrar de todas as alegrias e tristezas que passamos juntas. Meus filhos a consideram uma segunda mãe.

9. mãezinha Célia guardará em seu coração o coração do filho que continua a pertencer-lhe – Participei, há alguns anos, de um programa de televisão chamado Brasil das Gerais, junto com Marcel Souto Maior e uma senhora chamada Jandira, personagem de seu livro *Por trás do véu de Ísis*. Essa senhora dizia que quem perde pai ou mãe é denominado "órfão", quem perde o cônjuge é denominado "viúvo", mas para quem perde filho não existe nenhuma palavra em nenhum idioma; não existe nem uma palavra sequer que designe tamanha perda.

Creio que ela se referia ao fato de que quando acontece em nossas vidas uma mudança tão devastadora, muitos podem perder até o senso da própria identidade e não conseguir enxergar quem serão sem o filho. Mas, à medida que extravasam suas emoções, acostumam-se com a terrível novidade, principalmente se entenderem o real sentido da perda. Conseguem, assim, relativizar a dor com ajuda do tempo e das bênçãos de Deus, e as coisas vão, devagarzinho, normalizando-se até que possam se encontrar de novo. É por isso que não precisa existir uma palavra; continuamos mãe. Não existe palavra mais linda. Porque filho você não perde nunca, ele continua filho sempre, você continua mãe sempre; evidentemente, cedendo espaço dentro da relatividade desses laços que a paternidade divina ocupa em nossas vidas.

INTERROMPI, POR ALGUMAS VEZES, A digitação dessas duas mensagens. Voltar o pensamento a essa época fértil em provações árduas, que mesmo relembradas com serenidade e diluídas pelo esfumaçar mágico do tempo de quase 30 anos passados, faz com que a emoção me invada e lágrimas voltem aos meus olhos. Em tais momentos, busco o refúgio na prece, na meditação, na boa música e em outros afazeres do cotidiano. Todas as vezes em que falei dessas mensagens, fosse respondendo a perguntas de repórteres, fosse em palestras, guardei comigo uma dúvida: como realmente eu me sentia ao recebê-las? É algo confuso de entender.

No meu coração há uma enorme gratidão a Chico Xavier, porque, de certa forma, ele trazia nossos filhos de volta. Consolava-me sobremaneira receber aquelas notícias; era um enorme privilégio com o qual a misericórdia divina me abençoava. Mas, lá no fundo, nos refolhos mais íntimos de minha alma, algo me incomodava. Longe, muito longe, a anos luz de mim, ousaria desqualificar a oportunidade maravilhosa do intercâmbio entre os dois planos da vida; registro apenas o turbilhão de emoções e desejos que enxameavam em minha mente naquelas circunstâncias.

Como seria possível me sentir incomodada ao escutar a voz de Chico Xavier lendo a carta de meu filho? Foi com infinita emoção e muitas lágrimas que recebi aquela bênção divina que caiu sobre mim e despertou emoções intraduzíveis e contraditórias. Ao mesmo tempo em que me mostrava a beleza da realidade espiritual, meu egoísmo, ainda tão arraigado, gritava. Hoje, ao escrever essas histórias, removo a casca dessas feridas e cutuco as cicatrizes até quase sangrarem de novo, mas mantenho certo distanciamento emocional para entender meus sentimentos. Naquele momento da oitiva, sentia um misto de saudade, ansiedade, vontade de vê-lo de novo, de fazer parte daquele cotidiano, de continuar sendo a mãe dele nos mesmos moldes de antes e de acompanhar o seu crescimento.

Ou seja, sentia todo o horroroso apego que insistimos em chamar de amor. Essas são as minhas reflexões de hoje. Na época, eu não refletia, só sentia. Meu filho atualmente é um rapaz valoroso e feliz trabalhador da seara do mestre. Que profissão maravilhosa ele escolheu! Que lugar lindo para se viver, entre as muitas moradas da casa do Pai! Estou aqui, sem pressa nenhuma de ir para lá. Não há pressa, mas também não há medo.

No DVD *Pinga-fogo*, resgatado por Oceano Vieira de Melo, historiador e pesquisador espírita, Chico, ainda jovem, aparece contando do medo que sentiu de morrer quando um avião em que viajava sacudiu violentamente. Uma cena hilária, de alguém que sempre foi muito bem-humorado. Nessa mesma época, ele brincava dizendo ter escolhido seu epitáfio: "Aqui jaz Chico Xavier, muito contrariado." Podemos afirmar que, décadas depois, tarefa cumprida magistralmente – ou melhor dizendo, divinamente cumprida, corpo decrépito –, aquela alma linda pôde sentir toda a beleza de sua libertação.

Mesmo não sendo esse o meu caso, estarei muito feliz se merecer reencontrar todos aqueles que amo e que me aguardam na verdadeira vida, apesar da despedida dos que aqui eu tiver que deixar.

AUXILIA-ME COM SUAS PRECES
E ACEITA AS PROVAS PORQUE
A VIDA PROSSEGUE...

O OUTRO LADO DO PERDÃO

14

OS DIÁLOGOS COM CHICO XAVIER TRAZIAM UM MANANCIAL de sabedoria; ele não desperdiçava o tempo que sempre destinava a nos mostrar seu engendrado amor a Jesus e sua fidelidade ao evangelho. Era isso que norteava os passos de sua vida. Lamento tê-los guardado mais no coração do que na memória.

Quando um desses diálogos se transformou em cena do filme *As mães de Chico Xavier*, as pessoas me perguntavam, incrédulas, se Chico havia me falado realmente daquela forma. Já relatei no capítulo 6 como meu filhinho se foi. Acrescento agora apenas alguns detalhes.

Estando furado o pneu da bicicleta adequada para crianças, a babá tomou a iniciativa de levar Rangel na garupa de uma bicicleta maior. Ocorreu então um acidente insignificante, que

poderia ter sido totalmente inócuo. A consequência imediata foi apenas uma pequena sutura.

Quando o desfecho se tornou trágico e voltei para casa, aguardando o corpinho de meu filho que havia sido deixado em Belo Horizonte aos cuidados e providências de meus irmãos, a babá Çãozinha aguardava-me no portão. Ela me disse que suas amigas aconselharam-na a fugir, pois eu poderia até mandar prendê-la pela morte da criança.

Sem tempo e condições para maiores explicações, com vizinhos, amigos e parentes chegando para prestar-me solidariedade, disse a ela que aquela suspeita era absurda, e pedi que ela fosse cuidar de nossas outras duas crianças e se tranquilizasse.

Alguns dias depois, ela, que já não tinha mais lágrimas que suavizassem sua insuportável desdita, insistiu várias vezes no seguinte diálogo:

"A senhora me perdoa? Eu matei seu filho."

Quando me vi um pouco em condições de lhe dar explicações, esclareci que ela não poderia ter saído com ele na bicicleta grande. E que aquela ação a tornava responsável pela queda, mas não pela morte. Ele poderia não ter morrido em uma quedinha tão boba. Não havia o que perdoar.

No meu primeiro encontro com Chico, sem que tenhamos entrado em detalhes, ouvi dele a pergunta:

"Você perdoou a babá, não é, minha filha?"

Olhando em seus olhos, sem precisar comentar nada, simplesmente respondi: "Perdoei."

"Você acha que fez muito perdoando. Deveria tê-la agradecido porque foi dos braços dela que ele caiu, e não dos seus. Nem você nem Aguinaldo suportariam o remorso", disse Chico com voz carinhosa e uma leve repreensão abrandada pela delicadeza.

O que para muitos pode parecer indelicadeza ou excessivo

rigor, para mim foi uma das mais belas lições de que me recordo já ter contemplado. Hoje, passados tantos anos, consigo compreender realmente o motivo da resposta de Chico. Enquanto eu respondia que a havia perdoado, ele fitava meus olhos, ouvia minhas palavras e lia a minha alma. E nesta última ele viu a vaidade e o orgulho, que gritavam: "Viu como fui magnânima? Viu como conheço as leis divinas?"

Ele, com sua profunda sinceridade e entranhado amor aos ignorantes e sofredores, que sempre soube adicionar uma grande dose de ternura quando precisava ser enérgico, não respondeu às minhas palavras, mas aos meus sentimentos. E foi dirigindo-se à minha prepotência que ele me ensinou. Com sua extraordinária vidência, ele soube ler em minha consciência pensamentos não exteriorizados; ele atravessou o tempo e o espaço e narrou, como se estivesse vendo a cena acontecer naquele momento, muito perto dele:

> Seus três filhinhos têm o hábito de brincar na sala de televisão de sua casa colocando no chão todas as almofadas dos bancos de alvenaria que circundam o ambiente e pular sobre elas. Seu pai cuidou para que Rangel não batesse a cabecinha e rompesse o aneurisma que trouxe ao nascer, partindo antes da hora.

Ele se referia ao tempo de Deus, pois para mim Rangel partiu muito cedo, aos 3 anos. E ele continuou: "Por meio do mau uso da inteligência, ele causou lesões que resultaram no aneurisma que ele trouxe ao renascer."

Escolhas ruins de uma existência fragilizam o perispírito e, quando ele preside a formação do novo corpo, as fragilidades surgem. Creio ser essa a cena mais marcante do filme pelo ensinamento que ela encerra.

Várias pessoas têm nos procurado para dizer que mudaram totalmente o modo como viam sua própria situação. Lembro-me bem de duas delas. Após uma palestra que proferi em Petrópolis, aproximou-se de mim uma senhora sem aquisições acadêmicas, a notar pela simplicidade de sua linguagem, que deu seu depoimento.

> Meu filho de 44 anos, sentindo uma dor no braço, procurou o hospital. Foi examinado pelo médico de plantão, um ortopedista, que receitou um anti-inflamatório e o mandou para casa. Dali a poucas horas ele morreu de infarto. Minha nora e eu estávamos processando o médico, mas entendi tudo o que a senhora explicou sobre a cena do filme. Nossos filhos são, em primeiro lugar, filhos de Deus. Ele está tomando conta de tudo e não deixa a medicina matar quem tem de ficar, nem a medicina consegue salvar quem tem que ir. Suspenderemos o processo.

Não me dei o direito de interferir em alguns aspectos equivocados da concepção sobre as leis de Deus e nas resoluções daquele coração que finalmente encontrava a paz ao resignar-se pela compreensão da proteção divina, que nunca, jamais nos abandona, em tempo algum. Se o fizesse, diria a ela que a resignação, como aceitação da realidade que não pode mais ser mudada, é uma virtude. É uma atitude corajosa, que o coração aceita e resigna quando não há nada a ser feito, mas não se acomoda quando pode agir.

Resignação e acomodação são duas coisas bem diferentes. A estrutura da proteção divina não deixa que mal nenhum nos ocorra porque os outros falharam, e, sim, porque tal ocorrência terrível tem apenas a aparência de mal, mas faz parte de nosso planejamento. Assim, não pode nos acomodar. A resignação tem que ser dinâmica, para que serenamente aceitemos os acontecimentos, mas exercendo nosso papel de cidadãos; nesse caso, por meio da insatisfação com o perverso sistema de saúde a que temos nos sujeitado há tanto tempo. E as primeiras vítimas desse sistema são os próprios médicos.

Ao denunciar essas ocorrências, contribuímos para o respeito aos nossos direitos e quem sabe até ajudamos Deus a fazer com que a medicina cumpra e dignifique seu papel de "salvar" aqueles que estão ali para serem salvos. Desde que quaisquer atitudes que tomarmos nessas circunstâncias objetivem realmente a construção de uma sociedade mais justa, e não o desejo de vingança e revolta a que chamamos de justiça.

Perdoar aos que nos fizeram sofrer não é tarefa fácil, mas ficaremos muito mais felizes se formos capazes de libertar nossos corações dessas amarras destrutivas. Ao mesmo tempo, não envolveremos as supostas "vítimas", que do outro lado da vida lutam para esquecer os traumas da partida e seguir em frente.

Uma última reflexão se impõe sobre a magnitude do ato de perdoar: poderíamos imaginar Deus se ofendendo conosco? Ele sabe que erramos por ignorância, por imaturidade espiritual, e espera por nosso crescimento. Quando desrespeitamos os mecanismos das leis divinas, temos que responder por isso e somos conduzidos à educação, e não à punição. Em razão de nossos desvios, criamos para nós mesmos a situação correspondente que nos reconduzirá aos nossos deveres de reequilíbrio com a excelsa sabedoria.

Quando Rangel sofreu a parada cardiorrespiratória que o levou a óbito, sem que houvesse tempo de se realizar o procedimento de ressuscitação, ele estava sendo assistido pelos melhores neurologistas de Minas Gerais, pelo dr. Francisco Rocha, pelo pediatra e pelo clínico geral que nos acompanharam, assim como pelo diretor da Unidade de Terapia Intensiva daquele hospital, que era irmão de nosso médico. Esse diretor falou exaltado aos colegas: "Como pode esse menino ter morrido se sempre atendemos aqui crianças com esse mesmo quadro, e que só para fazer o exame demoram, às vezes, até dois dias?" Em meu coração, estava a resposta: a medicina não consegue interferir nos nem sempre insondáveis desígnios divinos.

No caso daquela senhora de Petrópolis, vimos o perdão que ela concedeu ao outro, alicerçada no conhecimento das leis divinas.

Encontrei em Aracaju, uma mãe com extrema dificuldade de perdoar a si mesma. O sentimento de culpa que ela agregava ao luto aumentava ainda mais o seu padecer. Ela relatou-me que uma única vez, uma noite, não buscou a filha de 16 anos em uma saída noturna, porque era seu dia de plantão no hospital em que trabalhava. A garota deveria voltar para casa, com o seu consentimento, com o namoradinho. E em um acidente automobilístico, ela se foi. A mãe se culpava, pensando que poderia ter evitado a tragédia. Padecia de opressões, apreensões e conjecturas. Amava a Deus; contudo, ainda não se convencera da integridade da justiça suprema e sofria por se sentir culpada, ou, no mínimo, vítima de arbitrariedades ou acaso. Na tentativa de ajudá-la, eis o diálogo que tive com ela:

— Você acredita em Deus?

— Sim – ela respondeu.

— Consegue compreender que, sendo Deus, Ele é onipotente e onipresente, ou do contrário não seria Deus?

— Sim.

— Somos todos filhos Dele. Você acha que Ele também é um pai muito ocupado, e que, em Sua omissão, permite que nos matemos uns aos outros?

— Não.

— Logo, só podemos deduzir que a causa deve ser outra, que a interferência materna também não evitaria a tragédia, já que o Criador não interferiu. Não há filhos desamparados, pois o verdadeiro Pai, lá das regiões do universo infinito, não perde nenhum de nossos passos, protegendo-nos com os milhões de olhos de todas as estrelas. Agradeça ao genro, que só passou pela sua vida para levar com ele um remorso que, para você, seria muito mais difícil de levar.

Deus também está presente quando somos atingidos por uma experiência dolorosa fora de nossa programação existencial, e, se soubermos aproveitá-la bem, ela será revertida em favor de nosso crescimento. Jesus sofreu sem nada dever, mostrando-nos que a dor é a sublime professora que utiliza a pedagogia divina para um mundo na categoria do nosso, ainda tão pouco evoluído. Existem outros mundos em que o aprendizado pode prescindir dela. Não podemos julgar a vida considerando apenas o que acontece ao nosso corpo físico: tudo de alicerça no fato de sermos almas imortais.

Quando se trata da vida e de pessoas, não podemos generalizar nada. Cada caso é um caso. Lembro-me de um sábado, em Uberaba, em que cinco jovens que haviam ingerido bebidas alcoólicas em uma festa estavam em um veículo dirigido em alta velocidade por um deles. Em um acidente em um trevo, todos faleceram. Diante da comoção de muitos, alguém perguntou a Chico se aquilo era para ter acontecido, se estava escrito, se era o carma deles. A resposta que ouvi e gravei bem foi:

> Essa situação pode ser chamada de carma imediato. Eles não trouxeram a programação de sair desta existência assim e agora. Mas colheram imediatamente o plantio de suas atitudes irrefletidas.

Penso que se outro veículo causasse um acidente fatal que envolvesse passageiros que em nada contribuíram para a situação e nada poderiam ter feito para evitá-la, a resposta seria outra.

Jesus nos preparou para o entendimento de questões como essas, como lemos em *Mateus* (18:7): "Ai do mundo, por causa dos escândalos; porque é mister que venham escândalos, mas ai daquele homem por quem o escândalo vem!"

Encontrei em Maceió, Alagoas, um típico fazendeiro, com ares de coronel, que disse:

> Eu vim aqui para saber se eu devo mandar matar o "cabra" que matou a minha filha. Estive em sua cidade nos anos 1950. Sou formado em veterinária e nos tempos de faculdade fui levado para conhecer os projetos desenvolvidos na Fazenda Modelo, onde Chico Xavier trabalhava. Eu o conheci e aprendi a admirá-lo. É um santo. Então vim aqui para saber o que a senhora me responde.

Pensei: "Meu Deus! que responsabilidade!" Foi minha oração do momento. Estava acontecendo, no lugar em que passaríamos alguns dias, uma feira do livro, e eu peguei um exemplar de *O Evangelho segundo o espiritismo* e tive o seguinte diálogo com ele:

— Vamos procurar a resposta aqui.

— Já me deram esse livro, já li e continuo querendo matar o cara.

— Então vamos ver alguma coisa sobre as leis que regem nossas vidas, aqui n'*O livro dos Espíritos*.

— Também já li e não adiantou nada.

Tentando descobrir como ajudá-lo, perguntei como a filha tinha falecido.

"Um acidente. O irresponsável bebeu em uma festa de formatura, cinco no carro, só ela morreu. Ninguém mais teve um arranhão sequer."

Ponderei sobre a necessidade do perdão, pois, conscientemente o rapaz não teve intenção de matar. Falamos sobre a força das coisas, que o acaso não existe... Nada. Não consegui fazer uma abordagem lógica e bem construída que o levasse a assimilar os princípios pacíficos que a situação exigia. Pensei que não demoraria muito e seria eu também incluída na lista dele de pessoas a matar. Observei-o, 70 anos, obeso e vermelho, e disse:

— Meu amigo, o senhor tem pressão alta?

— Tenho.

— Pois é, seu coração não vai aguentar por muito mais tempo o ódio que carrega. Com o assassinato a coisa complica, porque isso não vai trazer sua filha de volta, a saudade vai continuar doendo e eu não sei se Deus cuida do coração de justiceiros como cuida daquele de um pai que está sofrendo tanto, como o senhor. E Chico um dia disse uma coisa que pode lhe ser útil. Ele disse que "guardar a mágoa é guardar dentro de nós o lixo que nos atiraram." Intoxica, adoece. Então vá para a sua casa, ore e pense que devemos perdoar, não porque o outro mereça o nosso perdão, mas porque nós merecemos viver sem lixo dentro de nós. Apenas o perdão cura nossas feridas causadas pelos outros.

Ele agradeceu e saiu. Pensei, vaidosamente, que havia salvado três vidas – a minha, a dele e a do infeliz que dirigia o carro – ao sugerir que do lixo fizesse um adubo que pudesse ajudar a florescer as boas qualidades de um coração que verdadeiramente amasse. Questão resolvida? Ele deu alguns passos, virou-se para trás de novo, tirou o chapéu e perguntou: "A senhora tem certeza de que não devo matar o 'cabra'?"

A vaidade esvaneceu, pois parecia não ter adiantado nada a nossa conversa. No dia seguinte, ele apareceu com a família, dizendo que havia dormido muito bem. A esposa confirmou que, pela primeira vez em dois anos, ele não apresentara uma crise de apneia. Uma frase de Chico atingiu um coração equivocado a despeito da insignificância de quem a transmitiu.

Nessa segunda visita, conversamos um pouco sobre a questão dos escândalos que vêm ao mundo. É preciso entender o sentido alegórico e profundo das palavras de Jesus. A acepção da palavra escândalo não é o que choca, escandaliza, mas tudo o que é proveniente de nossas imperfeições humanas. Mas isso não significa que necessariamente tenhamos que praticá-las.

Existem injustiças, mas não injustiçados, porque Deus faz sair o bem de onde só conseguimos ver o mal. O mal não tem existência própria, ele é a manifestação da ausência do bem. Deus não precisa dele para castigar ninguém. Quando o reino de Deus se instalar em nosso coração, o mal será vencido por uma ética relacional e ninguém fará mal ao seu próximo, produzindo tão trágicas e dolorosas consequências.

Quanto àquelas pessoas por meio das quais os escândalos se manifestam, elas respondem pelo mal que fazem. Aprendemos que o assassinato é sempre um crime terrível. Ninguém renasceu para ser assassinado, assim como ninguém renasceu para se tornar assassino. Pensar o contrário justificaria esse crime, e Deus não precisa utilizar esse recurso. Ninguém vem à Terra para ignorar os objetivos de nossa caminhada evolutiva; ninguém vem para ficar indiferente diante das necessidades dos outros, para tornar-se um drogado, um criminoso, um cidadão corrupto, um traidor e um ladrão de sonhos de seu semelhante. Essas coisas só acontecem porque nos distanciamos dos objetivos supremos da vida, desconectando-nos de Deus.

O livre-arbítrio desvirtuado motiva assassinatos em massa, terrorismo, guerras, corrupção e outras expressões de nossa ainda existente inferioridade. Pessoas que escolhem cometer tais atos não agem sob a égide divina, e terão irremediavelmente de se recompor com as leis excelsas.

Aproveito o ensejo para uma incursão nas ideias do padre jesuíta, teólogo e filósofo Pierre Teilhard de Chardin (1881–1955), que podem ser confrontadas com a doutrina que aceito. É atribuída a ele a máxima: "Não somos seres humanos vivendo uma experiência espiritual, somos seres espirituais vivendo uma experiência humana." Não somos um corpo que tem um espírito, ou uma alma. Somos uma alma que tem um corpo. Somos seres espirituais.

Fomos criados Espíritos e, de vez em quando, Deus nos dá uma roupa, que é o corpo, para essa passagem por aqui. E essa passagem dura o suficiente para cumprirmos nossa programação, nossas tarefas e objetivos dessa etapa de nossa vida. Não tivemos outra vida. A vida é uma só, e, nessa única vida, ora estou em um corpo físico, ora em um corpo espiritual. As existências é que são muitas.

Compreender nossa natureza espiritual nos liberta de toda ansiedade, de toda incerteza, de todo medo, fazendo desabrochar assim as potências de nossa alma. Absortos pela materialidade da existência terrena, não fazemos a mínima ideia do que seja realmente eternidade; ignoramos a nós mesmos, e essa ignorância é a causa de nossos limites e nossos males.

Nossa tarefa aqui é desenvolver essa inclinação para o bem: nossas existências não têm outra finalidade. Quando atingirmos o conhecimento de nossa verdadeira natureza, encontraremos a força que removerá todas as montanhas de nossas imensas dificuldades, venceremos as paixões que nos prendem à retaguarda, desprezaremos as decepções e o medo da morte.

Jesus sabia que precisávamos chegar a essa compreensão de nossa natureza divina. E foi isso o que me fez lembrar o *Salmo* 82:6: "Vós sois deuses". A bondade e a beleza estão em nós em estado latente, parcial, incompleto, aguardando a plenitude que poderemos atingir como seres humanos.

Deus está em nós e nós estamos Nele, somos a centelha, o foco ainda obscuro, mas com todas as suas potencialidades. Essas concessões são como sementes pedindo cultivo. Deus se manifesta na natureza da qual somos a expressão mais alta. Por ignorarmos as forças divinas que dormitam em nós, entregamo-nos às influências inferiores dando surgimento ao mal.

*

NOSSOS ENTES QUERIDOS ESTÃO TÃO vivos em nosso futuro quanto estiveram em nosso passado. A morte é apenas isso: um pequeno instante em meio ao caminho infinito. É mudança, transição, e não ponto final. Toda religião prega a imortalidade da alma. Apenas algumas provam e comprovam que a vida continua. Considerando que o Espírito está em constante renovação, a morte apenas destrói o corpo físico fazendo com que o Espírito volte para casa.

A vida do espírito é que é imortal; a do corpo é transitória e passageira. Quando o corpo morre, a alma retorna à verdadeira vida. Então, a perda é apenas um distanciamento com posterior reencontro. Essa esperança é maravilhosa; vivo e me comprazo nela.

Tenho consciência de que tudo isso é muito doloroso. E para quem está sofrendo muito com a partida recente de alguém, o que expus pode parecer uma visão fria e suscitar revolta. Mas é claro que tal visão de nossa impermanência aqui não exclui a existência de sentimentos fortes que nos violentam diante da morte. Os Espíritos superiores que nos assistem reconhecem que a saudade dói e dilacera, principalmente se tiver sido traumática a partida como no caso de uma doença rápida, uma morte súbita, acidentes, atos de violência, suicídio, em que a dor é ainda maior, porque pior do que a morte do ser amado é a vontade que ele tem de morrer.

Emmanuel diz na obra *Religião dos Espíritos* que:

> Ver a névoa da morte estampar-se, inexorável, na fisionomia dos que amamos e dar-lhes o adeus indescritível, é como despedaçar a própria alma e prosseguir vivendo.

Coisas do planeta Terra.

É comum perguntarmos "por que precisamos morrer?" Por sermos seres espirituais, nosso verdadeiro lar não é aqui no plano terrestre. Saímos de lá e viajamos para este plano. Nossa verdadeira casa fica no plano espiritual. O morrer é uma simples

Cena do filme *As mães de chico Xavier*

mudança de plano. É viajar de volta para casa, nunca nos esqueçamos disso.

Mergulhados nesse corpo que nos limita, perdemos a percepção de nossa dimensão espiritual, dessas idas e vindas. Nossos conterrâneos Milton Nascimento e Fernando Brant foram muito felizes na canção *Encontros e despedidas*. Vejamos um pouquinho da poesia:

> Mande notícias do mundo de lá [...] Me dê um abraço / Venha me apertar / Tô chegando [...] Todos os dias / É um vai-e-vem / A vida se repete / Na estação / Tem gente que chega / Pra ficar / Tem gente que vai / Pra nunca mais / Tem gente que vem / E quer voltar / Tem gente que vai / E quer ficar / Tem gente que veio / Só olhar / Tem gente a sorrir / E a chorar / E assim chegar / E partir / São só dois lados da mesma viagem / O trem que chega / É o mesmo trem da partida / A hora do encontro / É também despedida / A plataforma desta estação / É a vida desse meu lugar [...]

É a vida desse nosso planeta... é a vida!

Às vezes, recebemos como filhos Espíritos que contaram conosco para lhes dar um corpo físico a fim de que pudessem cumprir breves períodos de existência terrestre para, assim, seguirem a caminhada de coração lavado e alma limpa. E quando estávamos todos do lado de lá, concordamos em dar a eles o corpo no qual eles pudessem deixar as mazelas, os estragos, os remorsos que traziam na alma endividada. Deus não viola o nosso livre-arbítrio, então o que acontece só acontece porque concordamos anteriormente, mas esquecemos disso. Antes de renascermos aqui, Espíritos mais elevados do que nós nos ajudaram no planejamento de nossa volta à Terra. Esse processo é chamado de planejamento reencarnatório. Ajudaram-nos na escolha das provas que nos trariam o aprendizado de que necessitamos. É nesse sentido que as pessoas dizem: "Foi você quem pediu para passar por essa prova."

Muitas vezes, as perdas funcionam como um chamado aos verdadeiros valores que devem reger nossas vidas. A dor soa em nossa alma como um alarme que nos desperta para o redirecionar de caminhos em busca do crescimento espiritual. A morte não é castigo, é só a outra faceta da vida na qual está intrinsecamente entranhada, e da qual é uma parte que trazemos em nós desde sempre; e ela vai acontecendo aos poucos, ao longo de nossa existência, e não há nenhuma morbidez nisso.

A cultura religiosa era calcada na culpa. Víamos tudo como castigo de Deus. Então, precisamos revisitar nossos questionamentos, pois não podemos perder jamais a capacidade de questionar e mudar as perguntas, como por exemplo: "Por que Deus fez isso comigo?" Por que esse acidente, esse câncer, essa doença, essa morte? Sofremos porque não conseguimos perceber o processo de libertação para os que vão e os benefícios da dor para os que ficam. No lugar de "Por que Deus fez isso comigo?", encontraremos a resposta se mudarmos a pergunta: "Por que não comigo?" Toda vez que nos perguntamos como vencer a dor, a melhor opção continua sendo sempre buscar Jesus.

Nem todos conseguimos apreender a proteção divina de uma só vez. Somos capazes de vê-la melhor nos dias de tranquilidade e vitórias. Entendendo a vontade suprema como ela deve ser entendida, não pensaremos apenas no Deus que concede, mas no Pai que educa; não só no Deus que recompensa, mas no que aperfeiçoa.

*

DIANTE DE TANTOS EXEMPLOS DE planejamento reencarnatório, Chico esclareceu qual era o reajuste que Rangel havia solicitado.

As questões que ele tinha a resolver, às quais me referi anteriormente. Ao longo dessas reflexões, peço a Deus que me permita alcançar algum coração ferido. Levando até ele a maior de todas as certezas: está tudo certo. Nada acontece por acaso, por descuido, por erro. Uma realidade dura: nossos filhos são Espíritos que precisam passar por certas experiências. Existiam antes de darmos a eles um corpo, e, em uma existência anterior, comprometeram-se. Acontecimentos e situações cruzam nossa vida e sempre têm como objetivo o nosso crescimento, mas é preciso que avaliemos os fatos sob a ótica do espírito imortal que somos para não medirmos a vida pelo que acontece apenas ao corpo físico.

Nossos filhos são inteligências amadurecidas em corpos jovens. Que em função dos débitos contraídos, dos remorsos que trazem martirizando a própria alma, pedem esses curtos mergulhos na carne com desfechos tão dolorosos para todos, mas que mesmo assim constituem uma libertação. Entre tantas vidas ameaçadas pela violência que grassa por todo lado, como as balas perdidas e os assaltos, por quê, exatamente, algumas são atingidas e outras, não?

Diante da existência de um Deus justo, a causa só pode ser justa. Nunca conseguiremos concordar com isso se analisarmos os fatos sob a perspectiva de uma só existência. Nesta existência, vítimas e seus familiares nada fizeram para merecer tão trágico destino. Logo, se a causa não está nesta vida, encontra-se em alguma outra anterior. Alguém escolheu sair da vida de um modo ou de outro, como vimos anteriormente.

Tive a honra de ter como colega no magistério uma professora de história que sofria de artrite reumatoide deformante. Acompanhei, ao longo dos anos, o seu calvário. Quanto mais seus nervos e músculos deformavam-se e seus movimentos ficavam limitados, mais a professora L. crescia em sabedoria e resignação. Valorosamente, trabalhou até o limite máximo de suas forças, até que liberta sua alma ela voou livre de volta para casa, deixando aqui seu corpo negro, cansado e retorcido.

Alguns anos depois, em uma reunião de intercâmbio mediúnico, eis que o Espírito que conhecemos com o nome de Professora L. comunicou-se e nos revelou seu passado. Em uma existência anterior, experimentando a prova da riqueza, deixou que o orgulho e a intolerância a cegassem. Era senhora de escravos em uma grande propriedade no Brasil escravagista, e mandava queimar as pernas dos escravos fujões, que perdiam com a punição exagerada não apenas a capacidade fugir mas também a de se locomover. Esse exemplo elucida bem o que tenho exposto.

CHICO PERGUNTA:
"VOCÊ PERDOOU A BABÁ? DEVERIA TÊ-LA AGRADECIDO PORQUE FOI DOS BRAÇOS DELA QUE ELE CAIU, E NÃO DOS SEUS."

NINGUÉM
PODE ENSINAR
CAMINHOS
QUE NÃO HAJA
PERCORRIDO

15

DIANTE DAS PERDAS, AS PESSOAS TÊM SENTIMENTOS DE DIferentes intensidades e reagem de forma variada. Ninguém sai de uma grande dor do mesmo tamanho; todos podemos nos apequenar na revolta, na falta de resignação, nas doenças, ou então aproveitar o aprendizado da renúncia e da certeza de que não somos donos de nada nem de ninguém. Uns resvalam para a agressividade, para o desalento esmagador, para a descrença, para o desespero ou egoísmo; outros, sentem o anseio de crescimento nas bênçãos do reaprendizado de sobreviver à nova situação, fortalecendo-se na confiança em Deus que tudo prevê e provê.

Foi isso o que André Luiz e Chico Xavier quiseram nos ensinar quando escreveram a obra *No mundo maior*:

Quando sentimos a dor, podemos nos elevar a planos resplandecentes ou precipitar em abismo tenebroso. Porque muitos retiram da dor o óleo da paciência com que acendem a luz para vencer as próprias trevas, ao passo que outros dele extraem as pedras da revolta, com que despenham na sombra dos precipícios.

Na verdade, a dor nos alcança muitas vezes quando ainda temos um total desconhecimento de nós mesmos. Antes de ela acontecer, não fazemos ideia de como nos comportaremos. Ninguém se acha preparado, e de fato não estamos, porque desconhecemos a força que Deus nos envia no momento de nossas dificuldades. Porque desconhecemos a força moral que nasce em nós como resposta divina às nossas orações. O cobertor chega quando sentimos frio; antes, ele não se faz necessário. Atitudes de revolta existem em muitas pessoas que reclamam, indignadas: "Fulano me falou que eu não podia chorar, vê se pode..." "As pessoas pensam que é fácil não se revoltar..." Ou: "Como posso perdoar a quem me causou tal perda?" "Minha família não me compreende e vive me mandando reagir." "Rezei tanto, por que Deus não atendeu às minhas preces?"

No livro *Missionários da luz*, ditado a Chico Xavier pelo Espírito André Luiz, lemos: "Ninguém pode ensinar caminhos que não haja percorrido." Eis o motivo da indignação. Por tal razão, ouvir de quem já experimentou a dor os mesmos argumentos usados por quem nunca experimentou uma perda parece-lhes mais coerente, mais aceitável. Mesmo assim, não me julgo em condições de ensinar nada a ninguém. A superação de quaisquer dificuldades só acontece quando descobrimos nossa própria maneira de vencer os obstáculos.

Cada uma das "perdas" que sofri está sendo aqui exposta na tentativa de auxiliar o provável leitor a descobrir novas concepções, mas sem a pretensão de ditar condutas. Das inúmeras perdas que me foram relatadas, algumas foram criteriosamente selecionadas para proporcionar interessantes reflexões.

Não tenho orgulho filosófico; entretanto, tenho falado das certezas que conquistei em minhas experiências. É possível ter certezas em um mundo em constantes mudanças e cheio de novas descobertas? Segundo Sócrates e Platão, saber que não sabe é princípio de sabedoria. É estranho falar de certezas diante desse enunciado, e mais ainda quando o princípio da incerteza trazido por Heisenberg na teoria quântica, em 1927, modifica a visão de mundo estabelecida.

No entanto, se certeza é o estado da mente sem vacilações e de quem está seguro de possuir uma verdade, devo esclarecer que não escrevo como quem conhece a verdade, mas como quem deseja muito conhecê-la, por já ter conseguido vislumbrar parte dela. Apreender tem sido, em minha vida, um constante compartilhar dessa busca de superação. Se certeza é uma crença intelectual ou moral, fundada em conclusões de experiências, logicamente a certeza tem caráter subjetivo e aproxima-se da convicção. A convicção é pessoal, e tem sido muito prazeroso falar de minhas convicções. Estou ciente de que certezas são intransferíveis. Exponho os fatos, partilhando minhas convicções para que cada um chegue às próprias conclusões. Ninguém aprenderá seguindo por caminhos já trilhados por outros, mas poderá aproveitar as veredas abertas. Espero que por meio das esclarecedoras informações que a religião espírita traz, cada um acrescente as crenças e valores de sua própria formação moral e religiosa e construa uma visão mais tranquila sobre o sofrimento e como lidar com ele.

E se em algum momento tiver que trilhar o mesmo caminho que eu, quero dizer apenas que ele é um bom caminho, que nele consegui recuperar todos os meus sonhos, minhas esperanças e minha alegria de viver. Mas ele não é o único caminho. Penso que li isso em algum lugar: "Uma coisa é você achar que seu caminho é bom; outra, que é o único." Sei que há um longo caminho que devo percorrer, mas sei também que estou indo na direção certa. Porque não importa por onde o caminho passe, o importante é que ele nos conduza à felicidade que almejamos e que é nossa por direito de herança por nossa filiação divina. Mas é uma dolorosa felicidade: sabemos o caminho, vislumbramos o infinito, mas o desconforto está em sabermos que a distância da meta final ainda nos parece infinita e que devemos lançar o pequeno eu humano no grande oceano divino.

UMA VERTENTE MUITO IMPORTANTE QUE não me cansarei de enfatizar, embora ainda assim não o faça suficientemente, é a da força moral proveniente do poder da oração. É lamentável ver pessoas que "brigam" com Deus e dão as costas à sua religiosidade na hora em que mais precisam dela. Às vezes, essas pessoas não se afastam de seus hábitos religiosos dentro dos templos em que eles se manifestam; mas estão vazias, sentindo-se abandonadas por Deus que não ouviu seus clamores, perdendo assim a conexão fundamental para seu equilíbrio. Veem os acontecimentos apenas por um viés, sem pensar que por outro é possível conceber um novo tipo de formulação de ideias.

Existe uma grande diferença entre rezar e orar. Orar é comunicar-se com Deus por meio de sentimentos, é conectar-se com a fonte criadora da vida, é pensar em Deus, é uma súplica que nos aproxima Dele, algo que acontece dentro de nós. O ato de rezar, essa "repetição de fórmulas", tem origem em nosso intelecto; orar é uma conversa íntima com Deus e tem origem em nosso coração; quando expomos nossas angústias e desânimos e suplicamos por socorro. E, no santuário de nossa alma, uma voz nos diz: "Eu te darei forças para as lutas desse mundo, não tenha medo, eu cicatrizarei suas feridas. Vinde a mim, eu estarei nos seus sofrimentos e dúvidas com a luz dos meus ensinos."

Na oração sincera e humilde, a alma se expande e consegue perceber a resposta dos páramos celestiais. Não existe melhor refúgio para reconfortar e aliviar nossa alma. Deus conhece nossas necessidades, ouve nossos pedidos. É o grande foco e, por meio da comunhão de pensamentos e sentimentos, devemos buscar forças, socorro e inspiração para nos guiar, sustentar-nos nas lutas, consolar-nos e nos soerguer em nossos desfalecimentos e quedas.

Muitas pessoas vêm a nós querendo entender essa promessa de Cristo, citada no *Evangelho de João* (14:14): "Se pedirdes alguma coisa, em meu nome, eu o farei". Pedir em nome de Cristo significa pedir a coisa certa, com obediência à vontade de Deus, que Jesus tantas vezes reverenciou. A oração não vale só pelo que se alcança de Deus. É necessário compreendermos que Jesus nunca violou as leis de Deus, e que existem leis imutáveis que nossas preces não têm o poder de modificar. O papel de nossas orações é proporcionar-nos socorro, criar em nós a força da resignação para que nos curvemos diante dos acontecimentos inevitáveis.

A prece abre as portas de nossa alma por onde penetram os raios de força que vivificam e fortalecem. Não há preces sem resposta. No momento em que, por meio dela, se estabelece a comunhão entre criador e criatura, a resposta vem trazida por raios divinos que se convertem em calma, renovação; e, então, nossa consciência iluminada, em Cristo, é capaz de absorver o foco irradiante de energias da divindade. Orar é irradiar para Deus, firmando desse modo nossa comunhão com Ele. Jesus nos mostrou como fazer isso no belíssimo espetáculo da transfiguração no monte Tabor.

Nossas preces não impedem o curso de nosso rio de lágrimas, mas aliviam, e muito, nosso sofrimento, modificando a natureza de nosso pranto. Quando oramos não mudamos os fatos, mas renovamos nossa disposição diante do inevitável. Os fatos podem não ser mudados, mas a nossa forma de senti-los é abrandada. E com isso conseguimos nos erguer de nosso abismo sem o desespero de antes, menos atormentados e mais fortalecidos, porque um raio do sol divino nos iluminou, fazendo renascer a esperança. Porque a graça divina derramou sobre nós energias esfuziantes que consolam, extraídas da fonte prodigiosa de toda luz.

Com as preces que brotam dos nossos mais puros e sublimes ideais, alcançaremos nossas raízes mais profundas e resgataremos a experiência religiosa em seu significado real: religar-nos ou ligar-nos com Deus, nossa fonte criadora e, assim, encontrá-Lo em nós mesmos.

NOSSAS PRECES NÃO IMPEDEM
O CURSO DO NOSSO RIO DE LÁGRIMAS,
MAS ALIVIAM, E MUITO,
NOSSO SOFRIMENTO.

QUANDO
A MORTE
CONTA UMA
HISTÓRIA,
VOCÊ DEVE
PARAR
PARA LER

16

EM JULHO DE 1988, VI ENTRISTECIDA E FRUSTRADA MEU IRmão Cezar partir aos 41 anos de idade. Em todas as perdas sempre há um ensinamento. É como disse o escritor Markus Zusak, em *A menina que roubava livros*: "Quando a morte conta uma história, você deve parar para ler." Dos 12 filhos que ainda permaneciam ao seu lado, Cezar era o preferido de minha mãe, Lia. Nós, os reencarnacionistas, compreendemos bem tais afinidades. Ele havia substituído meu pai na presidência do centro Luiz Gonzaga, ficando, por tal razão, muito próximo de nossa mãe. Era carinhoso, humilde e muito estudioso da doutrina espírita. Sua amorosidade era linda de se ver.

Todavia, quanto aos vícios materiais, ele era um pouco fraco. A pessoa quando faz uso de bebidas alcoólicas socialmente nunca pode imaginar o grau de dependência que pode se instalar.

O alcoolismo é uma doença crônica, progressiva e de evolução lenta. Até o fim do século passado, quase todos admitiam que a origem do alcoolismo estava na esfera ético-moral: o alcoólico bebia porque era fraco de caráter, porque não dispunha de reservas morais para resistir ao vício.

O tratamento limitava-se a algumas lições de moral, alguns bons conselhos ou exortações de cunho religioso, e os resultados obtidos eram bastante precários. Recordando meus escassos conhecimentos nessa área, posso dizer que, depois da publicação das obras de Sigmund Freud, o pai da psicanálise, muitos profissionais passaram a ver as coisas de modo diferente e começaram a situar a doença primária do alcoolismo na esfera psíquica. A origem do problema estaria em algum conflito de personalidade ou em um trauma profundamente escondido no subconsciente, e tal distúrbio fazia o doente buscar anestesia no álcool.

Por mais que meu irmão tenha tentado reagir e levar adiante seus compromissos, ele acabou por sucumbir. Frustrações afetivas e profissionais ajudaram a piorar seu quadro depressivo. Sabemos quanto as defesas do organismo ficam prejudicadas nesses casos. Ele passou a sofrer de diabetes de origem emocional, e teve uma hemorragia epigástrica que foi fatal. Quando ele se foi, para distrair um pouco a nossa mãe, nós a levamos para fazer o passeio de que ela mais gostava: ir a Uberaba.

Chico estava muito doente e não combinamos com ele a visita, mas, mesmo acamado, ele nos recebeu. E disse à minha mãe:

> O Lico [meu pai, desencarnado nove anos antes] esteve aqui ontem e me disse que você viria com alguns filhos. Ele pediu que eu lhe dissesse que lamentava profundamente o fracasso do filho querido, mas que estava tudo bem.

Minha mãe e todos nós, estudiosos da dinâmica da vida espiritual, sabíamos que aquele "tudo bem" significava apenas que estava tudo como poderia estar. Ninguém deserta da vida, mesmo sem querer, sem ter que enfrentar sérias consequências. E minha mãe perguntou:

— O Cezar está junto com o Lico?

— Não, ainda não, mas o Lico está com ele. Mas, por enquanto, ele ficará em outro lugar.

Fui tomada por inúmeros sentimentos. Eu olhava para o Chico e, silenciosamente, para não aumentar a amargura de minha mãe, perguntava se meu irmão era considerado, diante da justiça divina, um suicida involuntário. Não se espantem com minha pergunta inarticulada. As pessoas que puderam se aproximar do Chico sabem de sua facilidade em captar nossos pensamentos. Ele, de forma suave, guardando sempre a discrição que lhe era peculiar, disse:

> O Cezar não ficará muito tempo longe do Lico; logo ele poderá se integrar aos estudos de reaprendizado e avaliação de sua última existência, e poderá trabalhar ao lado do pai. Ele terá atenuantes, pois em aspectos primordiais de sua vida, faltou o apoio que lhe foi prometido antes de reencarnar.

Preciso esclarecer agora uma das respostas de Chico: "O Cezar não está com o Lico, mas o Lico está com ele." Aprendemos que, ao fim de cada existência, somos levados a um período de avaliação pessoal de nossas experiências para saber se fizemos o que planejamos antes de voltar à Terra, onde erramos e como corrigir esses erros, os acertos, as virtudes e como consolidá-las. Ficamos sabendo também como reconquistar as afeições que perdemos, que traços de nosso caráter devem ser retificados. Após esse encontro com a própria consciência nesse juízo final, no qual somos nosso único juiz, devemos estar aptos a reestruturar nossos valores e a programar o futuro. Existe sempre a possibilidade de, mesmo que tenhamos algo programado, desviar-nos de nossos projetos de vida, adiando para reencarnações futuras o que viemos fazer, muitas vezes com maiores obstáculos por termos perdido uma oportunidade. Nesses casos, muitos são levados a conviver com a vacuidade, com um sentimento de intranquilidade. Os limites surgem pela restrição que o corpo físico nos impõe se não temos o hábito de consultar sempre nossa consciência, onde arquivamos nossos projetos, e aí existem grandes possibilidades de nos desviarmos do caminho traçado.

Contudo, mesmo ao nos desviarmos de determinada rota, podemos aproveitar os lamentáveis descaminhos como oportunidades de crescimento pela experiência adquirida, mesmo porque, a vida sempre oferecerá alternativas. Muitos corações abrigam um sentimento de estarem distanciando-se de seus projetos de vida. Talvez a tristeza e a frustração que o Cezar sentia se davam por ele intuir que algo estava muito errado em sua vida e que havia uma enorme discrepância entre o que planejara e o que estava realizando.

Pois bem, envidando esforços para socorrer o filho que regressava ao mundo espiritual, meu pai estava ao lado de Cezar. Mas Cezar precisaria aprender primeiro as lições que a solidão, a amargura e a decepção consigo mesmo tinham para lhe ensinar, para então vibrar na mesma faixa e perceber a presença do pai. É na solidão que conseguimos encontrar a nós mesmos, e, em um mergulho em nosso interior na busca da fagulha divina que existe em cada um de nós, nas reflexões sobre as potencialidades que essa fagulha encerra, encontramos a força necessária para realizarmos as transformações em busca do equilíbrio e da felicidade.

Essas experiências, porquanto difíceis e dolorosas, não são castigos, mas apenas a aquisição do aprendizado necessário; elas nos dizem bem alto que devemos saber aproveitar a oportunidade de estarmos reencarnados. Na solidão, a pessoa refaz os próprios passos e busca em oração o socorro que sempre esteve ali, de modo imperceptível. Somos amados e protegidos com uma intensidade que não conseguimos mensurar daqui. Muito grande era o amparo que meu irmão recebia, mas...

Quando chegamos a Uberaba, Chico nos disse, com a naturalidade de quem vivia e convivia nos dois mundos, um interexistente no dizer de Herculano Pires, e que repito aqui:

> Lia! o Lico esteve aqui ontem, assentou-se na beirada de minha cama e me disse: "Que pena o que houve com o Cezar. Ele não deu conta do compromisso assumido de dar prosseguimento às nossas atividades."

Foi nessa hora que Chico nos falou de haver tranquilizado meu pai, esclarecendo sobre as atenuantes.

Certamente, a misericórdia divina vai oferecer-lhe o perdão por meio de nova oportunidade reencarnatória, para que ele cumpra o que deixou de cumprir, o que deixou incompleto, e assim supere os próprios limites, vença suas dificuldades, aprenda, cresça, ame. Não é por outro motivo que ainda estamos reencarnados aqui, onde viver e morrer é tão complicado. Exceção honrosa aos Espíritos missionários, que nada devem à contabilidade divina, mas aqui reencarnam para nos ensinar como resgatar nossas dívidas. Certa vez, Chico me disse que ele, meu pai e Cezar traziam o mesmo problema cardíaco, mas que nenhum dos três morreria por ele. Como ocorreu de fato.

CHICO ESCREVEU SOBRE SUICÍDIO INDIRETO:

> Vivemos como criaturas que se suicidam pouco a pouco, todo dia um suicidiozinho... Um ato de rebeldia, uma reclamação indébita, um ponto de vista infeliz. Atraímos vibrações negativas e operamos sobre nós esse suicídio lento, indireto.

A grande maioria dos encarnados retorna para o mundo espiritual antes, e estes podem ser considerados suicidas involuntários, porque o suicídio não é só aquele ato terrivelmente solene de autodestruição. É importante sabermos disso enquanto estamos aqui. Não precisamos esperar a crise da morte para entender essas questões. Alguém disse que os inteligentes aprendem com a própria experiência e o sábio com a dos outros.

Para explicar um pouco mais essa questão tão importante, digo ainda que um Espírito completista aproveita todas as possibilidades construtivas, usando o corpo físico para colher as conquistas de direitos expressivos ao retornar ao plano espiritual e também ao voltar a ocupar um novo corpo terrestre. É aquele que sabe fugir das experiências menos dignificantes que possam desviá-lo do caminho da realização da vontade divina, tais como alimentação e emoções desregradas, cólera e tristeza desmedidas, excesso de estresse no trabalho. Tudo isso queima fluido vital, que é uma espécie de combustível de nosso corpo físico.

Quando não conseguimos esse desiderato, o perdão divino expressa-se em novas oportunidades reencarnatórias, e tenho certeza de que Cezar e seu imenso coração, com sua bondade espontânea e sua humildade, será conduzido na vida que continua sempre.

EXPERIÊNCIAS DIFÍCEIS
E DOLOROSAS NÃO SÃO CASTIGOS,
MAS APENAS A AQUISIÇÃO DO
APRENDIZADO NECESSÁRIO.

PAPAI DO CÉU NÃO "PICISA", NÃO

17

O QUE NARRAREI AQUI EXPANDE UM POUCO MAIS O CONSElho que diz que devemos parar para ler quando a morte conta uma história. Em julho de 1997, despedimo-nos de nosso irmão Celso. Ele partiu de uma forma muito traumática para todos nós, que o amávamos muito, mas principalmente para mim que acompanhei seus minutos finais por telefone.

Um ano antes, ele me ligou de sua casa, que ficava de frente para a minha, com uma tosse seca e dificuldade respiratória. Pediu que o levasse urgentemente para o hospital e chamasse nosso médico de confiança, pois se sentia muito mal. Com as facilidades de uma cidade pequena e a abnegação ilimitada do médico, aquela mesma de sempre em favor dos que o buscam, em menos de 20 minutos a medicação salvadora já corria por suas veias. O médico, que diagnosticara um edema agudo de

pulmão, disse que o tempo do socorro foi fundamental para o prognóstico positivo.

Passei a noite no hospital com ele. Com os ânimos mais serenos, mas ainda agitados o suficiente para não conseguirmos dormir, conversamos a noite toda, literalmente. Ele me dizia não ter medo de morrer, mas que lamentaria profundamente ter que deixar os filhos e a esposa, mas principalmente o filhinho de apenas 2 anos. Dizia ainda que jamais se sentira tão feliz em toda a sua vida, mas que alguma coisa em seu íntimo lhe dizia que aquela felicidade duraria pouco tempo. Disse que não tinha ilusões a respeito de sua saúde.

De fato, uma endocardite severa confirmou suas preocupações, ocasionando o edema posterior. Essa endocardite lhe tirou por um tempo do alvoroçado e feliz cotidiano das tarefas profissionais, familiares, esportivas, das viagens, da convivência com os amigos, da boa mesa, sempre regada pelas melhores bebidas, enfim, daquela vida de glamour que ele vivia. Deve ter sido nessa época que ele parou para pensar na fragilidade da existência humana, na impermanência que caracteriza nossa passagem por este planeta. E chegou à conclusão de que não temia a morte.

Entender que já vivemos várias existências leva-nos a compreender que já morremos naquelas existências e que, no entanto, estamos aqui existindo de novo em outro corpo. Meu irmão não temia a morte, de tal forma que quando o médico lhe recomendou uma mudança de todos os seus hábitos em benefício de sua delicada saúde após a endocardite e o edema, como abandonar o esporte, diminuir as horas de trabalho e alterar sua dieta, ele me disse que para ele aquilo era morrer. Assim, continuaria em seu corpo físico vivendo como preferia enquanto aguentasse, até morrer de fato. Se o entendimento de que já tivemos outras encarnações nos ajuda a não temer a morte, ajuda também a encontrar a harmonia interior e a nos conscientizar da importância de aproveitarmos bem a oportunidade sem malbaratar os dons da vida, sendo levados, dessa forma, a um nível mais alto de compreensão.

Mas voltemos ao início dessa história. Do portão de minha casa, vi meu irmão sair, trajando um belo terno claro de verão. Ele era alto, esbelto e me acenou em despedida, sorrindo. Irradiava felicidade. No dia seguinte, por volta de 9 da noite, ele me telefonou com a mesma voz fraca e a mesma tosse estranha. Pediu-me que localizasse o mesmo médico que o atendera antes, com urgência. Queria e esperava que de novo o médico realizasse os mesmos procedimentos salvadores.

— Onde você está? – eu quis saber.

— Na casa da praia,[h] mas já a caminho do hospital. Meu cunhado está dirigindo para mim.

Naquele momento, percebi a gravidade do problema. Ele levaria mais tempo no trajeto do que seu coração poderia suportar.

— E o que você quer que eu faça?

— Que coloque o doutor na linha de meu celular. Quando eu chegar à emergência ele orientará o plantonista.

As providências foram tomadas. Como sempre, munido da maior boa vontade, nosso médico, em um primeiro momento, disse-me que era antiético que ele orientasse naquele contexto os plantonistas. Porém, ao notar o nosso desespero, ele se prontificou a nos atender.

Telefonei também para uma de nossas irmãs, pedindo que reunissem todos os outros em orações. Em poucos minutos, eles começaram a chegar à minha casa e, em cada rosto, era visível a aflição que nos dominava completamente. A cada vez que meu

h. A casa ficava no Espírito Santo.

irmão tornava a me ligar, conversávamos, e durante o percurso sua voz foi ficando mais fraca. Até que ele me avisou que já estava na rua do hospital. "Encaminhe o que lhe pedi, mas da próxima vez que você ligar não falará mais comigo, pois não aguento mais conversar, não consigo respirar." Desligamos. Alguns segundos depois, transtornada, minha cunhada me disse que, ao entrar na emergência, ele estava bastante cianótico. A próxima chamada também não demorou muito. Era o cunhado de meu irmão. Para meu assombro, ele ligara para avisar que meu irmão havia partido.

Celso completaria 49 anos no mês seguinte. Mais uma vez, abraçamo-nos, sucumbidos por mais uma perda. Como dar tal notícia para nossa mãe, poupada até então de mais aquela tragédia? Ao amanhecer, fomos até a casa dela, que nos recebeu já vestida, sem o pijama. Ela apenas nos olhou e perguntou o que havia acontecido de grave, pois tomada de estranhas sensações, passara a noite acordada e em preces. Márcio, o mais corajoso naquele momento, disse: "Mamãe! Celso já está com papai." Pelo que conseguimos compreender, a frase mais correta não seria: "Papai já está com Celso"?

*

AO TERMINAR ESTE RELATO, PRECISEI parar e me afastar por uma semana dos escritos, já que o resgate de lembranças é reviver cada momento e isso vem acompanhado de uma forte carga emocional. Um trabalho intenso de lapidação da dor.

Já não tenho adjetivos para descrever o que se passou. Quando comecei a relatar essa "perda", só queria que refletíssemos sobre a atitude de um dos amigos de Celso durante o velório. Freud, no volume XVII de suas obras completas, disse que a perda de alguém próximo traz, além de dor, a certeza de nossa própria finitude, e traz também a certeza inevitável de que viveremos um momento semelhante; isso exige uma reorganização interna. Disse o fundador da psicanálise que mortes súbitas – precoce, ou por acidente ou violência – têm um efeito traumático que pode tornar o trabalho do luto mais longo e difícil.

Um dos amigos de meu irmão, desesperado e atônito, dizia uma frase totalmente diferente da conclusão a que devemos chegar ao ouvir o recado que a morte manda:

> Celso se foi... Meu Deus! como a vida é curta!... Eu vou mais é aproveitá-la ao máximo, pescar mais, viajar mais, comer de tudo e tomar todas as cervejas que quiser.

Com todo respeito à dor dele, sua colocação não era nada, nada espiritualista. A partida das pessoas que amamos é uma advertência solene que nos mostra a puerilidade de nossas preocupações materiais, a noção exata de nossa impermanência; é também um convite para que vivamos da melhor forma possível, redimensionando nossos valores para estarmos mais bem preparados quando chegar a nossa vez de partir. Creio ser essa a história que a morte conta. Mas nem sempre isso acontece de imediato, e Deus espera, como tem esperado há milênios, o nosso despertar.

Muitas vezes, necessitamos prosseguir no mundo espiritual com o tratamento a que somos submetidos aqui, pois as mazelas que levaram à falência do corpo físico podem persistir no corpo espiritual. O apóstolo Paulo disse (*1 Coríntios* 15:40): "Há corpos celestes e corpos terrestres, mas uma é a glória dos celestes e outra a dos terrestres." Nesses versículos, aprendemos sobre nossa imortalidade, e também que cada corpo tem a estrutura apropriada ao meio em que vai viver. Aqui, um corpo de carne; lá um corpo astral, fluídico, celeste, que o sr. Allan Kardec denominou perispírito. Com ele, continuaremos vivendo e progredindo sempre, essa é a lei. É com ele que os Espíritos dos que partiram podem ser vistos e reconhecidos. E talvez tenha sido com seu corpo perispiritual que Jesus reapareceu para os apóstolos após Sua morte. Aparecia e desaparecia nos ambientes, mesmo a portas fechadas. Acompanhou dois discípulos no caminho de Emaús, surgiu às margens do lago de Genesaré e realizou sua ascensão aos céus diante de mais de 500 pessoas.

Nesse corpo, levamos nosso céu, ou nosso inferno, nossa saúde ou nossa doença. Nele estão registrados toda nossa bagagem, como um repositório de nossas experiências, impressões, emoções, conhecimentos, sentimentos. Bendita doutrina, fonte inesgotável de revelações, da qual aprendemos exatamente o que nos aguarda e que nos leva a dar maior atenção ao "a cada um segundo as suas obras", para merecermos desfrutar, fascinados, das belezas da vida que se estendem muito além do que chamamos vida. Essa doutrina estende seus limites para muito antes do berço e muito depois do túmulo. Não somos alguém sem história, saídos do nada, sem passado nem futuro, e indo para lugar nenhum, repito.

Quando estive com Chico Xavier algum tempo depois, ele me falou sobre as dificuldades imensas do processo de desencarnar. Diz que não conseguimos nem imaginar o tempo que pode durar o desatar de todos os laços que nos prendem ao corpo físico. Em nosso corpo espiritual, com ligações eletromagnéticas profundas que unem célula a célula ao físico, esse processo para alguns pode durar algumas horas; para outros, muitos e muitos anos, dependendo do grau de importância que damos à nossa espiritualização sem nos deixar levar apenas pela materialidade da vida, apenas pelo aqui e agora. O modo peculiar com o qual ele me olhou enquanto lecionava toda a fisiologia do morrer, sobre Espíritos que ele encontrou assentados em suas próprias sepulturas sem conseguir dali afastarem-se, acinzentou meus pensamentos.

Intimamente, eu refletia se a bagagem que meu irmão levara dessa existência auxiliou ou dificultou seu desligamento. Mas são exatamente essas bagagens que me fizeram não me preocupar com o Celso. Ele se virava tão bem diante das dificuldades, e a mesma inteligência e determinação que usou aqui para ser considerando um feliz vencedor nos valores terrenos continuaria como patrimônio inalienável a lhe proporcionar a conquista de novas vitórias no campo do espírito imortal.

APÓS O SEPULTAMENTO DE MEU irmão, levei mamãe para minha casa. Naquela noite, ela precisou de cuidados médicos, e pensei que não sobreviveria até a manhã seguinte. Ela apresentava um quadro de diarreia que exigia constantes idas ao banheiro, e uma crise de labirintite que, quando ela se movimentava, provocava-lhe, além de tonteira, vômitos sucessivos. Um sintoma prejudicando as exigências do outro. As consequências disso foram fraqueza e desidratação, que aliadas à tristeza tantas vezes repetidas em sua vida, minavam-lhe as forças já tão debilitadas do corpo que carregava há 78 anos.

Sua força moral, sobejamente presente em suas reações, venceu a batalha. Ela se reergueu porque aceitou o fato de não ter mais aquela maravilhosa companhia em viagens, em todos os domingos, no café da manhã, ou em qualquer momento que Celso "sonhasse" que ela estava precisando de alguma coisa pessoal ou para o centro espírita que ela presidia na época. Inteligentemente, ela se preparou para, como sempre fez, continuar sem aquelas presenças físicas que enriqueciam sua vida. Mamãe permaneceu entre nós por mais 14 anos, e por mais duas vezes se aproximou da sepultura que acolheu o corpo de meu filho e de meus irmãos. Viu ainda partir dois de seus jovens netos, antes de deixar seu corpo lá, definitivamente.

E quanto ao filhinho pequeno que Celso deixou, quero relatar um corriqueiro diálogo entre ele e sua mãe.

— Onde está o meu pai? – perguntou ele.

— Foi morar com o papai do céu.

— Por quê?

— Porque o papai do céu precisava dele.

— Eu que sou pequeno, que *piciso*, papai do céu não *picisa*, não. Ele é grande.

Na sabedoria infantil, é uma grande verdade.

Deus é completo, não precisa de ninguém. E, pensando bem, a criança também não precisava. Desejou a presença, mas não precisou dela para se conduzir pelos caminhos da vida. Essa visão de Deus é cultural; milhares de pessoas explicam assim a morte e outras tragédias da vida, como se Deus definisse a vida dos seres humanos à revelia. Assim, o sagrado foi construído ao longo da marcha evolutiva da humanidade como algo cruel, egoísta e terrível. Não podemos nos esquecer de que vivemos em um mundo inferior por conta de nossa própria inferioridade. Daí a origem de nossos sofrimentos e da incapacidade de compreender Deus.

Dedico esse espaço ao amigo de meu irmão Celso, o sr. AAMI, pela representatividade de sua postura filosófica. Nessa época em que o que pode ser belo anda tão feio e a verdade, tão distorcida, milhares de pessoas pensam como ele. Alguns são ateus, outros agnósticos e muitos outros indiferentes; pois o pensamento religioso para os indivíduos em geral implica hipocrisia, restrição, coisas de padres ou carolas. Talvez tenham sido educados em uma estrutura religiosa dogmática, ritualista e conservadora, e por isso afastaram-se dela sem acompanhar a evolução que aconteceu, que está acontecendo e é linda de se ver. Aprenderam que Deus e o diabo têm a mesma força, que um manda seus filhos para o inferno para que vivam eternamente sob o domínio do outro; quem se interessaria por alguém capaz de tanta crueldade? E o pior, por pouca coisa você se tornaria merecedor de tal desdita, o que faz um grande número de pessoas darem as costas ao divino por pensarem que já que estão mesmo perdidas, não precisam se preocupar.

Aprenderam que, um belo dia, todos os corpos enterrados e transformados em pó pela natureza serão capazes de ressuscitar. Desconfiam da história de que todos nós descendemos de um único casal: Adão e Eva, o que a mínima análise das *Escrituras* desmente. Adão e Eva tiveram dois filhos, Caim e Abel. Caim matou Abel e foi constituir família na terra de Node, a leste do Paraíso. Com quem? Prefiro pensar na ideia de paraíso não como algo perdido no passado, mas como algo a ser conquistado no futuro.

Aqui estou eu, repisando "cheia de razão" e de frescor teológico, os velhos discursos, e eis o que acontece. Procurei dr. AAMI para atualizar nossas lembranças. Ele as confirma e me diz o seguinte:

> Só que agora minhas colocações são outras. Parece que Deus junta e separa as pessoas com um propósito; o acaso não existe. Por que Deus coloca alguém que se tornou, no passado, nosso desafeto para fazer parte de nossa convivência estreita? Penso que seja em busca de um reajuste, um aparar de arestas, e não para que simplesmente se conflitem. Do contrário, seria masoquismo demais da parte de Deus. Mas por que fazer isso sem nos dar a lembrança de qual contenda se trata? Seria como se eu, um juiz, julgasse e condenasse alguém à prisão dizendo: "Você ficará preso por 30 anos." E ao réu, ao me perguntar o motivo de sua pena, eu dissesse: "Não interessa, está condenado."

Fiquei entusiasmada e disse que o postulado estudado no espiritismo que ele questionava era o véu do esquecimento, ao qual eu havia dedicado o final do capítulo 3.

Dei algumas explicações por alto. Deveria ter dito a ele que, estendendo o olhar a muitas outras celas de prisão ao qual ele se referiu, veríamos condenados, e, a menos que estes fossem psicopatas, eles estariam se corroendo em vergonha, remorso, desprezo por si mesmos, medo de retaliações. Que tudo fariam para esquecer os desatinos que os havia colocado ali. O infeliz assassino, por exemplo, é mais desgraçado do que sua vítima, pois jamais se esquecerá daquele seu terrível "momento de Caim" do qual presta contas agora na prisão pela justiça humana e em outras prisões futuras pela justiça divina, onde deverá ressarcir o seu feito.

Meu interlocutor questionou outro aspecto da doutrina espírita: as mensagens dos mortos que continuam vivos para os vivos que estão mortos de dor e saudade. Dizia achar estranho que todos dissessem estar bem, que tinham sido recebidos por parentes ou amigos, e que ele tinha dificuldades em acreditar em notícias tão iguais umas às outras. Ressalto o fato de que muitos médiuns de psicografia não conseguem captar bem as mensagens do Espírito comunicante, e trazem realmente notícias muito genéricas, sem detalhes particulares, sem evidências capazes de identificar as peculiaridades do emitente. Às vezes eles não conseguem captar o nome dos parentes que receberam o recém-chegado. Sugiro a ele a leitura de algumas obras que tratam desse assunto. Ouso dar minha opinião dizendo que esses médiuns têm boa intenção e muita vontade de ajudar, mas que prestam um desserviço à religião que abraçaram e à fé depositada nos mecanismos da mediunidade como fonte consoladora. Reitero que, de fato, aqueles que mandam mensagens são os que estão bem. O mecanismo de intercâmbio mediúnico se propõe a ser consolador. A ausência de mensagens não significa que não estejam bem. Todos foram socorridos pela excelsa misericórdia divina, que não cansarei de conclamar, por meio de parentes ou não.

Finalizo nossa conversa contando a ele como recebi uma mensagem de Rangel, por outro médium, após a partida de Chico Xavier. Ele me diz: "Isso tudo faz muito sentido, mas certeza, certeza mesmo, ninguém tem."

Não continuamos o diálogo. Intimamente eu discordava do "ninguém tem". Milhares de outras pessoas que tiveram seus entes queridos trazidos de volta por meio dessas cartas, assim como eu, não tinham a menor dúvida da realidade do fenômeno. A postura do amigo só veio a confirmar o que dissemos alhures: certezas são intransferíveis, mas algumas convicções podem nascer diante dos fatos. O progresso moral de cada indivíduo, decorrente de suas descobertas, é inevitável, pois esses fenômenos lhe dão a certeza da continuidade da vida e a responsabilidade pessoal de sair daqui melhor do que chegou.

Imaginar como é uma realidade não é a mesma coisa que descobri-la, observá-la e concluir como de fato ela é. A incerteza não se prende à falta de assimilação ("tudo isso faz sentido"). O que lhe expus foi claro, sem subterfúgios e de fácil compreensão, não é preciso uma inteligência fora do comum para compreendê-la; a compreensão não requer nada além de olhos para observar. "A parte essencial exige certo grau de sensibilidade que se pode chamar de maturidade do senso moral [...] independentemente do grau de instrução." Não conseguimos romper com facilidade com nossos antigos valores quando vemos defrontado nosso sistema de crenças.

*

QUERO TRANQUILIZÁ-LOS. JÁ NÃO HÁ mais partidas a relatar de nenhum de meus 18 irmãos. O que quero compartilhar agora é como minha mãe recebeu a notícia da chegada aqui de um deles, ou melhor, de uma de minhas irmãs. Tenho a impressão que muitos de vocês nunca viram nada parecido.

Entre os anos de 1952 e 1954, o médium Chico Xavier exerceu no Luiz Gonzaga a mediunidade de efeitos físicos, que proporcionava aos Espíritos a possibilidade de se tornarem visíveis a todas as pessoas. O fenômeno de ectoplasmia é chamado de materialização. Meus pais faziam parte do pequeno grupo de aproximadamente 15 pessoas. Entre os participantes, encontrava-se o sr. Ranieri, que escreveu um livro sobre essas reuniões intitulado *Materializações luminosas*. Os Espíritos conversavam, transportavam objetos, materializavam perfumes e luzes, orientavam e curavam os presentes. Heleninha, filha do autor, morta aos 5 anos, materializou-se certa vez diante de todos. Já pensaram o trabalho que os mensageiros do Senhor tiveram para nos mostrar, sem deixar nenhuma dúvida, que nossos entes queridos continuavam vivos?

Aqueles pioneiros, que seriam responsáveis pelo prosseguimento da doutrina espírita em Pedro Leopoldo quando Chico se mudasse para Uberaba, uma cidade maior e mais adequada às suas atividades e à divulgação de sua obra, mereceram participar daquelas inolvidáveis noites. Minha mãe não conseguia acreditar no que via e ouvia, e, como um São Tomé, disse isso a Chico. Ele sorriu e lhe disse que perseverasse nas tarefas, pois ela acabaria por se convencer da realidade dos fatos. Um belo dia, ao se dirigirem para o centro espírita, ela passou pela casa de minha avó paterna e elogiou a beleza dos botões de rosas na jarra da sala. Minha avó lhe falou da felicidade de ter colhido naquele dia 12 botões. Foi uma conversa trivial e esquecida.

Durante a reunião, o Espírito Sheila, entidade muito conhecida e admirada nas hostes espíritas, materializou-se, aproximou-se e colocou no colo de minha mãe um botão de rosa, dizendo ser um presente enviado pelo Espírito cujo corpinho seu claustro materno já abrigava, e que a filhinha que chegaria seria meiga e muito amorosa. Mamãe ainda não sabia que estava grávida. Finda a reunião, minha mãe, radiante e surpresa, relatou tudo ao Chico que, em outra sala, como o doador do material ectoplasmático, não assistia o que ocorria no salão. As surpresas, porém, ainda não haviam terminado, Chico lhe disse: "Agora, minha filha, passe de novo em casa de d. Conceição e observe: só ficaram II botões." Meses depois, renascia a nossa Silvia. As doces expectativas foram confirmadas.

ESSA DOUTRINA ESTENDE SEUS LIMITES PARA MUITO ANTES DO BERÇO E MUITO DEPOIS DO TÚMULO.

UMA ALEGRIA QUE ERA SOFRIMENTO E UM SOFRIMENTO QUE SE TRANSFORMOU EM ALEGRIA

18

CONTINUAREI A FALAR DE MINHA MÃE. SUA CRENÇA NA CONTINUIDADE da vida e no reencontro com os que nos antecederam no Além era algo extraordinário. Era mesmo uma certeza que ultrapassava, e muito, o limite de uma simples crença. Dois meses após a partida de meu pai, encontrei-a sentada na sala de sua casa, tentando administrar o terrível luto. Tristes pensamentos incomodavam aquela jovem de 61 anos. Olhar perdido na distância e nas lembranças dos 40 anos de casados que, segundo ela, foram de pura felicidade. Percebi que ela estava mais triste do que em outros dias e perguntei a razão.

Nos tempos de sua mocidade, era comum que as operárias da Fábrica de Tecidos participassem dos bailes no Clube Industrial. Lá estava o garboso jovem Lico Diniz, que deslizava com a maestria de um bom dançarino pelos salões acompanhado

das mais belas donzelas. Entre elas, brilhava a beleza morena de Josefa e também da branquinha Lia Diniz, que se considerava "sem sal" entre as escolhidas para a dança. Minha mãe, que ainda não tinha sido escolhida para acompanhá-lo também na dança da vida, assistia enciumada aos volteios galantes. Algum tempo depois, eis que os amigos se despedem de Josefa, que voltou ao mundo espiritual no esplendor de seus 20 e poucos anos.

Essa história eu já conhecia, assim como já vira entre as fotos antigas uma de Josefa dedicada aos meus pais. Nesses tempos de *selfies*, em uma sociedade que avança sempre em grau de sofisticação, é gostoso lembrar esse costume jurássico de dedicar fotografias aos amigos íntimos. Eis a razão da tristeza de minha mãe. "Aposto que o Lico já encontrou com a Josefa", disse-me ela. Guardei meu riso e assisti, silenciosa, à sua cena de ciúme póstumo.

Minha mãe era vaidosa. O batom, sua única maquiagem, em conjunto com os sapatos de salto alto, ajudava a completar a elegância de seu porte razoavelmente esbelto. Mas ela nunca tingiu os cabelos, e, quando eles começaram a embranquecer, ela olhava encantada aquelas senhoras lindas, bem maquiadas e perfumadas que visitavam Chico no Luiz Gonzaga e eram recebidas também por meu pai, que dirigia as reuniões. Louros em vários tons, ruivos, castanhos ou negros, os cabelos das senhoras afrontavam sua simplicidade provinciana. Chico percebia o que lhe ia no íntimo e dizia: "Para que tanta tinta, não é, Lia?" Não vejam nisso uma crítica, apenas um consolo. Incapaz de criticar atitudes alheias ("Há muito o sofrimento me ensinou a não julgar ninguém"), o próprio Chico, ao ser indagado anos mais tarde sobre o motivo de usar uma peruca, regozijava dizendo que não temos o direito de enfear o mundo.

Fomos a Uberaba algumas vezes depois que meu pai se foi. Chico orientava o processo sucessório da presidência do centro, assim como orientava minha mãe em outras decisões pertinentes à continuidade das tarefas. Mamãe não colocava o nome de meu pai para um provável recebimento de uma mensagem nas reuniões da Casa da Prece em Uberaba. Quando a reunião terminava, era aos seus ouvidos ansiosos por notícias que o Chico dizia:

> O Lico esteve aqui. Pediu-me que lhe dissesse que está tudo bem, mas que não escreveria para não ocupar o tempo de muitos jovens que precisavam consolar as mãezinhas presentes, com sofrimentos maiores que os seus, posto que sofrem sem compreensão das causas, sem o consolo do conhecimento da continuidade da vida.

Minha mãe aquiescia com a razão, mas o coração continuava saudoso, sedento e faminto por notícias. Meses depois, novas viagens, novos motivos expostos sobre o andamento do centro e os não expostos: o desejo de minha mãe de receber uma carta. E, de novo, ouvia: "O Lico esteve aqui, manda-lhe dizer que está tudo bem..." etc., etc. etc. Na intimidade do lar, ela orava e dizia: "Por que tanto silêncio?" Durante uma das viagens de volta, ela revelou suas suspeitas: "Eh! Lico deve estar mesmo com a Josefa, nem escreve para mim." Dois anos e muitas expectativas frustradas depois, eis que para sua suprema felicidade, meu pai ditou ao Chico uma carta em 21 de setembro de 1981:

> Querida Lia!
>
> Que Deus nos abençoe!
>
> Depois de tantos comunicados e bilhetes, nos quais tudo fiz para me fazer ouvido,[1] eis-me na tentativa nova: falar com você e com os nossos filhos queridos que o amor e a dedicação do esposo e do pai prosseguem comigo sem a menor alteração. Tenho escutado o que você diz quando nos achamos a sós, em casa.[2]

Compreendo suas reclamações. Por que tanto silêncio, diz você, e eu respondo: por que tanto barulho?

Querida Lia, já sei. É o tempo de ausência com o peso da saudade exercendo aquele domínio que a gente não consegue compreender. Não se entregue ao desânimo,[3] pelo motivo de nos encontrarmos juntos, com a barreira vibratória da matéria em outros níveis. A distância com angústia não permite a procura da coragem com os instrumentos da fé. Compreendo isso. Tudo se efetuou de maneira repentina demais, embora os nossos diálogos registrassem o que veio finalmente a suceder... Você e eu sabíamos de antemão que a despedida imaginária não seria de outro modo. Mas você, companheira abençoada e carinhosa, esperava que o seu marido em um dia (que não desejávamos pudesse chegar) haveria, por certo, de retirar-se do corpo sob seus cuidados, no aconchego da cama, que nos dava realmente tão pouco repouso, pela bênção do muito trabalho com que a misericórdia de Deus nos enriquecia. A partida, porém, foi sob condições diferentes.

Em plena marcha com a bicicleta para o trabalho da construção dos refúgios para os nossos companheiros de tarefa, na doutrina de amor que o Alto nos dera a cultivar, um peso enorme se abateu sobre mim, atirando-me o veículo para longe, enquanto eu notava a cabeça sob a pressão forte de outro peso que não pude entender. Você sabe. Não foi melhor assim? Entregar a existência seguindo para o trabalho? Amávamos tanto os moradores daquelas tiras de terra e queríamos tanto aquelas crianças desvalidas que poderiam ter sido nossas!

A lei de Deus me surpreendeu no melhor lugar que me poderia ser dado para restituir o corpo doente que andava usando desde muito tempo...[4] Não passei ao sono final do corpo, como se poderia supor. Ainda me demorei a pensar, com a incapacidade de me comunicar com aqueles que continuava ouvindo... Agradeço àquelas mãos fraternas que me recolheram para o descanso. Por dentro de mim, detinha-me a buscar, mentalmente, a bênção de Deus e a sua presença com os nossos filhos... Tudo estava nítido para mim. Os anos de fé e experiência com as tarefas espirituais[5] somavam esperança em meu coração e, pouco a pouco, observando que me via em um corpo estragado e sem possibilidade de consertos maiores, conquanto as lágrimas de companheiro e de pai não me faltassem nos sentimentos, entreguei-me a Jesus, em oração. Que Ele, o senhor, fizesse de mim o que fosse melhor.

Uma neblina da qual desconheço a origem me envolveu de todo e dessa neblina um rosto alegre surgiu... Era a nossa Deise a estender-me os braços. Não encontrava os que deveria deixar no plano físico, no entanto, ali estava a filhinha que nos antecedeu na vida maior... Lembrei-me de que ela também sofrera o peso de máquinas, na separação e chorei tomado de uma alegria que era sofrimento e de um sofrimento que se transformava em alegria. Senti-me quase criança de novo e entreguei-me à filha querida que passou a me acariciar a cabeça cansada. Então foi o torpor a que se referiram tantos companheiros[6] que víramos partir antes de nós. Ignoro quanto tempo gastei naquele intervalo de repouso. Reconheço, unicamente, que acordei sob a proteção de afeições queridas, que nunca me foi possível esquecer.

A mamãe Conceição e tantos outros devotamentos de familiares e amigos que não sei enumerar. Dos filhos, Deise e o nosso Marcos transfigurado em homem feito,[7] eram os que ali se achavam a ministrar-me coragem e reconforto. Dos companheiros, o Zeca e o Nelson, o Barbosa Chaves e o Martins me cercavam com bondade. Você e os filhos sempre em pensamento e o Luiz Gonzaga em minha memória, como sendo o segundo lar. Não posso nem devo tomar tempo com detalhes.

Quero pedir, no entanto, que você compartilhe com o nosso querido Cezar todas as responsabilidades em nossa casa de paz e beneficência espiritual, onde tenho tido o consolo de prosseguir trabalhando. Querida Lia! tudo o que fizermos pela doutrina de amor e luz em que fomos localizados para servir, a meu ver, será muito pouco.[8] As provações do mundo são muito grandes na atualidade e conquanto a nossa parcela seja pequenina, é preciso que estejamos a postos, oferecendo o melhor de nós na pessoa de nossos semelhantes. Tenho todos os queridos filhos na lembrança e no carinho. E para todos eles me inclino na confiança que sempre me inspiraram.

Em verdade, não são filhos nossos, porque são, antes de tudo, filhos de Deus. No entanto, são companheiros fiéis e amigos, pedaços de nossas próprias almas, com os quais formamos as letras da palavra felicidade. Gilson, Cezar, Marcos, Célia, Silvia, Lívia e Celso, Márcio, Marisa e Célio, com Reinaldo e Nani, constituem, para nós dois, estrelas de ternura e dedicação, criando um céu de esperanças sempre maiores para nossas vidas. Os netos, as noras e os genros igualmente me falam muito alto ao afeto e de todos destaco os netinhos doentes, para dizer que não os esqueço. O Rangel, o Flávio, o Henrique, o Carlos Roberto e o Manoel Neto estão em tratamento espiritual em conjunção com o tratamento material que recebem. Dos irmãos saliento a nossa Mariquita e a nossa Berenice para afirmar que devem prosseguir cuidadosas com a saúde. A todos os companheiros e a todos os irmãos do Luiz Gonzaga as minhas saudações fraternais. Não me atrevo a citar nomes para não ser ingrato com esse ou aquele amigo, pois a todos devo estima e carinho, cooperação e reconhecimento.

Agora, querida Lia, a mensagem está escrita, mas com aquele bom humor sempre nosso desafio, você e a mim próprio, a fazermos o mesmo com respeito à extinção das saudades, que continua a mesma, embora controlada por nossa fé em Deus. Reunindo você com a nossa estimada Piúca que nos deu a satisfação da companhia, peço a Deus que proteja a todos os nossos entes queridos. Em casa, muito carinho ao Reinaldo e à Nani. E, finalizando, assino de novo o nosso contrato de casamento,[9] reafirmando a você que sou e serei sempre seu.

MANOEL DINIZ

NOTAS E CONSIDERAÇÕES

1. tudo fiz para me fazer ouvido – Não é sem alguma ansiedade que nossos "mortos" tentam se comunicar conosco. Eles fazem grandes esforços para darem provas de suas presenças. A forma mais usual de comunicação ocorre quando dormirmos e nos desprendemos do corpo. Esses encontros são muito emocionantes. Nem sempre conseguimos registrá-los conscientemente ao acordar, mas a emoção do reencontro de algum modo arrefece a saudade. Nossos "mortos" são capazes de ouvir o que pensamos e tentam estabelecer diálogos, incutindo ideias em nós.

Essas histórias despertam a curiosidade e o medo em muitas pessoas. Um número maior de pessoas do que se imagina já experimentou um fato semelhante, uma sensação de estar sendo observado, um inexplicável cheiro de perfume, uma espécie de brisa suave acariciando o rosto, um vulto, uma sensação de causa indefinida de bem ou mal-estar, uma lembrança súbita de alguém que já partiu e que até pode se fazer visível a crianças, que, com até sete anos, podem apresentar a faculdade da vidência e inocentemente dizer coisas como: "A vovó está aqui" etc.

2. Tenho escutado o que você diz quando nos achamos a sós, em casa – Eles nos visitam e participam de nosso desespero ou resignação, de nossas preocupações ou tranquilidade. Quando podem se comunicar pela psicografia de um bom médium, relatam o que viram, ouviram ou sentiram ao nosso lado.

3. Não se entregue ao desânimo – Eles se preocupam conosco e desejam que estejamos bem.

4. corpo doente que andava usando desde muito tempo – Além da preocupante questão circulatória, meu pai sentia dores renitentes nas pernas, talvez consequência do trato intestinal lento e da prisão de ventre. Lembro-me de um pensamento que me ocorreu ao velar seu corpo: "Pronto, paizinho, consola-me saber que o senhor já não sente mais tantas dores."

5. Os anos de fé e experiência com as tarefas espirituais – Todos aqueles que estudam a doutrina espírita familiarizam-se com os conceitos do retorno à vida espiritual, e, de certa forma, conscientizam-se dessa realidade. Isso não define uma posição privilegiada nessa nova vida. O que nos ajuda de fato não é o que conhecemos ou aquilo em que acreditamos. O que define nossa posição de felicidade ou tormento são os plantios de sabedoria e de amor que frutificam no momento necessário. "A cada um segundo as suas obras", disse o Divino Mestre.

6. o torpor a que se referiram tantos companheiros – O capítulo 3 da segunda parte de *O livro dos Espíritos* trata dessa questão: a chegada ao mundo espiritual. É um livro muito interessante, composto de 1018 perguntas, e é provável que centenas delas você já tenha se feito, e que talvez tenha continuado com a mesma inquietude espiritual. Em um tempo que varia de pessoa para pessoa, é natural que haja um período de perturbação como

quando saímos de um longo sono ou de uma anestesia. Esse período pode durar desde algumas horas para as almas mais evoluídas até muitos anos para os nada espiritualizados.

7. Marcos transfigurado em homem feito – Já comentamos esse assunto quando meu filhinho disse em sua mensagem que estava vivo e ia crescer. Na obra *Entre a terra e o céu*, aprendemos que alguns Espíritos permanecem com o seu psiquismo ainda infantil até reencarnarem, enquanto outros mais rapidamente retomam à sua condição adulta.

A grande maioria necessita de muito tempo e amparo para se desvencilhar dos impositivos da forma infantil. Assim como as pessoas que desencarnam com o esgotamento quase total do corpo físico podem, por força da mente e do merecimento, rejuvenescerem.

8. tudo o que fizermos [...] será muito pouco – Ouvi Chico Xavier dizer que todos os seus amigos espíritas desencarnados, eram unânimes em dizer que não haviam aproveitado o tempo aqui na Terra como deveriam. Sempre se apresentavam arrependidos dizendo que deveriam ter feito muito mais na Seara de Jesus.

9. assino de novo o nosso contrato de casamento – Lindo isso, não é? Minha mãe ficou feliz, muito feliz. Não estava mais viúva, sentia-se noiva. Se todas as dificuldades da vida não os separaram, quem era a morte para destruir os laços de um amor tão duradouro e com raízes na alma?

QUANDO MINHA MÃE ESTAVA COM quase 90 anos, ela gravou um documentário para o Oceano Vieira de Melo sobre as materializações de Espíritos em Pedro Leopoldo. Eu lhe passei uma leve maquiagem para a ocasião; apliquei um pouco de *blush*, e percebi que sua carinha estava muito séria.

— Não gostou, mãe, quer que eu retire?

— Não, minha filha, não é isso. Eu já estou quase indo embora, vou me encontrar com o Lico e estou esse caco. Lico já deve ter remoçado.

Como toda mulher, ela queria estar linda para o encontro com o seu amor. Prometi-lhe que a arrumaríamos o melhor que pudéssemos quando chegasse a hora, já que o rejuvenescimento viria depois.

Ela foi sepultada em 12 de junho de 2011. Minha tia Zélia, nomeada com o apelido Piúca na mensagem de meu pai, disse: "Hoje se comemora o dia dos namorados, e lá se vai a Lia encontrar o dela." A partida de minha mãe foi minha "perda" menos traumática, e não deixa de ser traumático admitir isso. Fiquei sozinha com o corpo dela no necrotério. Todos nós a acompanhamos nas últimas 24 horas em que estivera hospitalizada. Avisaram-nos que era uma questão de horas, e as visitas foram liberadas. Fomos chegando, dez filhos, noras, genros e alguns netos.

No dia seguinte, a diretoria do hospital estranhou tão grande movimentação. Talvez julgassem desnecessário que tanta gente visitasse uma velhinha em coma, que nem sabia quem estava ali com ela. Só que nós sabíamos quem estava ali. Seu coração enfraquecia vertiginosamente.

Registrei com satisfação a reação de nossa irmã Lívia nas horas que antecederam a partida. Ela, que nunca dava ordens, não exercia posto de liderança nas decisões familiares por ser uma das mais novas, foi logo exigindo: "Não quero ninguém rezando para ela ir nem para ela ficar." Sábia atitude ao nos convidar a entregar o destino da mãezinha querida ao Senhor da Vida, sem enlamear o ambiente com pensamentos angustiosos provenientes dos desvarios do afeto mal compreendido.

Esquecidos do "faça-se a vossa vontade", vemos tantas vezes o egoísmo fantasiar-se de misericórdia, e pedimos a Deus que leve logo o doente. Isso me recorda o depoimento de um Espírito, narrado por Humberto de Campos a Chico Xavier. O Espírito deixou o corpo após longa enfermidade respiratória, depois de muito sofrimento para ele e muito trabalho para os familiares. Irônico, referia-se ao "Deus poderia levar logo o fulano, está sofrendo muito e precisa descansar", dizendo: "Descansaram eles de mim, pois eu aqui continuo tossindo como um condenado."

A desencarnação de minha mãe foi suave, apesar das sucessivas paradas cardiorrespiratórias, durante as quais nos parecia que ela começava a ir, mas logo voltava para nós. Apego do corpo físico oferecendo resistência à saída do corpo espiritual? Ou nós éramos os causadores da retenção? Não sei. Juntos oramos em agradecimento. Como não aceitar a libertação daquela mãezinha tão velhinha? Era a morte natural por esgotamento dos órgãos; diz Allan Kardec que é suave. Lentamente a chama da vida vai se apagando por falta de combustível. Não é uma morte traumática.

Nunca me esquecerei do dia em que percebi que aquela lâmpada, que sempre iluminara minha vida, começava a se apagar. Foi no II Encontro dos Amigos de Chico Xavier, em Pedro Leopoldo, evento organizado pela equipe de Geraldinho Lemos – grande amigo do homenageado, médium, escritor e palestrante espírita – do qual participei em 2009. Ao terminar minha atividade, agradeci a Deus por ter conseguido levar a efeito a minha tarefa de falar para tanta gente, pois minutos antes de subir ao palco vi minha mãe chegar, pela primeira vez, em uma cadeira de rodas. Fiquei surpresa, pois ela ainda caminhava, com dificuldades, mas caminhava.

Quando instalamos nossos idosos em uma cadeira de rodas para que tenham mais conforto durante um deslocamento, é comum que eles não mais voltem a andar. Desci do palco e busquei nos olhos de minha mãe a sua avaliação. Seu costumeiro jeito de me olhar não estava lá, seu olhar parecia me atravessar. Foi aí e somente aí que eu, que me julgava tão forte, percebi como estivera o tempo todo, em todos os momentos desde que iniciei minhas atividades no Luiz Gonzaga, dependente daquela aprovação. Cada vez que eu terminava de falar, era a aprovação de minha mãe que eu buscava.

Nada como o olhar materno que sempre nos vê melhores do que somos para reforçar nosso ego. E daquela hora em diante, eu teria que prosseguir sem ele. Foi difícil. Difícil também foi não ver a esperada reação dela quando o amigo Eurípedes Higino dos Reis, filho do coração de Chico Xavier, prestou-lhe uma homenagem. Era uma placa com uma mensagem de Meimei, em que ele escreveu:

> Dona Lia Diniz! Chico Xavier, ao confiar o Centro Espírita Luiz Gonzaga à senhora e ao sr. Lico, sabia de sua grandeza como mulher zelosa, fiel, virtuosa e venturosa. Receba o carinho do Grupo Espírita da Prece de Chico Xavier. Uberaba, abril de 2009.

Quanta alegria ela poderia ter sentido por ver a tarefa de sua vida reconhecida! A sua lepra trocada por trabalho deu o seu fruto saboroso no reconhecimento daquele jovem que ela sempre tratou muito carinhosamente. No entanto, o que se viu em sua reação foi apenas uma gentil e quase fria delicadeza. Pensei: parte de minha mãezinha se foi. Onde estaria aquela senhora que sempre manejou tão bem as palavras ao demonstrar as alegrias agradecidas de seu coração?

Tão triste quanto isso foi encontrá-la um dia, em sua casa, chorando. Quando me aproximei mais, ela disfarçou as lágrimas e, ao ser indagada sobre o motivo do choro, disse:

> Sabe, minha filha, o pessoal aqui é muito bom, cuida muito bem de mim e não posso me queixar. Mas estou com muita saudade de minha casa e quero voltar para lá. Você me leva?

Lia e Lico Diniz em 1938

Então foi a minha vez de disfarçar as lágrimas. Como atender ao seu pedido? A qual casa ela desejava voltar? O que minha mãe queria, na verdade, era voltar a um tempo feliz que nela estava impregnado. Ela queria de volta o seu lar, que não existia mais, com seu marido, seus filhos e netos e seu senso de utilidade. Um pedido que eu não poderia atender, que ninguém poderia atender. Levá-la de novo ao centro de cenas perdidas na distância que a saudade sacraliza. A um tempo de vozes que se calaram e presenças que se foram. Ela queria seu lindo vale de volta.

A morte é dolorosa e angustiante para alguns, e para aqueles que veem a vida esvair-se lentamente ela não passa de um suave sono a que se segue um delicioso despertar. Tranquila, resignada e muitas vezes enfrentada com alegria por aqueles que venceram o bom combate e deixaram a Terra com confiança no que lhe aguardava. E ali, no silêncio da noite e do necrotério, eu velava seu corpo. Sozinha, pois dissera aos meus irmãos que devia a eles ficar para trás, aguardando os trâmites necessários, em retribuição às vezes que fizeram isso por mim.

Olhando para aquele corpo, quis lhe oferecer a mais linda prece de gratidão, em nome de todos. Ao ventre que nos acolheu, aos braços que nos envolveram, aos seios que nos amamentaram, ao coração no qual sempre cabia mais um, ao sorriso a nos alegrar e incentivar sempre e àquelas mãos que costuraram enquanto puderam e precisamos, para que tivéssemos o supérfluo. "Lia, você vai estragar esses meninos com tanto luxo." O luxo era só uma roupinha nova aqui, outra ali, uma caixa de lápis de cor com 12 unidades, uma maçã embrulhada no papel roxo e cocadas compradas perto da rodoviária de Belo Horizonte.

Não consegui meu intento, pois a gratidão era muito maior do que minhas palavras inarticuladas podiam exprimir. Como não perdi minha mãe para sempre, posso fazer isso, a qualquer momento, nas preces que lhe ofereço.

Toda religião procura nos confortar diante da morte. Mas a doutrina espírita não apenas consola, ela também ilumina o raciocínio dos que indagam e choram a separação. Todos acreditam na sobrevivência da alma, mas o espiritismo demonstra a continuidade da vida... "A desencarnação, em atendimento às ordenações da vida maior, é o termo de mais um dia de trabalho, para que se ponham, de novo, a caminho do alvorecer", tal como proclamou Emmanuel em *Justiça divina*. Firmes nessa crença, não temeremos a morte.

Chegará um dia em que realmente conseguiremos ver a morte como uma libertação, e no lugar de cerimônias lúgubres, celebraremos com cânticos de louvor a Deus a libertação de quem amamos e sua volta ao verdadeiro lar. Quem nos garante isso é a voz daqueles que já se libertaram, e que hoje, no reino da verdade, dizem-se muito mais felizes do que quando aqui viviam.

Ao apresentar palestras sobre "perdas", coloco essa palavra entre aspas. Usamos esse recurso em uma palavra para dar a ela um sentido diferente do usual. Assim, faço porque acho estranho usar o vocábulo "perdas" quando me refiro a essa grande transformação pela qual passam nossos entes queridos ao fazerem a viagem de volta para casa antes de nós. É estranho chamar de "perda" essa suposta ausência e temporária separação. Invisibilidade não significa ausência. Porque eles ainda estão conosco; sua energia, seus pensamentos e seu amor nos envolvem. Aqueles cuja perda lamentamos não estão irremediavelmente perdidos. Podemos perder dinheiro, emprego, relacionamentos, juventude e beleza do corpo e muitas outras coisas. Mas as pessoas que se amam jamais se perdem uma das outras.

Seria demasiadamente cruel que Deus nos desse a capacidade de amar e nos destinasse ao mesmo tempo a uma separação infindável. Acreditando no amor e na sabedoria de Deus, somos levados a saber que Ele não cometeria uma maldade dessas. Criar a lei do amor para depois separar, definitivamente, os que se amam. Os nossos entes queridos apenas viajaram mais cedo do que nós. Não mais cedo do que deveriam partir, mas antes do que gostaríamos. Porque, a menos que eles tenham antecipado a própria partida – e existem mil meios de fazê-lo, sendo o suicídio o mais radical deles –, todos partem na hora certa, consoante aos quase nem sempre insondáveis desígnios divinos. O pensamento de destruição absoluta, tanto a nossa quanto a dos que amamos, é desesperador, e por isso a tememos tanto; por isso sofremos tanto.

Tenho ouvido de vários familiares enlutados o registro da presença de seus "mortos". Eles fazem de tudo para entrar em contato conosco. E são registros de pessoas que nunca nem sonharam com tal possibilidade, que nunca leram nada a respeito, mas que relatam algum fato relacionado à presença dos que se foram.

Quando a morte não obedece à ordem natural da vida, quando ela vem ceifar de nosso convívio os que amamos, não os ascendentes como seria natural, mas os descendentes e outros amores, precisamos nos elevar acima das concepções materialistas, desconstruindo esses princípios tão arraigados em nossa cultura. Então, perceberemos que no avesso das perdas existem ganhos. Para enxergar isso é preciso buscar os valores supremos da vida que acalmarão nossas angústias.

Na visão materialista, a morte nos traz indagações como as que ouvi: "Que pena, fulano tinha a vida inteira pela frente..." Eu pensava e, às vezes, verbalizava: "... e continua tendo." Afinal, que vida pensamos acabar ali, dentro de um caixão, às portas de um túmulo? Quem somos nós e o que é a vida?

Chico Xavier dizia que podemos escapar da morte mil vezes, mas da vida, nunca. A filosofia dos Espíritos traz grande consolo à nossa dor pelo fim súbito de uma existência ainda cheia de promessas, pois ela nos diz que uma morte prematura é, muitas vezes, um bem para aquele que parte. Tudo tem uma razão de ser. Aquela existência que nos foi confiada, ou a nossa convivência, veio apenas completar um tempo ou alguma coisa que não havia sido terminado em uma existência anterior.

EM VERDADE, NÃO SÃO FILHOS NOSSOS, PORQUE SÃO, ANTES DE TUDO, FILHOS DE DEUS.

POR QUE DEUS FEZ ISSO COMIGO?

19

EM CAPÍTULOS ANTERIORES, ESCREVI SOBRE AS CONSEQUÊNcias funestas de nossos atos tresloucados em nossas várias existências. Conceitos de reencarnação e dor, livre-arbítrio e escolha das provas, fatalidade e destino, causas de nossos sofrimentos e existência de um planejamento reencarnatório têm permeado, entre outros, o tecido em que venho costurando minhas reflexões. Como eu já disse, o objetivo desta obra não se prende a aprofundar todos esses temas tratados aqui, mas apenas despertar o leitor para outras leituras mais completas. Também não tenho interesse em fazer proselitismo com a intenção de aumentar o número de adeptos.

Entendemos que nossa religiosidade, em qualquer escola em que ela se expresse, sustentar-se-á em bases mais sólidas à medida que elevarmos nosso nível de compreensão das leis cósmicas.

Quando se fala em leis, o primeiro aspecto que observamos é o coercitivo, mas aprendemos que as leis divinas foram criadas por Deus para nos conduzir à felicidade. Entendemos também que em nenhum momento de um provável acerto de contas com a justiça divina nos será perguntado a qual religião pertencemos, mas, sim, o que fizemos de nossas vidas diante da mensagem de Jesus.

Lembram-se do acidente mencionado no capítulo 2, em que meu irmão furou o olho? Ele foi orientado quanto à intensidade da prova escolhida, e em vez de ter que lidar com a cegueira total, ele ficou "apenas" parcialmente cego para não ter sobre os ombros um fardo mais pesado do que suportaria. Os guias da humanidade nos ajudam a localizar e a identificar as pessoas que devemos reencontrar e em quais circunstâncias; tudo planejado dentro da margem de erro, na qual as variáveis são analisadas e discutidas.

Allan Kardec, no capítulo 5 de *O Evangelho segundo o espiritismo*, deduziu: "As vicissitudes da vida têm, pois, uma causa, e, uma vez que Deus é justo, essa causa deve ser justa." Diz Emmanuel, no pequeno grande livro *Justiça divina*, que o criminoso se sentencia a carregar consigo o padecimento das próprias vítimas. No balanço das responsabilidades que lhe competem, a mente, acordada perante a lei, reconhece o imperativo de libertar-se dos compromissos assumidos com as trevas. "Se o teu olho é motivo de escândalo, é preferível que entreis na vida sem ele", aconselhou Jesus.

Nossos erros nos constrangem, as pedras atiradas voltam em nossa direção, os prejuízos causados nos envergonham, a dor moral que provocamos nos segue todos os dias; nós guardamos o veneno que destilamos. Ruminamos o mal que causamos. Por essa razão, disse Allan Kardec:

Para o criminoso, a presença incessante das vítimas e das circunstâncias do crime é suplício cruel. Nossa alma fica doente reclamando a volta da saúde. Deplorando a passada rebeldia, suplicamos a bênção do recomeço, implorando pelo retorno à Terra.

Antes de nascer, você planeja aspectos importantes de sua vida: quem serão seus pais, qual será sua profissão etc. E a vida vai criando as circunstâncias para que as coisas aconteçam. Nesta existência, com a doutrina espírita no comando de minha fé, consigo entender que, na matemática da vida, ela nos dará aquilo que lhe dermos. Mas reconheço quanto deve ser difícil a aceitação dessa temática por aqueles que não estão familiarizados com ela.

As leis de Deus concedem à consciência transviada as experiências que deseja para lhe aplacar o remorso. Elas nascem sob o jugo da carne e renascem nas moradas do espírito, tantas vezes quantas forem necessárias, até que possam alijar-se de tudo o que suja a sua veste nupcial e voltar à fonte da vida, levando o Paraíso no coração. Porque como consciências endividadas perante Deus, permanecemos no purgatório que criamos para nós mesmos.

O remorso, no entendimento de Emmanuel, é como um fogo mental que imobiliza o pensamento no desespero, dilapida nossa esperança e consome nossas forças. Na concepção dele, que foi o guia espiritual de Chico Xavier, o purgatório é também a Terra, onde reencontramos as consequências de nossas faltas, a fim de extingui-las. Ou até no inferno, que se revela como a dor do remorso da consciência culpada. O céu começa sempre em nós mesmos quando nos sublimamos, e o inferno tem o tamanho da rebeldia de cada um.

Por que algumas pessoas têm talento, sentimentos elevados, enquanto outras são limitadas, vaidosas e más? Todas essas dúvidas dispersam-se à luz da doutrina que admite as múltiplas existências. Aquilo que em nossa cegueira chamamos de injustiça, de destino, de falta de sorte, nada mais é do que a colheita de um plantio equivocado. A individualidade imortal utiliza-se, temporariamente, de um corpo imperfeito, como alguém que se vale de um instrumento específico determinado para certa tarefa de corrigenda de si mesmo. Morrendo a cada dia para reviver no seguinte em melhores condições.

O Criador concede às criaturas, no espaço e no tempo, as experiências que elas desejam ter para que se ajustem, por fim, às leis de bondade e equilíbrio que O manifestam. Permanecer na alegria ou na dor é uma ação espiritual que depende de nossas escolhas. Não se render a essa teoria por apego aos fantasmas de antigas teologias de dogmas que não explicam a existência do mal é manifestar a pior cegueira que pode existir. Somos regidos por leis augustas sobre as quais paira a justiça amenizada pelo amor.

O assunto é amplo e se desdobra em vários aspectos. Mesmo não sendo o meu objetivo aprofundar-me muito, quero esclarecer que não falo aqui de um destino traçado que não possa ser modificado. Não somos fantoches de Deus. Realmente existe um planejamento, mas ele é feito por nós mesmos quando já temos lucidez para tal, ou somos orientados por Espíritos mais elevados que nos auxiliam nessa tarefa.

Há ainda outra vertente, em que são incluídos os milhares de seres imaturos que reencarnam sem uma programação mais elaborada ou sem um roteiro mais detalhado, pois não estariam capacitados a aproveitar algo além das oportunidades de crescimento que a própria existência lhe oferece.

Quando já evoluímos o suficiente para termos um roteiro mais detalhado, nosso corpo físico recebe ajustes para que exerçamos com mais facilidade nossos dons ou talentos naturais, que nunca são simples dádivas, mas, sim, frutos de conquistas anteriores. É por isso que professores, cantores, repórteres e palestrantes demonstram facilidade de expressão, ajustes nas cordas vocais. Atletas vêm equipados com uma coordenação motora diferenciada, como a dos chamados gênios do futebol; médicos cirurgiões vêm com uma incrível psicomotricidade, aquela coordenação motora fina tão necessária para realizar as tarefas mais detalhadas. E tanto podem falhar os Espíritos que vieram com preparação e habilidades para programações definidas como aqueles que nada trouxeram no sentido de superar os próprios limites, vencer as dificuldades criando em si habilidades até então inexistentes e alcançar o glorioso crescimento para Deus.

Com essa visão cósmica, reverenciamos a fonte criadora da vida em todo o esplendor de sua justiça, e não perguntamos, jamais: "Por que Deus fez isso comigo?" É muito confortável saber que existe um poder, uma certeza capaz de nos elevar acima de nós mesmos até um objetivo superior; de nos elevar até a um ser que é todo sabedoria e bondade, e que se manifesta por leis sábias que coordenam todos os universos.

Precisamos refletir muito acerca da ideia de um Deus intervencionista. Essa intervenção não acontece da maneira que uma análise superficial da vida pode nos levar a crer. Existe um livro de Allan Kardec chamado *O céu e o inferno* que lança luzes incríveis sobre essa questão, com teorias dignas da grandeza, da justiça e da infinita bondade de Deus. Nosso senso moral, ainda limitado pela materialidade, ou seja, limitado pela nossa falta de um real entendimento da espiritualidade, dá uma ideia muito imperfeita e vaga de Deus. É impossível defini-Lo, sabemos. Deus escapa a qualquer análise.

Como pode uma mente limitada entender o ilimitado? É o mesmo que querer medir o universo com uma régua de 30 centímetros. Ele, que é o infinito – cuja noção se impõe, mas escapa à nossa análise – e o absoluto, não pode ser definido por inteligências relativas. Não posso, por mais que eu tente, compreender a natureza divina sem correr o risco de parecer extremamente pretensiosa, mas os ensinamentos dos Espíritos superiores clareiam o caminho da vida, respondem a nossas dúvidas, fortificam nossa fé vacilante por estabelecerem a justiça divina em bases inabaláveis, levando-nos assim à compreensão de nossos dilemas existenciais.

E, assim, vamos entendendo um pouquinho sobre Deus por meio de Seus atributos.

E diante da dor, dos turbilhões que nos açoitam, profanamos o nome Dele, atribuindo-lhe atos indignos Dele. Pois são exatamente os Seus atos que nos mostram a plenitude de sua misericórdia, e eles não nos julgam. "[...] o Pai a ninguém julga" (*João* 5:22). Deus é infinito em todas as perfeições; seus atributos são infinitos. Impossível concebê-lo de outra maneira. Negando uma só de Suas qualidades, Ele deixa de ser Deus. Ele é a inteligência suprema, criador de todas as coisas. É pelas leis sábias e profundas que essa inteligência suprema se revela. É imutável, onipresente, onisciente, soberanamente justo e bom. Sendo infinito em Sua sabedoria, Deus sabe o que faremos em nossas vidas e como nossas atitudes repercutirão na vida dos outros.

O Deus onisciente sabe no que vamos falir. Não existe onisciência sem a presciência. Em ambos os casos, vemos a negação de atributos absolutos, e sem essa plenitude Deus não seria Deus. Então, ou Deus é perfeito e o acaso não existe, ou Ele não é perfeito. A onipresença Lhe confere a possibilidade de estar infinitamente presente em todos os universos, em todas as nossas vidas. Ele não está surdo, nem cego e nem insensível aos nossos sofrimentos, ou não seria a bondade infinita. Deus é o foco do amor mais profundo que o mar, mais infinito que o universo e que irradia sobre todos nós. Logo, não foi Deus o criador do mal.

Seguindo o mesmo raciocínio, podemos inferir que a onipotência faz Dele o maior poder do universo. E que não existe um satanás, ou qualquer nome que se atribua a um alguém totalmente voltado para o mal que se equipare a Ele em força; um alguém que seja tão potente para criar o mal quanto Ele para criar o bem. Não há dois poderes rivais no mundo. As velhas crenças a respeito do demônio não resistem ao progresso das ideias. Falar aos contemporâneos na mesma linguagem do passado é perda de tempo. Essa crença existiu mais forte até um passado recente, mas hoje já podemos penetrar um pouquinho na essência do Ser Supremo.

Mesmo que a teologia terrestre tenha imputado a Deus a autoria de tremendos castigos, Jesus O revelou como um Pai que está no céu. Os que procedem assim podem estar movidos por santos propósitos ou crenças respeitáveis que o passar dos séculos mumificou. Se tudo provém de Deus e nada ocorre sem Sua permissão, poderíamos admitir que Ele faculta a um poder maligno fazer sofrer aos homens, concedendo aos anjos o poder para nos salvar? Qual é então a origem do mal? O mal, sendo contrário à lei de Deus, é obra nossa, quando usamos incorretamente o nosso livre-arbítrio. O mal é como o frio: ele termina com o aquecimento. "Os gênios perversos das interpretações religiosas somos nós mesmos, quando adotamos conscientemente a crueldade por trilha de ação", ensina o guia espiritual de Chico.

Se só chamamos de vida uma curta passagem por este planeta, se chamamos de mundo este cantinho do universo que habitamos, não há como entendermos o bem e o mal e toda a grandeza de nossa destinação. É certo que fomos criados para a felicidade e que devemos conquistá-la com nosso próprio mérito. Nossa destinação é a felicidade e, por essa razão, estamos intimados ao bem, impelidos ao progresso, endereçados à educação e policiados pela justiça, para citar, mais uma vez, Emmanuel. Trazendo esse ensinamento para nossa questão, somos levados a pensar que a dor moral de haver ferido alguém é um abscesso que reclama dreno adequado; o vício é a fístula corruptora que espera a remoção da causa que a produz.

Quem quer que estude calmamente o assunto verá que é na busca equivocada dessa tal felicidade, e no uso indevido de nosso livre-arbítrio, que surge o mal. Um mal transitório do qual pode emanar o bem. Ninguém sofre por erros alheios, a responsabilidade de tudo aquilo que nos acontece é nossa. Se pelas leis dos homens ninguém consegue furtar moralmente o merecimento e a culpa do outro, teria Deus uma justiça pior? A misericórdia divina é infinita, mas não é cega nem inexorável, e nos deixa sempre viável o caminho da redenção. A justiça divina patenteia-se em cada acontecimento. "O governo do Universo é a justiça que define, em toda parte, a responsabilidade de cada um", escreveu Chico Xavier.

Quando dizemos que foi por vontade de Deus a ocorrência de tragédias coletivas e individuais, quão mesquinha nos parece essa ideia de grandeza, poder e bondade divina! Quão sublime é a ideia que Dele fazemos ao compreendermos um pouco mais as leis que regem nossas vidas nos dois planos, o material e o espiritual. A única certeza que temos, por enquanto, são as palavras que Jesus nos ensinou (*João* 14:2): "Na casa de meu Pai há muitas moradas." Consulte as leis de Deus, elas estão escritas na natureza e em nossa própria consciência, e elas lhe darão as respostas.

Se a essência de Deus continua a ser um mistério para nossas inteligências, podemos começar a compreendê-la a partir dos ensinamentos de Cristo e dos estudos dessas leis que Lhe refletem a vontade. A crença é um ato de entendimento, e por essa razão não pode ser imposta. São as almas que viveram na Terra que nos ajudam a desvendar a vida além-túmulo, revelando o mundo espiritual. Essas revelações foram trazidas a nós por centenas de Espíritos. Não se trata de um ponto de vista de um só, sob um aspecto, nem feito exclusivamente a uma pessoa. Foram inúmeras revelações feitas por muitos Espíritos por meio de dezenas de médiuns de diferentes países. Eles trouxeram raciocínios sancionados por fatos, em uma linguagem digna, nobre, lógica, coerente, concisa e clara. Se não temos uma compreensão real, cremos na imortalidade, mas agimos e sentimos na crença do nada, concentrando dessa forma os nossos esforços no aqui e no agora.

Nosso estado espiritual é o definitivo; o corpo físico é transitório. Não conseguimos imaginar a força a não ser que ela seja comparada àquela dos que consideramos fortes no mundo, àquela que leva às vitórias. Pouco sabemos da força da mansuetude, da brandura ou da humildade, pois elas nos levam a vitorias invisíveis. Rezam as *Sagradas escrituras* que Deus enviou o Cristo para que salvasse os homens. Assim, Deus nos provava o seu amor. Não podemos imaginar que Jesus tenha nos deixado ao abandono. Ainda não estamos salvos. Jesus nos ensinou a verdade e, por ela, o caminho da salvação. Quantos de nós já nos rendemos a tal verdade? Quantos de nós ainda não conhecemos o Cristo? Quantos de nós conhecemos essa mensagem, mas ainda não conseguimos praticá-la? A obra ainda não está completa. "Meu Pai trabalha até agora, e eu também trabalho", diz Jesus (*João* 5:17).

É fascinante quando encontramos respostas lógicas, lúcidas e razoáveis em nossa busca espiritual. Podemos concluir, sem a pretensão de esgotar o assunto, que se Deus não é o intervencionista que muitos creem que seja, Ele também não é um Pai desleixado, um Pai que não sabe por onde andam seus filhos nem o que acontece com eles, deixando-os entregues a todo tipo de perigos aleatórios. A miopia e o estrabismo espirituais nos incapacitam de ver a beleza da engrenagem que comanda o universo.

A problemática da existência do mal foi discutida pelos gregos muito antes da vinda de Jesus. Para resumir e finalizar este capítulo, darei a palavra a Epicuro, que conseguiu resumi-la de forma contundente em seu famoso dilema:

> Ou Deus quer eliminar o mal do mundo, mas não pode; ou pode, mas não quer fazê-lo. Se quer e não pode, é impotente, pode e não quer, não nos ama, se não quer e nem pode, além de não ser um Deus bondoso, é impotente. Se pode e quer – e essa é a única alternativa que, como Deus, diz-lhe respeito – de onde vem então, o mal real e por que Ele não o elimina de uma vez por todas?

Muitos podem resolver essa questão apenas dizendo que Deus não existe. No século VI, o filósofo grego Boécio perguntava: "Se Deus existe, de onde vem o mal? Mas, se não existe, de onde vem o bem?" Jesus pode ser visto como a interpretação legítima do Pai que o enviou. Alguns diriam a mesma coisa com mais elegância: Jesus é a hermenêutica de Deus, e sua existência respondeu e demonstrou tudo isso, apesar do universo judaico-cristão ter se confundido em interpretações de mitos e alegorias que perdem o fôlego com o crescimento desse mesmo universo. E na transição entre o pensamento medieval e o Iluminismo, surge o espiritismo, levando-nos a entender que todo efeito tem uma causa, que o universo é causal e não poderia ter se criado sozinho. Pairando sobre tudo, está Deus, como inteligência suprema e causa primária de todas as coisas. E hoje, depois de tanto tempo, ouvimos as teorias mais aceitáveis do famoso bigue-bangue que corrobora essa maravilhosa ideia: a existência de um primeiro gerador para explicar o mundo, já que a mecânica celeste não se explica sozinha.

Braille, o criador do sistema de leituras para cegos, tinha um amigo ateu que, evidentemente, não acreditava que o universo fosse obra de um criador. Ele, então, construiu um modelo do sistema solar – uma peça com o Sol, os planetas e os satélites em suas respectivas órbitas – e mostrou ao amigo ateu. Este se encantou pela criatividade de Braille, e perguntou: "Quem é o autor?" Braille, capciosamente, respondeu que não houve nenhum artífice, a obra tinha surgido sozinha, por um acaso. Apareceu por uma simples e natural casualidade, disse. E ouviu a seguinte resposta: "Que disparate! Isso é impossível! Isso não surgiu sozinho." Ao que Braille respondeu:

> Isso é apenas uma insignificante imitação, e se um simples modelo não pode ser obra do acaso, muito menos o original o será. Tem que haver um criador.

Eu contava essa história aos meus alunos nas aulas de ciências; encontrei-a em algum livro didático daquela época. Ainda que seja apenas uma dessas parábolas da vida moderna, vamos combinar, é muito boa! O que fica é que a humanidade, dividindo-se entre a fé crédula dos simples e a racionalizada dos sábios, vê pairar acima de todas as opiniões e polêmicas o pensamento da grande causa que vela augusta e soberana, sob o véu misterioso de verdades ainda inatingíveis. É assim que a ideia de Deus se afirma e se impõe acima de todas as filosofias e de todas as crenças sem se prender a nenhuma religião. Ele é maior do que qualquer teoria, e não pode ser diminuído por nossos erros e nossas faltas.

Pouco importa a ideia de um Deus justiceiro, vingador e guerreiro que os sistemas bolorentos do passado nos impuseram. Temos em nossa doutrina recursos mais elevados do que o pensamento humano de ontem, trazidos por almas que deixaram a Terra, evoluíram em compreensão e sabedoria e, do mundo invisível, fazem-nos ouvir seus conselhos, suas exortações e tudo que puderam apreender no reino de verdade em que se encontram. Um lugar em que essa inteligência organizadora dos mundos se revela mais brilhante e mais sublime quanto mais essas almas se elevam nos degraus da vida sem fim.

PERMANECER NA ALEGRIA
OU NA DOR DEPENDE
DE NOSSAS ESCOLHAS.

QUE BOM
QUE AINDA
TENHO VOCÊ

20

CHEGO AGORA AO PONTO MAIS CRUCIAL E DRAMÁTICO DE minha história. Em uma visita a Chico Xavier por ocasião da partida de Rangel, ele me disse que eu era muito privilegiada, pois, para mim, a dor chegou depois do evangelho. Que eu nem imaginava como sofriam as mãezinhas que eram alcançadas pela dor antes que tivessem esse conhecimento.

Hoje, não só imagino como constato o imenso sofrimento de pessoas que só após a dor caminharam em direção a Deus. E o mais fabuloso é que nunca é tarde, pois quem caminha acaba por encontrar o consolo que busca. Quando fazemos nossa peregrinação pessoal, não importando se tangidos pela dor ou pelo amor, em busca da terra prometida por Deus onde jorra leite e mel, acabamos por encontrá-la.

Todos saímos de Deus, e para essa mesma fonte, nosso Criador, que também criou bilhões de galáxias, voltaremos um dia. Durante todas as nossas existências, caminhando pelos desertos da vida, sentimos fome e sede causadas pela desconexão com a fonte criadora. Então, somos peregrinos, e nossa alma sofre de sede por transcendência, algo sobre-humano, superior, sublime; algo que está além de nossa esfera de ação. Um vazio que, em vão, a humanidade tenta preencher com drogas, consumismo e sexo. E muitos aprenderam a mitigar sua sede movimentando-se em busca do amor e da luz. Sabemos o que somos: peregrinos. E sabemos nosso destino: a viagem de volta para Deus. Eis aí, de onde viemos e para onde vamos; essa é a viagem.

As benesses, ou seja, o leite e o mel, são na verdade o amor e a sabedoria de Deus que passamos a refletir quando nossa alma se conecta com Ele. E é sobre sentir esse amor vindo dessa conexão que estou falando. Difícil compreender esse amor. Neste milênio, iniciamos um grande êxodo coletivo, porque a alma humana será libertada da escravidão do materialismo, da escravidão dos sentidos, e aprenderá a fazer a viagem para dentro de si mesma, em seu monte particular, onde a bondade divina se manifesta. E quando, através dos milênios, conseguirmos chegar ao seio de Deus e "vê-Lo" face a face, chegaremos a uma conclusão: Ele sempre esteve ao nosso lado, ou melhor, sempre esteve dentro de nós, falando por meio de sentimentos superiores que chegam à nossa alma. Ele sempre esteve ali; nós é que não O víamos. As narrativas do *Velho testamento* fazem alusão aos 40 anos de peregrinação do povo hebreu pelos desertos nessa busca como símbolo da necessidade do muito tempo que é necessário para conseguirmos encontrar o caminho de volta.

Com todo esse preâmbulo estou apenas reunindo forças para escrever este capítulo. Ei-lo.

Aprendi que ninguém sofre um segundo além do que necessita para aprender alguma coisa. No alto de minha prepotência religiosa, pensei ter aprendido tudo o que a "perda" de um filho ensina, mas, não. Minha peregrinação precisava prosseguir, e, mais uma vez, estive na porta de um CTI. Dessa vez, suplicava pela saúde de minha filha, Mariana. Em minhas orações naquelas horas de aflição, quando clamava o "seja feita a Vossa vontade", esperançosa, pensava que daquela vez, as vontades, minha e de Deus, seriam iguais. "Raios não caem duas vezes no mesmo lugar", profetizava eu, erradamente, como errados estão os que inventaram tal profecia.

Quando oramos "seja feita a Vossa vontade", estamos dizendo a Deus que não queremos fugir das dores, das amarguras que podem nos alcançar. Estamos pedindo a Ele que nos dê a conhecer Sua lei para melhor cumpri-la. Mas ali eu ainda torcia para que nossas vontades se harmonizassem, a minha e a Dele, e para que Ele enviasse Seus mensageiros para nos amparar naqueles momentos tão aflitivos. Esses mensageiros atendem a nosso pedido de socorro; mas não para afastar o curso da justiça ou para revogar as leis divinas. Sensíveis ao nosso sofrimento, eles nos trazem a força necessária para nos sustentar nas lutas. Porque o poder soberano dos universos não é só justiça, ele é também bondade infinita, que se faz notar na coragem moral e na resignação que brotam em nosso coração quando pedimos o que queremos e Deus envia o que necessitamos.

Em nossas limitações, nem sempre conseguimos compreender o significado de uma perda, qualquer que seja ela. Mas aqueles que confiam em Deus sabem que um dia entenderão e concordarão com as razões pelas quais tal vicissitude ocorreu e quais os benefícios que por ela foram gerados.

Aos 27 anos, minha filha Mariana, com graduação em administração, foi transferida para o Rio de Janeiro pela empresa de exportação de lentes de contato na qual trabalhava. Quando organizamos sua festa de despedida, ela me disse que não o fizesse, pois não sabia se conseguiria se adaptar longe de casa e que se quisesse desistir e voltar ficaria constrangida. Tranquilizei-a. Mariana tinha todo o direito de ir e voltar quando e como bem entendesse a fim de encontrar-se profissionalmente. Fazia dois meses que estava fora, e voltava para casa quase todos os finais de semana em viagens patrocinadas pelo pai, igualmente saudoso e insatisfeito com a transferência. A iniciativa também foi aplaudida pelo noivo que ela havia deixado em Pedro Leopoldo.

Encantada com a cidade maravilhosa, e organizando junto a outros colegas de trabalho um estande em um congresso de oftalmologia que aconteceria no dia 21 de julho de 2006, Mariana não veio para casa naquele fim de semana. Ligou-me no domingo à noite contando que estava gripada. Na segunda-feira eu lhe pedi notícias, e perguntei se tinha ido ao médico. "Não aguentei sair, tive febre, vômito, diarreia e muita dor no corpo a noite toda."

Tomada por um sentimento de urgência, encontrei uma urgência ainda maior em Aguinaldo, que me revelou ter acordado de madrugada com a nítida impressão de que alguém lhe dizia: "Peça a Célia para buscar Mariana." Antes de embarcar, providenciamos, com a ajuda dos diretores do plano de saúde, a marcação de uma consulta no Rio. A médica refutou a hipótese de intoxicação pelo camarão da praia, aventada por Mariana, e preconizou a medicação adequada aos sintomas, além de repouso e observação. Nesse ponto, minha filha pedia-me insistentemente que a levasse para casa. A médica permitiu que déssemos prosseguimento ao tratamento e à busca do diagnóstico em Minas Gerais, e embarcamos de volta no mesmo dia. Internada em Pedro Leopoldo na quarta-feira, seu quadro foi se agravando e ela foi transferida para o CTI em Belo Horizonte na quarta-feira de madrugada.

— Por que tenho que ir para Belo Horizonte, mãe?

— Lá teremos mais recursos, filhinha.

Assim como ocorreu com meu pai lá em Caeté, também ouvi o médico dizer quando chegamos ao hospital:

— Vocês a transferiram tarde demais.

— Discordo, ela ainda está viva – respondi cheia de agressividade e esperança.

Os primeiros procedimentos foram encaminhados por ele, e antes que minha filha fosse entubada nós duas tivemos oportunidade de conversar:

— Por que tenho que ficar no CTI, mãe?

— Você precisa fazer exames mais complexos, querida.

No dia seguinte, uma quinta-feira às 11 da manhã, ela se foi. O diagnóstico de dengue hemorrágica, que levou apenas três dias para destruir o corpo de minha filha, só veio com o resultado da necropsia.

Do lado de fora do CTI, não vi condensarem-se as nuvens negras de mais aquele temporal que desabaria sobre nós. Passam-se os anos, e a dor é aplacada e aqueles lindos olhos castanhos continuam fixos em minha memória como naquela madrugada dramática e dolorosa, quando ela me ouviu dizer:

— Confia em Deus, filhinha, estarei aqui fora te esperando sair. Você vai "sair dessa".

— Sair para onde, mãe?

— Para casa conosco, querida.

— Acho que vou sair para bem mais longe.

— Não, querida, você vai sair e voltar para casa conosco.

Nesse diálogo fatídico estavam concentrados todos os sentimentos que transbordavam de nossas almas. Ela me olhava de um estranho modo, com um olhar levemente molhado e indefinido, cuja relevância eu não consegui aquilatar. O que vi em seus olhos naquele derradeiro instante, abertos para a vida material, foi algo profundo e doloroso, nos quais se podia ler medo, despedida, tristeza e preocupação, pesar ou tudo isso junto, não sei. Às vezes, penso que vi (ou quis ver) uma paz de entrega, pois ela se livraria dos dias de intenso sofrimento físico e de muita pena de mim. E que olhar ela enxergou em mim? Consegui passar confiança e esperança, paz e tranquilidade? Uma realidade fria congelava diante de mim. Foi um momento terrível e penoso demais para caber dentro de frases; situação conhecida por uns, imaginada e temida por quase todos.

Mariana e Aguinaldinho conviveram na infância e na adolescência com uma dezena de primos, cujas idades variavam pouco. E todos eles estavam com alguns de seus pais e outros amigos no hospital naquela hora de expectativas sombrias. Aquelas presenças, mesmo que assustadas, confortaram-me, e grande era minha esperança. Todas as vezes em que o nosso médico – mais uma vez conosco, juntamente com a figura carinhosa e aflita de sua esposa – saía do CTI e me alertava sobre o quadro que se agravava muito, na tentativa de me preparar para o desfecho, eu ainda continuava esperando pela melhora. Em algum momento ela reagirá, pensava eu, ela não está indo embora, ainda não se cumprira uma profecia que eu supunha que Chico Xavier fizera. Tão poucas ele fez, e todas acertadas.

Vamos ao segundo motivo de minhas esperanças, mesmo quando tudo fazia supor que eram infundadas. Mariana tinha 4 anos e meio quando, lá em Uberaba, Chico me falou que Emmanuel estava lhe dizendo que Rangel poderia voltar à nossa família reencarnando na posição de meu neto. Chego de viagem e, sem conversar sobre o assunto com ninguém, encontro minha filhinha que vem logo me dizer: "Mamãe, quando você era pequena, queria se casar?" Afirmei que sim, para ver até onde iria aquele diálogo tão insólito, e devolvi a pergunta a ela, que respondeu: "Sempre quis, porque Rangel vai nascer aqui da minha barriguinha e vai se chamar Rangel."

Estupefata – acho essa palavra pedante, mas só poderia substituí-la por seu superlativo, que não sei se existe –, olho aquele pinguinho de gente a sorrir para mim e especulo, sem sucesso, o que estava presenciando ali. Seria um tipo de mediunidade por mim desconhecida ela me dizer a mesma coisa que ouvi de Chico? O certo é que agreguei a profecia do Chico a essa informação vinda não sei de onde, e esperei ansiosa que acontecesse.

Quando Mariana era adolescente e algumas meninas engravidavam – e acho que posso dizer, de forma irresponsável –, eu dizia mentalmente ao meu filhinho Rangel: "Não tenha pressa, querido, o pior já passou; espere sua mãezinha terminar a faculdade." Mas ela só correu o risco de trazê-lo de volta bem mais tarde, quando estava noiva. Eu planejava nunca lembrar a ela essa possibilidade da volta de Rangel. Não queria que, ao olhar o próprio filhinho, ela tivesse dúvidas do tipo: "Afinal, esse filho é meu ou de minha mãe?" Mas isso não aconteceu. Então, naquele hospital, era como se eu perdesse dois filhos ao mesmo tempo. À grande tristeza de nossa separação juntar-se-ia ainda a saída de seu noivo de nossas vidas, a quem deveríamos "libertar" para que ele tivesse a oportunidade de reconstruir sua vida afetiva.

Sete horas difíceis e sufocantes se escoaram desde a entrada de Mariana no CTI. E fim. "Inacreditável o que está acontecendo! Não pode ser verdade!" Foi meu primeiro sentimento na portaria do hospital. Os soluços que ouvia e o desespero daqueles jovens primos dissipavam qualquer dúvida. Todos se abraçavam e, por mais que eu também recebesse abraços, continuava achando que faltava um, e olhava em volta atordoada e confusa. Era o abraço dela que faltava. Percebi com uma nitidez dolorosa que aquele abraço não chegaria, não me confortaria. Que sentimento aniquilador aquele do vazio que Mariana deixaria em minha vida e que, doravante, necessitaria de muito esforço para ser preenchido. Desnecessário e impossível relatar o horror daquele momento crucial. Prometi a mim mesma não ser patética e não tentarei descrever o indescritível; meus recursos são insignificantes para tal intento, e todos conseguem imaginar como eu me senti quando de novo meu mundo desabou sobre minha cabeça.

Meu coração e meus braços ficariam tão vazios, e tão deserta se tornou minha vida sem ela, que eu poderia morrer de tristeza e de saudade se não fosse o instinto de sobrevivência que me impulsionava a seguir em frente. Deus criou esse instinto tão forte que por ele somos capazes de matar para sobreviver. Essa força secreta de nosso mundo interior é a provisão divina nessas horas. E comecei a me esforçar para não ser ingrata com aqueles abraços que me envolviam na porta do hospital, a eles me entregando na esperança de me sentir um pouco melhor.

Mais tarde, o evangelho em mim me fez olhar aquele vazio e determinar que iria à luta e à vitória para sobreviver. Alguém disse que o vácuo não pode ser preenchido com vacuidades. A tristeza pode nos matar por meio de enfermidades oportunistas que nosso organismo acolhe e abriga na falta da boa atuação do sistema imunológico, aquele sistema que defende o corpo contra doenças. Um coração harmonizado não deixa o corpo adoecer. Voltei de Belo Horizonte deixando as providências a serem tomadas com meus irmãos e sobrinhos.

Queria chegar em casa e abraçar meu filho. Nenhuma outra pessoa poderia preencher como ele aquele espaço. Não preencher o lugar dela, mas o lugar dele mesmo. Essa realidade se fez patente ao encontrá-lo recebendo as visitas. A casa já estava cheia de gente e ele também estava totalmente devastado pela mesma dor, também ferido de morte. Confundimos nossos desesperos, aconcheguei-me em seus braços e disse: "Meu filho, que bom que ainda tenho você!" Foi uma estratégia emocional, certamente sugerida pelos mensageiros do Senhor que me sustentavam, para que eu não sucumbisse.

O filho que parte vira o protagonista de nosso enredo. As recordações que ficam são apenas as boas. Aliás, penso que essa é uma saída momentânea e necessária em um primeiro momento, quando a memória (sabiamente) se recusa trazer à tona as lembranças amargas: as vezes que falhamos no amor incondicional que deveríamos saber dedicar, as vezes em que o filho morto não correspondeu às nossas expectativas. Passamos assim a endeusá-lo até mesmo como uma forma de elaborar essa dor da ausência, a despeito das qualidades e do amor dos que não partiram.

Minha família e eu sobrevivemos às exéquias ante a solidariedade e a comoção de quase toda a cidade. Seria insensato estender aqui a narrativa daquelas horas. Todas as vezes em que nelas pensei, evitei revivê-las, porque seria terrível; sempre procurei desviar o foco, pensando nos momentos felizes. Porém, aconteceu um fato que julgo digno de nota. Pouco antes do sepultamento e após a prece da despedida, Aguinaldinho resolveu homenagear a irmã recitando parte de um lindo poema atribuído a Mário Lago, um dos que costumava declamar para distrair os amigos nas rodas sociais. Queria declamá-lo naquele momento, mas todo o seu maxilar enrijecera. Falou-me, com os dentes cerrados: "Escolhi o que ela mais gostava", e, quase sorrindo, consertou: "Quero dizer, escolhi o único que ela não reclamava quando ouvia." Os protestos tinham uma motivação lógica: para ela, fazer um sarau poético em pleno século XXI nos churrascos da vida era inoportuno. Várias pessoas disseram-me depois que nunca tinham ouvido nada tão lindo, apesar da dramaticidade da hora. Ei-lo:

Tributo ao tempo

Dizem que a vida é curta, mas não é verdade.

A vida é longa para quem consegue viver pequenas felicidades.

Essa tal felicidade anda por ai, disfarçada, como uma criança traquina brincando de esconde-esconde.

Infelizmente às vezes não percebemos isso e passamos nossa existência colecionando nãos: a viagem que não fizemos, o presente que não demos, a festa a qual não fomos, o amor que não vivemos, o perfume que não sentimos.

A vida é mais emocionante quando se é ator e não espectador, quando se é piloto e não passageiro, pássaro e não paisagem, cavaleiro e não montaria.

E como ela é feita de instantes, não pode, nem deve ser medida em anos ou meses, mas em minutos e segundos.

Esta mensagem da vida é um tributo ao tempo.

Tanto àquele tempo que você soube aproveitar no passado quanto àquele tempo que você não vai desperdiçar no futuro.

Porque a vida é agora.

E encerrou, engasgado: "Vá com Deus, Mariana!"

Meu filho sofria! Que coisa horrível quando o filho tem uma dor que beijinho de mãe não faz passar. E que orgulho senti dele ao ver nos olhos dos que estavam próximos a nós uma admiração apesar da comoção que ele causou. Era uma mistura de dor e amor, presença e ausência e poesia e terror. A beleza de sua alma ao se despedir da irmã que ele tanto amava perfumava a minha, tornando menos árido o futuro sombrio que se descortinava ali.

OS DIAS QUE SE SEGUIRAM foram terríveis; havia a sensação de um aguilhão cravado em uma ferida aberta. Assimilar tudo isso, ao passar pela tragédia de ver a dengue destruir a carne de minha carne, foi tarefa hercúlea. Só Deus sabe como foi grande meu esforço. Meu pai dizia que há três fases na vida em relação à nossa religiosidade: primeiro, entramos para uma religião; segundo, a religião entra em nós para, terceiro – e finalmente –, sair de nós, tornando-nos pessoas melhores e mais felizes. O evangelho veio antes da dor, mas eu não aprendi com ele o suficiente. Quando a luz do evangelho ilumina a consciência, ela está sempre se perguntando se já conseguimos realizar o que Deus espera de nós. De que adiantaria o antídoto do evangelho se o veneno do apego e do egoísmo ainda circulasse em meu coração, quase gritando: "Quero minha filha!"

Sou apenas alguém que acordou. Só acordei, e nem sempre consigo levantar e caminhar, fico me espreguiçando na cama. Meu coração endurecido apenas inicia o seu despertar. Sou alguém que na caminhada evolutiva reconhece estar muito mais perto do ponto de partida do que daquele de chegada. Ao longo de milênios, venho plantando espinhos e colhendo as feridas. Mas para que o desalento não se assenhore de minhas esperanças, procuro perdoar-me por caminhar tão lentamente, aceito o lado sombrio existente em todos nós e em mim, e perdoo-me por ser ainda tão frágil, porque gosto muito de mim. Sou agradecida ao Senhor da vida por essas experiências que me alavancaram um pouquinho para que eu chegasse até aqui. Chico dizia: "Sei que não sou o que posso ser, mas não sou mais o que fui."

Nesse nefasto plantio, escolhemos o aprendizado pela dor. Ao final desta existência, suplicarei a Jesus:

> Divino amigo! ensina-me a amar sem que seja necessário tanto sofrimento. Ensina-me o amor que cobrirá a multidão de meus pecados e não escolherei mais tanto sofrimento.

Nunca visitei o túmulo de meus filhos. As tenebrosas e traumáticas lembranças que aquele pedacinho de terra suscitaria em mim provocariam emoções tão fortes e perturbadoras que certamente os alcançariam, ligados que estamos pelos laços invisíveis do coração. Conheço e converso com pais que fazem o oposto, vão aos túmulos e ali arrumam suas pedrinhas, orações e emoções. Nada contra, pois o caminho se faz ao caminhar.

A ARTE TEM A FUNÇÃO de nos tirar de nosso próprio cotidiano para depois nos devolver a ele com energias renovadas, pois acrescenta beleza ao nosso mundo. Depois de tantas revivências ao escrever tudo isso, preciso dela, agora. Recorro a ela, na expressão das *Bachianas brasileiras n.º 5*, de Villa Lobos, para me recompor. Acho que precisarei também de uns noturnos e algumas árias. Adoro a da quarta corda de Bach e um pouco de Beethoven. Como bem disse Ruben Alves, "Nem toda a dor do mundo poderá alterar o fato de que a sonata de Beethoven é infinitamente bela, e o será, por toda a eternidade."

APRENDI QUE NINGUÉM SOFRE
UM SEGUNDO ALÉM DO QUE NECESSITA
PARA APRENDER ALGUMA COISA.

NEM FILHOS DA ÂNSIA DA VIDA

21

DURANTE TODO O TEMPO, VI JÚLIO NA PORTA DO VELÓRIO. Ele era o dono da empresa em que Mariana trabalhava. Comovida, registrei que ele não conseguira aproximar-se, mas se fez muito bem representado por funcionários, todos os que ele conseguiu embarcar das filiais de outras cidades e estados. Quando o velório estava terminando e o local estava quase vazio, já era noite, e assentei-me embaixo de uma árvore com meu irmão Márcio. Júlio então se aproximou:

> Precisei de muita coragem para vir lhe falar. Quero pedir o seu perdão, pois se eu não tivesse transferido sua filha para o Rio de Janeiro, ela não teria contraído a dengue e estaria aqui com você.

Vocês percebem como a situação se repete? Assim como a babá de Rangel, ele também se sentia culpado. E assim como daquela vez, não havia o que perdoar. Parece que Deus queria que eu aprendesse bem essa lição. Disse-lhe, com toda sinceridade, que a ele eu deveria agradecer por nos ter proporcionado o treinamento de dois meses antes do afastamento definitivo. Que ele fora um instrumento da bondade divina. Foram 60 cafés da manhã separadas, 60 noites sem passar pelo quarto dela para conversar, rir, ser feliz.

Um dia, Mariana me disse que seu chefe sempre fazia brincadeiras irônicas quando eu ou o pai a levávamos ao aeroporto: "Todo mundo vem de van, menos a princesinha da mamãe." Ou então quando se referia aos cuidados do apartamento da empresa que ela dividia com uma amiga: "Como a princesinha está se virando sem a Cota, que entregava tudo pronto em suas mãos?" Ele pedia perdão por ter-lhe tirado essas coisas, quando na verdade, proporcionou a ela experiências enriquecedoras.

No último fim de semana que veio a Pedro Leopoldo, Mariana me contou que não ficaria no Rio. Disse que finalizaria a preparação do estande no congresso e pediria transferência de volta para Minas Gerais, ou até demissão. Ela não conseguira se acostumar a viver longe de casa. Disse, ainda, que seus amigos do trabalho lhe disseram que ela não se acostumara com o Rio de Janeiro porque passava o fim de semana em casa todas as vezes que tinha saudade. Se na época concordei, achando ótimo que ela voltasse, depois, na transferência definitiva, em minhas orações, dizia-lhe sempre: "Querida, a casa é sua, nosso coração é seu, venha quando quiser. Mas você já aprendeu que se vier antes de se acostumar a viver longe de nós não se acostumará nunca."

Júlio encerrou o diálogo prometendo que apanharia as coisas dela no Rio e me entregaria pessoalmente.

Algumas semanas se passaram sem que o Júlio cumprisse sua promessa, pois lhe faltava coragem. Cada dia que se passava eu aproveitava para buscar forças para enfrentar o momento tão doloroso: receber de volta o enxoval que nós duas preparamos às expensas do pai dela, com tanto carinho.

Quando Júlio apareceu, sua visita me fez lembrar a noite em que nosso amigo que atropelou minha irmã Deise nos visitou pela primeira vez, e, em honra dos exemplos de meus pais, tentei dar leveza à situação. A comparação é um tanto imperfeita, pois me refiro apenas ao constrangimento do visitante. Conversamos durante um bom tempo. Ele disse que sua mãe era espírita, que ele admirava a lógica da doutrina, mas que conhecia pouco sobre ela. Naquele momento, nenhum de nós poderia imaginar que dali a rapidíssimos oito anos, partiria ele também após um infarto fulminante aos aproximadamente 50 anos. Pedi muito a Jesus por ele, e pedi que Mariana, se estivesse em condições e com permissão para tal, que o ajudasse na readaptação ao novo plano de vida. Porque não é fácil morrer tão belo, tão jovem, tão rico e tão amado.

Em minha tristeza, uma voz interna repetia em mim como um disco arranhado: "Minha filha se foi." Precisamos entender bem essa questão da verdadeira propriedade. Precisamos refletir sobre a transitoriedade dos recursos humanos e reconhecer que nada levaremos do plano físico, assim como, afora os bens do espírito, nada trouxemos ao chegar nele. "Devolve à terra tudo o que vier da terra", é o conselho de Emmanuel em *Justiça divina*.

Não é difícil compreender que, sobre a Terra, nada é verdadeiramente nosso; nem os filhos. Todos os bens a que damos tanto valor e tanto trabalho nos dá só são aparentemente e temporariamente nossos. O senso de propriedade talvez seja a mais sólida de nossas ilusões. Todas as incontáveis pessoas que passaram por esse planeta pensaram possuir as coisas, muitos de nós pensamos o mesmo, e os que virão depois certamente aprenderão a lidar com esse desafio. Nosso corpo é um empréstimo da natureza, e para ela o devolveremos. Como diria poeticamente Gibran Khalil Gibran, em sua obra *O profeta*: "Vossos filhos não são vossos filhos. São os filhos e as filhas da ânsia da Vida por si mesma."

Enquanto Mariana e Rangel estiveram comigo, o maior amor de que se tem notícia na Terra nasceu entre nós. E, hoje, laços misteriosos nos unem. Eles nunca foram meus e eu nunca os perdi. Nosso é o amor que damos e recebemos, nossas são as lembranças felizes e os sonhos sonhados juntos, nosso é o que ficou de todos os momentos maravilhosos compartilhados, nosso é o amor construído e compartilhado. Nossos, só os tesouros que a traça não destrói, como por exemplo, nossas aquisições morais e intelectuais.

A Deus, devemos exprimir toda a nossa gratidão pelos filhos maravilhosos que Ele nos emprestou. Mesmo que, ao devolvê-los, tenhamos que percorrer um caminho tenebrosamente áspero e pedregoso. Esse caminho, porém, pode ser aplainado e se tornar acetinado pela esperança do reencontro. Porque Deus espera que um coração que desperta para tão imenso amor possa, enfim, compreender que é necessário ultrapassar os estreitos limites dos laços consanguíneos, os limites do "meu", do "minha", e se estender a outros irmãos de caminhada; assim nascerá a fraternidade universal. Somos todos irmãos, filhos do mesmo generoso e magnânimo Pai. Esse é o único e verdadeiro parentesco de toda a humanidade.

Quando me perguntam quantos filhos tenho, respondo que tenho três, dois lá e um aqui, com a consciência de que os tenho até onde me foi dado possuí-los.

Mariana

Chorei muito e de vez em quando, dez anos depois, ainda choro. As lágrimas como resultado de nossa ternura despedaçada são inevitáveis. Perguntamos ao coração prostrado o motivo que o levou a parar de bater. Só erguendo preces ouviremos a resposta em palavras não articuladas. Nossos queridos nos dizem que também para eles é dolorosa a separação, mas que, na vida nova que se lhes descortina, estão extasiados diante da própria imortalidade. Querem também que coloquemos a saudade no mesmo patamar da esperança e do reencontro para que não nos desesperemos. Eles pedem paz e conformação para que possam seguir adiante no glorioso amanhã.

Ouvir e atender suas rogativas, não lhes entregando a cruz de nossos pesares nem lhes turvando a luz que se acende em seus caminhos com nossa enxurrada de lágrimas nascidas do desespero e da revolta, tem que ser o nosso esforço maior. Cabe a nós abençoar seus passos, na certeza de que todos nos reuniremos um dia. E quando a agonia da suposta distância ferir os recantos mais profundos de nosso coração, deixemos que eles mesmos nos falem ao pensamento, sob a luz da oração. Se todos os nossos esforços forem em vão e nos depararmos com o inevitável, é tão insensato não se resignar. Como lutar contra a natureza imutável de tal situação? Então, a resignação surge com o consentimento de nosso coração, que aceita, sim, que existe um poder maior, uma vontade soberana que paira sobre a nossa. É quando você diz: "Meu Deus, eu não sei por quê, mas sei que há um propósito que me escapa nisso tudo. Curvar-me-ei até o chão sob o peso de minha dor e a colocarei aos vossos pés. Dai-me forças!"

E nesse momento de oração, quando buscamos em nós um pingo de coragem moral, as aflições mais cruéis e profundas se rendem diante do socorro que nos chega do alto. Porque ao darmos um passo em direção a Jesus, ele dá mil em nossa direção.

Quando conseguimos nos entregar ao amor de Jesus, desce sobre nós uma imensa e profunda paz.

Quando estamos imersos na escuridão mais intensa, é hora de acender a luz da prece, e as bênçãos, do alto, cairão sobre nós, aquecendo nossos corações enregelados pelo desconsolo. Sobretudo nos momentos mais aflitivos, não percamos a paciência. "Paciência, minha filha", disse-me, um dia, minha mãe. Emmanuel diz:

> Criatura alguma, na Terra, escapará da grandeza fatal da justiça e da morte; no entanto, sabemos todos que a justiça, por mais dura e terrível, é sempre a resposta da Lei às nossas próprias obras, e que a morte, por mais triste e desconcertante, é sempre o toque de ressurgir.

A morte é sempre vida noutra face. Quando oramos, abrimos uma janela para o infinito e um diálogo misterioso se estabelece entre nós e o poder evocado. Expomos, então, nossos tormentos e pedimos o socorro. É preciso serenidade para ouvir a resposta. Em nosso âmago, por essa janela, vindos do imenso reservatório do universo, receberemos o consolo, a coragem, a paciência e a resignação. E desse intercâmbio sublime nos ergueremos menos tristes, menos oprimidos e mais esperançosos. Santo Agostinho (354–439 d.C.) explica o motivo em *Comentário aos salmos* (85:7):

> Quando a oração brota da alma como uma necessidade da alma mesma, converte-se em chave de ouro, em santo e eficaz sinal que abre as portas do céu e torna possível um encontro com Deus. O homem se eleva em oração e Deus se inclina em misericórdia.

No desespero, pensamos que nada fará nossa dor passar, que nada será capaz de curar nossa alma. Nestas reflexões, falo sobre as virtudes que curam, como a paciência, a serenidade e o hábito da oração.

APROXIMADAMENTE TRÊS MESES APÓS A partida de Mariana, Aguinaldo me disse que os amigos com quem jogávamos tênis, esporte que eu adorava praticar com minha filha, insistiam no convite para que eu voltasse às quadras, pois seria bom para mim. Foi dificílimo o retorno. Minha primeira tentativa, em uma manhã de domingo, foi desastrosa. Aumentei o volume da música no carro para não ouvir meu desânimo e minha tristeza. Ana Carolina e Seu Jorge faziam-me companhia. Aquele tinha sido o último presente de Mariana: um CD... "É isso aí. Há quem acredite em [...]"

Ao passar pela pracinha no final da pista de corrida, situada na Fazenda Modelo, a caminho do clube onde pratico esportes, vi sentado em um banco o noivo de minha filha. Ele estava com os braços abertos, estendidos ao longo do encosto. Se existisse uma imagem da desolação ela seria aquela que vi naquele momento. Ele vestia uma camiseta azul-piscina com duas manchas, uma de cada lado do tórax. Marcas das lágrimas que corriam abundantemente e que ele já não tinha forças para secar. Covardemente, apenas buzinei e segui adiante. Naquele momento era dor demais para ficar perto de outra dor, apesar de a causa delas ser a mesma.

Não consegui jogar. Aliás, acho que eu nem cheguei lá. Voltei a insistir mais tarde e, finalmente, voltei a jogar, hábito que ainda tenho. O tênis é uma excelente maneira que encontrei de extravasar minhas tensões.

A dor que sentimos faz sofrer a alma e o corpo físico. Manter-me saudável naquele momento era um desafio a mais e um compromisso com tudo aquilo que estudo e vivo. Além disso, o exercício físico libera neurotransmissores como a endorfina na corrente sanguínea, proporcionando grande relaxamento e uma sensação de bem-estar. Assim como, por incrível que possa parecer, as lágrimas também nos causam bem-estar.

Em 28 de julho de 1971, no programa televisivo *Pinga-fogo*, uma senhora disse a Chico: "Perdi um filho há um ano. Choro muito. Quero saber se as minhas lágrimas estão prejudicando o meu filho." Ele respondeu:

> Quando as lágrimas nascem de nosso reconhecimento a Deus pelos benefícios que recebemos; quando as lágrimas refletem a nossa saudade tocada de esperança, os nossos amigos desencarnados nos dizem que as lágrimas fazem a eles muito bem, porque elas são luzes no caminho daqueles que são lembrados com imenso carinho. Mas quando as nossas lágrimas traduzem revolta de nossa parte diante dos desígnios divinos, que nós não podemos de imediato sondar; quando essas lágrimas retratam rebeldia, essas lágrimas prejudicam os desencarnados. Tanto quanto prejudicam os encarnados também.

O espiritismo mal compreendido leva alguns incautos a aconselhar os enlutados a não chorar para não prejudicarem aquele que partiu. Que crueldade, meu Deus! É como pedir à água para não molhar: isso contraria a natureza. Várias pessoas traziam-me essa dúvida: "Disseram-me que não posso chorar, é verdade?" Existem lágrimas e lágrimas. Kardec, em *O livro dos Espíritos*, na questão 936, pergunta: "Como as dores inconsoláveis dos que ficam na Terra afetam os que partiram?" E a resposta que ele oferece:

> O Espírito é sensível à lembrança e às lamentações daqueles que amou, mas a dor incessante e desarrazoada o afeta penosamente, porque ele vê nesse excesso a falta de fé no futuro e de confiança em Deus, e, por conseguinte, um obstáculo ao progresso e talvez o próprio reencontro com os que aqui, na vida material, deixou.

Nas centenas de mensagens psicografadas por Chico Xavier que pude analisar, todos aqueles que se comunicavam pediam resignação, e diziam que as lágrimas da revolta e da rebeldia caíam sobre eles como gotas de fogo que lhes queimavam a alma, ferindo-os como espinhos. Muitos, ao se conscientizarem dessa realidade, mudavam suas disposições íntimas e se fortaleciam, e passavam a receber mensagens mais consoladoras como: "Obrigado, mamãe, pelas preces que a tua fé me oferece."

Os que partiram têm dificuldade em entender nosso apego egoísta, porque muitas vezes eles estão mais felizes lá do que eram quando viviam na Terra. Nosso orgulho não nos deixa enxergar que eles podem estar mais felizes no outro plano, convivendo com pessoas mais interessantes do que nós, com oportunidades maiores de aprendizado do que aquelas que lhes proporcionamos aqui. Como não conseguimos pensar nisso quando a mãezinha idosa abandona o corpo velho e doente? Quando um jovem deixa em seu corpo uma doença, um estrago?

Não há problema em pensar neles com saudade, em chorar. Isso é expressão de carinho e amor. É um tributo que rendemos a eles pelo que representaram e representam em nossas vidas. Eles ficam felizes quando são lembrados. Aprendemos a pensar neles e emitir vibrações de amor. E se essas considerações fizerem você se lembrar de alguém que já partiu, permita que seu coração se enterneça com a lembrança, e envie a essa pessoa todo o seu carinho. Agradecida, ela receberá sua dádiva.

VOSSOS FILHOS NÃO SÃO VOSSOS FILHOS.
SÃO OS FILHOS E AS FILHAS DA ÂNSIA
DA VIDA POR SI MESMA.

MUITA COISA MUDOU

22

NO CAPÍTULO 20, RELATEI A PROFECIA NÃO REALIZADA, ATÉ então, em que Rangel voltaria a renascer como nosso neto. Na época, ficou implícito para mim que isso aconteceria por meio de Mariana, mas isso não aconteceu. Minhas dúvidas eram enormes, e eu as compartilhava com Aguinaldo e Lé. Eu lhes dizia que Chico não arriscava uma premonição sem ter certeza, e que os planos deviam ter mudado. Refletia sobre tudo o que aprendera sobre planejamento reencarnatório e me perguntava que novas escolhas teriam sido feitas e quem havia mudado o curso dos acontecimentos.

Eis que dez dias depois, em 31 de julho, chegou ao centro espírita Luiz Gonzaga o iluminado presidente da União Espírita Mineira, o sr. Honório de Abreu, acompanhado pelo médium Wagner Gomes da Paixão. Eles cumpriam um compromisso

agendado conosco em fevereiro. Consegui chegar ao recinto apenas cinco minutos antes do início da palestra, e encontrei no corredor o médium, inquieto. Trocamos os cumprimentos de praxe, e ele comentou que estava me achando estranha. Eu disse que estava tudo bem e ele discordou, insistindo que, se eu não dissesse o que me incomodava, ele não se sentaria à mesa para fazer psicografias.

— Ah! mas você está muito esquisita.

— Como você queria que eu estivesse, se sepultei o corpo de minha filha há dez dias?

Consternado e às lágrimas, ele me abraçou, surpreendido com a notícia. Tomamos os nossos lugares e a reunião começou. O sr. Honório fazia a palestra e derramava sua luz imperecível pelo salão enquanto a assembleia, embevecida, ouvia o evangelho saído do coração, e não apenas do raciocínio, do intelecto, daquele discípulo de Jesus. O médium psicografava. Ao final, ele fez a leitura das mensagens.

(Agora Rangel volta a essas páginas. Não que ele tenha saído de meus pensamentos em todos esses anos. Ele está e sempre esteve neles, mas uma dor recente suplanta a antiga, uma nova ferida que se abre carece de mais atenção do que uma cicatrizada).

A primeira mensagem, para minha grande surpresa e alegria, foi a de Rangel, já na condição de um belo rapaz.

Mãezinha Célia, querida vovó Lia, caros tios e familiares, meu pai.

Deus seja conosco nessa hora de coragem e esperança!

Nunca estive ausente de nossas preces e saudades. Os quase 23 anos que definiram rumos distintos, em vez de nos separarem, sublimaram-nos as relações de confiança e afetividade.

Hoje estou na condição de adulto com responsabilidades imensas e benfeitores me educam o espírito para Deus.

Compareço feliz, pelo lápis de um servidor da doutrina redentora, para dizer-lhes, meus queridos, que nossa Mariana é o ouro que a vida nos confia, após 27 anos de estágio abençoado entre vocês aí na Terra.

Eu, o vovô Lico, que está presente, meu primo Henrique e outros familiares e amigos de nossa família e desta casa cristã, compomos nessa hora, o cortejo dos amigos que a vocês abraçam, cientes de que não hesitarão em testemunhar o bom ânimo e a confiança em Jesus. Quero incluir o Aguinaldinho em nossas manifestações de carinho.

Sei, mamãe, quanto lhe custa em renúncia e aceitação dos desígnios superiores que, qual buril da vida, fere o diamante de teu coração, para que ele reflita com mais beleza, a de Deus que já lhe visita.

Minha irmãzinha amada está bem. A princípio relutante e confusa, agora se recompõe para os dias lindos que a esperam nas esferas de harmonia e fraternidade que nos acolhem.

Vovô Lico pede a vovó Lia que nada tema. Que todas as lutas vencidas por ela, por dentro do coração e no campo exterior da existência lhe rendem, na vida espiritual, muitos méritos.

Ela, a vovó, ainda por muito tempo será o esteio dos nossos, exemplo de esforço e carinho para todos, inclusive nos círculos espíritas que por toda a existência nos beneficia. Estamos sempre juntos, mamãe. Muita coisa mudou, mas o amor cresce, reunindo-nos em outras dimensões, mais profundas e mais inspiradoras.

De joelhos, mãezinha, em nome de Mariana, quero beijar-lhe as mãos, beijando também nosso pai com as notas da gratidão e do afeto mais entranhado.

Sigamos o curso da vida, porque ela é o dom eterno que nos ensina a não crer na morte, mas a intensificar a fé em seu poder, tanto quanto o amor em nossos corações.

Que o Senhor ilumine a todos nós, fortalecendo-nos a certeza do bem em todas as circunstâncias da vida infinita.

Sempre seu, de coração,

RANGEL DINIZ RODRIGUES

A destacar nessa mensagem, a resposta parcial às minhas indagações. Parcial, porque Rangel concordou que os planos mudaram, mas não lhe foi permitido revelar o motivo. Um dia, saberemos. O planejamento era estarem juntos em uma nova caminhada e, nesse sentido, a programação se cumpriria, para minha imensa tristeza, no outro plano da vida e não nesse em que ainda me encontro. Mudar os projetos de vida é uma prerrogativa dos seres humanos no uso de seu livre-arbítrio. Não somos fantoches de Deus, já dissemos. Podemos mudar os rumos seguindo adiante por outros caminhos, sem desperdício de tempo e oportunidades. Mas, em se tratando de almas imortais que somos, e sendo o objetivo principal das existências a nossa evolução para Deus, estar no corpo físico ou fora dele é um simples detalhe.

É certo que se trata de um detalhe triste, mas eles continuariam escrevendo, se não a história exatamente como foi planejada, certamente outra ainda mais bonita, posto que estavam em "outras dimensões mais profundas e mais inspiradoras". Se a realidade não é tão maravilhosa como os sonhos, ela tem a vantagem de existir. O importante é seguir adiante mantendo fidelidade a Deus e à própria consciência, sem desanimar, haja o que houver.

Tecnicamente analisada, essa comunicação preenche as expectativas mais exigentes. Detalhes, nomes, datas, sem que nada, absolutamente nada, tenha sido revelado ao médium antes da sessão. Ao querido Wagner, meus agradecimentos mais sinceros.

ALGUNS MESES TINHAM SE PASSADO sob o doloroso drama de minha vida. Às vezes, eu pensava que minha tristeza afrontava a gratidão que eu deveria sentir pelas bênçãos das notícias de minha filha e muitas outras. Em nossa casa, as coisas não estavam nada fáceis. Se por um lado meu coração abrigava a certeza de que tudo acontecia sob a permissão divina, e que a responsabilidade das dolorosas colheitas não poderia ser transferida a ninguém, Aguinaldo brigava com a vida, com Deus e com o mundo. Pensava ele que um diagnóstico dos médicos em tempo hábil poderia ter evitado aquele desfecho. Em nenhum segundo eu concordei que existisse essa possibilidade, pois seria acreditar que Deus nos tinha abandonado. Isso não é uma crítica. Muitos, como ele, pensam que o próprio Cristo dissera um dia: "Pai, por que me abandonastes?"

Naquela madrugada no hospital, quando tive que sair de perto de minha filha em razão dos procedimentos médicos, procurei um lugar isolado e orei a Deus com todas as minhas forças. Lembrava que Chico me dissera um dia que, se nossas orações batem às portas do céu, as orações de uma mãe aflita as escancaram. Minha família ainda não sabia de nossa transferência para Belo Horizonte. Não queria acordar minha mãe, já bastante idosa. Eu precisava de ajuda, então recorri àquela que hoje, de certa forma, substitui minha mãe protegendo-me nas tarefas do Luiz Gonzaga: Maria Marta Xavier. Era um dos corações mais generosos que eu poderia buscar para interceder junto a Deus por todos nós. Sua bondade natural e a promessa de que rogaria a Nossa Senhora que nos cobrisse com seu manto sagrado trouxeram um refrigério e mais confiança aos meus padecimentos. Estávamos todos amparados. Por me sentir assim, eu não disse naquela hora de meu calvário: "Deus, por que me abandonaste?"

Com o passar dos anos, refleti que se eu, apenas por conhecer um pouco das leis cósmicas que regem nossas vidas e fazer ideia do poder da oração, não duvidei do amparo divino, como poderia Jesus tê-lo feito? Pensando assim, reputava como absurdo o clamor atribuído ao Divino Mestre. Ele, o governador espiritual do planeta, a quem o Pai havia entregue todo o Seu rebanho. Aquele que disse que não deixaria que nenhum de nós se perdesse...

Creio ser esse um dos muitos equívocos na interpretação das *Sagradas escrituras*. Jesus ficou com medo? Duvidou da proteção divina? Não consigo acreditar nisso. Na porta dos CTIs eu conseguia dizer "seja feita a Vossa vontade" e, nem por um momento, nem quando meus filhos se foram, senti que Deus havia me abandonado. Não faz sentido! Logo há que se analisar o contexto histórico, as crenças etc.

No prefácio de *O Evangelho segundo o espiritismo*, lemos:

> Eu vos digo, em verdade, que são chegados os tempos em que todas as coisas hão de ser restabelecidas no seu verdadeiro sentido, para dissipar as trevas, confundir os orgulhosos e glorificar os justos.

Nesses tempos de descobertas da arqueologia bíblica, estudiosos e exegetas se debruçam sobre os textos, lançando luzes incríveis sobre o nosso entendimento. Dentre eles, destaco Haroldo Dutra Dias, cuja trajetória tanto nos tem encantado e esclarecido. Conhecedor de grego, hebraico e aramaico, detentor da maior biblioteca do judaísmo e do cristianismo da América Latina, ele analisa a questão em estudo por meio dos salmos que tratam das expectativas messiânicas.

Os salmos messiânicos diziam que o Messias seria um libertador, da linhagem do rei Davi, e o rei que libertaria o povo hebreu da escravidão e se tornaria o grande dominador do planeta. A interpretação de Judas o fez agir para a conquista de um reino terrestre, as consequências todos sabemos.

Haroldo continua:

A situação na hora da crucificação era de espanto. Todos olhavam a crucificação e pensavam: Como pode? Ele é o Messias ou não é? Andou sobre as águas, curou doentes, expulsou Espíritos maus, acalmou tempestades, multiplicou pães e é crucificado? Naquela época só se crucificavam os malditos. Então, Jesus pronunciou em aramaico as seguintes palavras: "*Eli, Eli, lama sabactami*", que significa Meu Deus, meu Deus, por que me abandonaste? Ou por que me desamparaste? Muitos acharam que Jesus dissera essas palavras, mas na verdade, Ele recitava o *Salmo* 22, v. 1, que começa exatamente assim. Esse é um salmo davítico. Davi, em seus apuros, nas suas dificuldades o compõe e está incrustado na *Bíblia* junto a outros salmos belíssimos e que é conhecido pela tradição do povo hebreu como o salmo do servo fiel ou o salmo do justo sofredor. Bom, na tradição hebraica sobre a vinda de um Messias, quando esse Messias chegasse ele instalaria na Terra o Reino de Deus, um mundo de paz, de amor, de harmonia, sem guerras, com justiça, sem sofrimento, um mundo de fraternidade suprema. Mas ainda sobre a vinda do Reino de Deus, segundo algumas tradições, era preciso a vinda de um servo fiel, um servo sofredor. Essa tradição está registrada também nos capítulos 52 e 53 do profeta Isaías. Portanto, quando o salmo começa cantando "Meu Deus, meu Deus, por que me desamparaste?" É uma forma poética, um lamento do justo, daquela pessoa correta, sem nenhuma mancha que se oferece em sacrifício, que sofre sem uma razão justa. Nessa tradição eles acreditavam que o Messias seria um servo sofredor, que se curvaria e levaria nos seus ombros toda a carga de ódio e de sofrimento da humanidade. Enquanto não viesse esse Messias que sofresse pelos homens, não se implantaria na Terra o Reino de Deus. Portanto, no momento em que Jesus na cruz, abandonado, aparentemente derrotado, com os discípulos aterrorizados, pronuncia o *Salmo* 22, Ele deixa uma lição maravilhosa. A lição de que começava a se instaurar na Terra o Reino de Deus.

Só por curiosidade, o *Salmo* 22 que Jesus recitou continua assim:

> Nossos pais confiaram em ti, a ti clamaram e os livraste. [...] Tu és o que me fez nascer [...] Não te distancies de mim, porque a atribulação está próxima [...] Uma súcia de malfeitores me rodeia [...] A meus irmãos declararei o teu nome [...] Pois do senhor é o reino [...]

Essas considerações são muito mais condizentes com a grandeza do maior personagem que a Terra já recebeu. Em *O Evangelho segundo o espiritismo*, no capítulo 6, item 2, lê-se:

> Todos os sofrimentos: misérias, decepções, dores físicas, perda de seres queridos, encontram sua consolação na fé no futuro, na confiança na justiça de Deus, que o Cristo veio ensinar aos homens.

Jesus ensinou por meio de seus exemplos, e não nos apresentaria uma fé vacilante na hora do testemunho.

Fiz referência anteriormente às inúmeras outras bênçãos que recebi, e quero compartilhar uma delas. Aproximava-se o segundo dia das mães, e minha filha me presenteia, mandando, do lado de lá, um poema contando nossa vida em versos:

A Rosa Não Morre

Da sementeira que germina
Cresce a plantação viçosa
A haste se ilumina
No botão de uma rosa

Qual projeto pequenino
Da rosa plena em flor
Surge o espinho espetadino
Com o compromisso da dor

Mas no jardim da roseira
Feito de paz e alegria
Vive a família faceira
Na rotina do dia a dia.

Cresceram três hastes novas
Cheias de pleno vigor
Mas sobreveio a grande prova
Ao canteiro de nosso amor.

A roseira de nossa mãe
E o sol amigo do pai
Se assustaram com a poda
De seu primeiro botão

Tão tenro foi-se infantil
Mas seu perfume ficou
Qual lembrete varonil
Da luta que se passou.

A lágrima encharcou o canteiro
De nossa roseira em flor
Num raio muito certeiro
Apesar de nosso clamor

Rosa que é rosa não morre
Amor que é amor sempre fica
Coração que ama recorre
À fé que amplifica.

Nada de choro nem vela
Vovó Dite, papai Aguinaldo
É minha fala sincera
Por nosso amigo Geraldo.

A morte em si não existe
É porta de simples passagem
De onde o amor subsiste
Numa outra paisagem

Vô Lico me ajuda a escrever
Pedindo paz e esperança
Para o nosso bem querer
Nesta simples lembrança.

Papai sinta os perfumes meus
Da filha que não os esquece
Entregando as bênçãos de Deus
A saudade que nos aquece

Mãe Célia sabe o que digo
Porque já confia na luz
Nosso único abrigo
Em nome do Mestre Jesus.

O tempo curou as chagas
E a roseira prosseguiu
Esqueceu as suas mágoas
Buscando o céu de anil

Mas, atingiu-nos de novo
O raio do sofrimento
Chamegando o nosso povo
Em duro dolorimento

Muitos gritaram: "É a morte"
a cortar-nos a jovem rosa
Outros clamaram a má sorte
Da roseira valorosa

Mas a grande verdade
Que fica dessa lição
É o Deus da claridade
Faz-nos pura renovação

Se a pétala foi embora
Caindo ao chão da Terra
Ela volta e ainda implora
Pela vida que a encerra

Foi-se a beleza da flor
Podem dizer alguns amigos
Mas eu clamo com valor
Que habito outros abrigos

Se a jovem rosa se desfez
No tempo da despedida
O seu perfume se refez
Na glória da nova vida.

MARIANA

[Mensagem psicografada no centro espírita Luz, Amor e Caridade, em Belo Horizonte, Minas Gerais, por Geraldo Lemos Neto, em reunião pública, na noite de 7 de abril de 2008.]

CHICO ME DISSERA UM DIA QUE,
SE NOSSAS ORAÇÕES BATEM ÀS PORTAS
DO CÉU, AS ORAÇÕES DE UMA MÃE AFLITA
AS ESCANCARAM.

VOVÔ TOTONE ME AJUDOU COM MUITA BONDADE

23

OS DIAS CONTINUAVAM SE ARRASTANDO MUITO TRISTES, EM altos e baixos de esperança e desânimo. Eu não saberia descrever com dramáticas cores a silenciosa luta que travava para conseguir levar a vida adiante. Certos momentos são indizíveis e indescritíveis. Naquelas semanas após a partida da Mariana, recebemos muitas visitas.

Uma noite, receberíamos visitas que moravam em outra cidade, e eu precisava providenciar um jantar. Liguei para um restaurante que sempre frequentávamos, e não conseguia escolher o prato. Por mais que eu me esforçasse, nada me atraía. Era natural o desprazer do momento. Ainda assim, minha dificuldade para ingerir o jantar que finalmente pedimos era bastante incomum. Foi só aí que descobri o que estava acontecendo: eu havia perdido o paladar e nem sequer percebera.

Nosso corpo reflete o que vai em nossa alma. O meu luto se expressava na perda do "gosto pela vida". Era preciso reagir, pois perder o gosto precede o perder a vontade de viver. Tento explicar melhor: no início seria um não gostar de estar viva, mas, algum tempo depois, poderia vir a ser a perda da vontade de viver. Reagir era o único caminho.

Ao me recolher para dormir, abri, "ao acaso", um texto ditado a Chico pelo Espírito Meimei, do livro *Cartas do coração*, que vale a pena conhecer pela maneira poética com que ela nos esclarece: "De todos os infelizes, os que perderam a confiança em Deus e em si mesmos são os mais desditosos, porque o maior infortúnio é sofrer a privação da fé e prosseguir vivendo."

Fomos criados para a felicidade, que deve ser conquistada em uma luta de todas as horas. Para mim, encontrar de novo a felicidade era uma esperança que nascia e que, com a força de minha fé, deveria crescer.

Aguinaldo me disse um dia: "O que será de nós agora, o Chico não está mais aqui." Certamente ele se lembrava da ajuda que recebemos na superação do luto por Rangel. Seria maravilhoso se pudéssemos nos aconchegar de novo naquele abraço capaz de empatias inimagináveis que nos recebia dizendo: "Como está doendo em nós a saudade do filhinho não é, minha filha?" E aquela dor dividida fazia a perda doer menos. Recordei também o *réveillon* de 1983, quatro meses de saudades e dor naquele terrível luto. Fomos encontrar Chico em um asilo para idosos aqui em Pedro Leopoldo. Foi muito difícil de entrar, chegar até ele. Quando conseguimos, faltavam dois minutos para a meia-noite. Meus nervos estavam em frangalhos. Eu sentia pena de mim, de meu *réveillon* que antes era passado na praia ou em um clube. O sentimento de autovitimização me enfraquecia ainda mais.

Chico estava sentado em uma poltrona, e eu me abaixei, coloquei os braços em seu joelho e chorei, lembrando talvez daquele colo carinhoso da infância e das alegrias há muito perdidas. Éramos tão jovens! Tão inexperientes na dor! Naquele momento, senti que meu ser imergia em um oceano de paz, de intraduzível serenidade e bem-estar. Era como se eu flutuasse sobre ondas de luminosa suavidade. Pensei: "Meu Deus! agora entendo porque as pessoas chegam perto de Chico tão emocionadas e chorando. Estou me banhando em amor e em luz na aura dele." Ergui os olhos, já totalmente pacificada, harmonizada, e olhei para ele pensando nessas coisas. Ele leu meu pensamento e disse: "Não sou eu, não, minha filha. É seu filhinho que te abraça aí por trás."

Certamente, a presença de Chico proporcionou aquele encontro. Imaginem... Em sua humildade dizia que, diante da dor de uma mãe que perdeu seu filho, ele se sentia incapaz de prover consolo.

A presença de Chico como instrumento para trazer do reino de luz o lenitivo para as dores dos que estávamos ainda perdidos nas obscuridades da Terra, proporcionava ainda a companhia de Espíritos iluminados como Meimei e Sheila, que o ajudavam a nos consolar.

Naquele sábado em que ele disse que meu nome significava coisas do céu, senti de novo, depois de décadas, o mesmo perfume que percebi no enxoval de meu irmãozinho Ismael. Pesquisando sobre o assunto anos mais tarde, descobri que os perfumes eram materializados em torno dele, trazidos pela sensibilidade desses Espíritos femininos dos jardins de rosas do mais além.

Essas lembranças suscitam em mim saudade, gratidão e responsabilidade. "Sinto saudades dos que se foram e de quem não me despedi direito nem torto [...] das coisas que vivi e das que deixei passar [...]", escreveu Antônio Carlos Affonso dos Santos.

Quando tento me lembrar de tudo que aprendi com Chico, entristeço-me por tudo que deixei passar sem aprender. E deixo a saudade ser substituída pela alegria de saber que ele existiu e que eu tive a oportunidade ímpar de conviver com ele. Estou na posição de quem muito recebeu e precisa se esforçar ao máximo para retribuir à vida pelo menos uma mínima parcela.

SEIS MESES DEPOIS DAQUELE TERRÍVEL 20 de julho, Aguinaldo resolveu que era hora de buscar notícias sobre nossa filha. Sempre achei que a consolação que o espiritismo oferece está muito além de cartas familiares, mas é muito bom encontrar médiuns sérios e capazes de captar com precisão os ditados recebidos. E ele encontrou um desses médiuns. Era uma segunda-feira, e Aguinaldo fez-se acompanhar por sua mãe, d. Edite, pois eu estava impedida de ir com ele por compromissos assumidos no Luiz Gonzaga.

Quando ele chegou a casa, estava confuso e entristecido, e me entregou a carta, dizendo: “Não sei o que dizer sobre isso, leia você e me diga sua opinião.” Li, reli, chorei e compreendi. Ali estava nossa filha contando sua história, a nossa história. É uma mensagem marcada por fatos muito fortes. Depois, conversando com o médium, ele me disse que em determinado momento da recepção pensou mesmo em interromper a escrita por considerar o conteúdo pesado demais para a sensibilidade dos pais, e que seu guia espiritual, seu tio-avô Zeca Machado, aconselhou-o a continuar, assegurando-lhe de que a família seria capaz de absorver o que leria.

Meu querido pai Aguinaldo, pai da minha vida!

Peço a Deus que nos ajude e abençoe!

Foi preciso que minha mãe não estivesse presente para que eu pudesse ter mais equilíbrio para escrever para vocês todos esta carta de amor e carinho da filha que não os esquece, que é também endereçada à mamãe Célia, à vovó Lia e ao Aguinaldinho; e a todos os nossos amigos queridos de Pedro Leopoldo.

Ah! se eu pudesse voltar alguns meses atrás para ajoelhar-me aos pés de todos vocês daí de casa para despedir-me convenientemente, dizendo a cada um quanto lhes amo!

Ah! meu Deus do céu, se os nossos amigos soubessem como hoje eu sei, a transitoriedade dessa vida na Terra, pai, quantas bobagens seriam deixadas de lado, não é?

Mas não vou transformar estes minutos preciosos em lamúria inútil.

Assim não é o meu desejo, mas sim dizer, meu pai, ao seu coração, que a sua Mariana está muito viva sim, na realidade da vida espiritual. A vida é essa estação passageira que, improvisadamente, nos colhe para dentro do trem que parte para a grande viagem, sabendo, cada um de nós, que todos nos dirigimos à estação de destino final.

Eu sei, pai, que a minha vida foi muito breve, breve demais para o nosso amor e as nossas afeições mais caras. Mas já aprendi a me conformar para aceitar o destino das coisas que nos dirige, conhecido por todos como desígnios do mais alto. São esses desígnios de cima que aprendi a aceitar, no nosso caso de separação inesperada e bruta.

Perdoe-me, pai, se escrevo isso, mas é a mais pura verdade de minh'alma, que a saudade jamais vai esquecer. O amor, meu pai querido, não morre nunca, ele está conosco como joia de rara beleza, escondida em nosso peito. Ele brilha, papai, como nunca, mesmo quando, aparentemente, nos separamos pela via da morte.

Quero que você transmita as minhas notícias à minha mãe, à vó Lia e também ao Aguinaldinho. A gente tem condições de entender o que se passou, porque nós lá em casa sempre tivemos a noção espírita-cristã, como referência e guia em nossas vidas; embora reconheçamos, pai, que você guarda ainda muitas de suas dúvidas na cabeça aflita e no coração arrebatado de dor e saudade.

Estou aqui ajudada pela bondade do pai de Eliana e Naninha, que somente vim a conhecer aqui na nova vida em que me encontro. Tenho que agradecer a bondade de Seu Zeca Machado, esse incentivo que ele me deu, sustentando meu desejo natural de enviar algumas notas escritas, depois de minha passagem.

Pai, vou lhe responder alguma coisa de suas perguntas mais íntimas sobre a experiência que me envolveu, de repente, ao liberar-me do corpo físico. Mãe e vó Lia compreenderão melhor, com mais clareza o que vou lhes dizer e poderão explicar a vocês, com mais profundidade, mais do que eu própria. A surpresa da reação orgânica violenta que me arrancou do corpo ainda muito jovem envolveu minha mente em um redemoinho de emoções novas e incompreensíveis, a princípio.

Sentia-me leve como uma pluma, e a cabeça rodou enquanto ouvia os choros e os protestos de cada um de vocês lá de casa a respeito da morte. Ouvia essa palavra inarticulada do pensamento de cada um, com muita estranheza e, no íntimo, cheguei a pensar que vocês estavam todos loucos. Quem poderia pensar em morte, se eu estava bem ali, em torno de vocês? Tentei protestar, em vão, esforçando-me por me fazer presente ao lado de vocês. Até que o desânimo me abateu com uma espécie de torpor físico e mental, que me levou a rodopiar no tempo.[1] Ouvia uma música distante que aos poucos se fez mais e mais alta.

Na minha cabeça martelou a lembrança de um ano 1786, sem que eu pudesse explicar o mecanismo que me levava a viver de novo aquele tempo. Sentia-me na pele de uma jovem espanhola, na fase de vida igual a minha, de mesma idade. Somente pensava que, estranhamente, eu me reconhecia como sendo eu mesma, em outra época remota, na desilusão amorosa de ver o noivo de então, casando-se. A festa era a do casamento de vocês dois, pai e mãe, na cidade de Sevilha.[2] E o pensamento desviado que me absorvia era o de tomar o veneno quanto antes e acabar com a minha vida, sem esperança e cheia de amargura. E assim tive a noção perfeita que estava em um momento grave de minha consciência imortal.

No longínquo ano do final de século XVIII, via meu outro eu, como a jovem revoltada e infeliz, pondo termo à própria existência, pela ação do veneno implacável. E ainda há poucos meses, via-me a Mariana que vocês todos conhecem sendo afastada da vida corporal, que amava tanto, com toda a contrariedade que vocês podem imaginar, como é muito natural.

De repente, lembrei-me dos ensinos de vovó Lia e de mamãe Célia, nas lições do Luiz Gonzaga. Em um instante, compreendi os assuntos profundos da alma e pus-me a chorar copiosamente. Compreendi então que vocês não estavam loucos falando-me pela linguagem inarticulada do pensamento, e que eu me encontrava, de fato, no momento de minha morte.[3]

Mãe, você não imagina a intensidade desses momentos em que não nos resta mais nada a não ser pedir, implorar a Jesus por nosso equilíbrio mais íntimo.

Ah! mãe, não me lembro de ter orado com tanto fervor quanto naquele fatídico instante. Sentia certa tranquilidade interior, quando a prece dominou-me o ser. Deixei de ouvir o lamento de vocês e, misteriosamente, comecei a flutuar, pensando na imensidade dos espaços sem fim. Quantas noites não havia, sozinha, contemplado o firmamento estrelado da noite, viajando na beleza das estrelas.[4] Isso me deu mais paz e essa lembrança me fez entregar o meu espírito à bondade Infinita de Deus. Vi-me, então, envolvida por uma atmosfera de afeto e de muito carinho, com a presença de pessoas bondosas e solícitas. Três delas vieram muito sorridentes me saudar. Uma delas me disse ser amiga de vó Lia e que seu nome era Adélia Machado de Figueiredo. A outra me disse ser amiga do vovô Lico e que seu nome era Josepha Chaves Perdigão.[5] O outro da mesma forma, disse-me chamar-se Antônio Chaves Barbosa. Entreguei-me à bondade desses amigos novos tentando abrigar no íntimo mais confiança. Eles me falaram da bondade de Deus e me pediram confiança e aceitação. Aconcheguei-me em seus colos acolhedores e dormi profundamente.

O sono não durou muito, até que, desperta de novo, vim a conhecer o Seu Zeca, que me foi apresentado por Eliana. Ao ver Eliana, senti-me mais em casa e eles me trouxeram, então, o vovô Lico, que me abraçou banhado em lágrimas. Falou-me belas palavras de coragem e cientificou-me de que a hora do sepultamento de meus restos mortais se aproximava. Abracei-o e também ao vovô Totone[6] que me ajudou com muita bondade. Oramos muito pedindo o amparo de Jesus, e quando Tontom (apelido de Jhon Harley) fez a prece na face da Terra, em memória de minhas despedidas, as lágrimas dele e de todos vocês lá de casa se misturaram às minhas; como se estivéssemos no propósito de fazer um ribeirão caudaloso de saudades sem fim. Mas, por favor, não pensem que eu estava desorientada ou triste, e, sim, que entregava minha vida às bênçãos de Deus.

Vovó Lia, mais experiente das desilusões da vida terrestre, orou com tal profundidade ajudada por tia Mariquita Diniz que, ajudada pelas preces delas e dos meus avós, cedi, para seguir em paz.[7]

Esta é a minha história, papai Aguinaldo. Peço a Deus por todos nós em casa, e hoje, junto de meu irmão aqui da vida espiritual, desejei enviar aos seus corações a carta-notícia da filha, irmã e neta que jamais os esquecerá.

Mamãe Célia, vó Lia, Aguinaldinho, o meu beijo e o meu abraço que a cada instante será enviado com o abraço e o beijo que, com muito amor e enternecimento, saudade e esperança, fé e alegria, transmito ao papai Aguinaldo, aqui presente. Mil beijos de saudade de sua, sempre e sempre viva,

MARIANA

NOTAS E CONSIDERAÇÕES

1. Revivi em mil dimensões as emoções de conhecer os motivos do passado distante que gritava em nosso presente. Eu estava mais desejosa de devassar o futuro do que de reler o passado. Mas era preciso aproveitar todo o ensinamento que aquele desvendar nos proporcionava. A princípio, um sentimento de culpa ameaçou despontar, mas não era novidade a revelação, pois eu já pressentira que algo de muito grave havia acontecido entre nós. O primeiro sentimento diante da destruição que a dengue causou foi: "Meu Deus, eu devo ter feito algo terrível para ter que enfrentar isso." Com a mensagem, não era mais o "devo ter feito", era o fato em si, escancarado em toda a crueza da realidade.

Pedi perdão à minha filha por ter contribuído para a destruição de seus sonhos e a perdoei por ter chamuscado os meus ao desertar daquela existência, provavelmente para nos deixar imersos em culpas. Talvez até ela não quisesse se matar, ingeriu um veneno para matar tão somente a sua desilusão e a nossa paz de espírito.

De alguma forma, essa história arquivada em minha memória integral quis emergir. Poucos dias antes dessa mensagem chegar, após uma palestra em Brasília sobre as consequências do suicídio, uma jovem interpelou-me com a seguinte questão: "Meu irmão sofreu de leucemia dos 5 aos 15 anos de idade, e morreu. Qual seria a causa disso, o que ele resgatou?" Como simples conjectura, eu poderia dizer a ela que os derramadores do sangue alheio podem renascer com o seu sangue estragado, mas ergui outra hipótese ao dizer-lhe que poderia ser a consequência da ingestão de veneno. Terminado esse diálogo, me perguntei mentalmente: "E você filhinha, que veneno trazia no corpo da alma e que seu organismo expurgou desencadeado por um simples mosquitinho?"

Vocês se lembram do "juntos novamente", quando apresentei meu noivo a Chico Xavier? Era preciso que nós consertássemos o estrago para o qual contribuímos. Dar novamente um corpo a alguém que o perdeu motivado por nossas escolhas. Aprendemos, ao desfolhar o *Evangelho*, que nos adverte que daqui ninguém sairá até pagar o último ceitil, que ninguém fere afetivamente alguém sem plantar espinhos para si próprio.

Outro aspecto relevante dessa mensagem é a regressão de memória que Mariana teve no momento de sua morte. Em algum momento, ao deixarmos o corpo no fenômeno da morte, nossa mente contempla todo o nosso passado em uma espécie de hipermnésia que nos descortina os acontecimentos da existência abandonada como um filme a desenrolar diante de nossos olhos ou dentro de nossa mente. A misericórdia divina a presenteou com os motivos de sua trágica partida. Naquele momento, ela deixou de ser a princesinha protegida para se conscientizar de sua essência como alma imortal que já percorreu várias jornadas reencarnatórias, cidadã do universo, senhora de seus atos e das consequências deles. Um remédio amargo, mas eficiente. A regressão de memória, como mecanismo de socorro, é mais comum do que pensamos.

Conheço outros relatos de regressões a outras existências no momento da morte. Quando a memória se intensifica, ocorre a recapitulação minuciosa de todos os momentos vividos, como em um filme, já o dissemos. Tem-se uma visão panorâmica que é acompanhada não somente dos fatos, mas de cada pensamento, cada sentimento e intenção do momento. Em uma retrospectiva ampla e detalhada, encontramos o tribunal de nossa própria consciência, que analisa tudo o que fez ou deixou de fazer, se seus atos foram construtivos ou não.

Ao regressar ao passado, pode acontecer de a alma buscar na memória fatos ainda mais longínquos de experiências muito marcantes de outras encarnações, e acessar esse conteúdo. O reflexo mental predominante em cada ser pode, inclusive, determinar a forma do corpo espiritual daquela época, manifestando sua realidade. Foi o que aconteceu com as duas senhoras mendigas que, ao saírem do corpo durante o sono, retomaram a forma antiga de quando viveram na Espanha (história que relatei no capítulo II).

Mariana saiu da vida sem querer para amealhar o aprendizado da valorização da vida. A professora era a dor, método da pedagogia de Deus para este planeta ainda pouco evoluído, próprio para nós que também estamos em estágio inferior de evolução. E esse método vai perdurar enquanto não realizarmos o aprendizado pelo amor. Pois dizem os mestres da vida maior que a dor só entra quando o amor não foi suficiente para nos reconduzir em nossa peregrinação de volta ao seio de nosso Criador.

O suicídio é filho do materialismo daqueles que desconhecem que matam o corpo, mas não a vida, não o problema; este, pelo contrário, agrava-se. Todavia, a misericórdia divina a todos alcança. E só cobra a conta do ato tresloucado quando a pessoa está em condições de fazer frente ao reajuste com as leis divinas. As leis divinas determinam colheitas dolorosas muito depois, como determinou para minha filhinha que, ao levar uma picadinha de um mosquito, em 2006, viu ser liberado em seu corpo todo o veneno que havia ingerido há quase dois séculos. A dengue foi apenas o meio. Vou levantar uma hipótese. Conhecem a advertência "este medicamento é prejudicial em caso de suspeita de dengue"? Pois foi um desses que ela ingeriu de quatro em quatro horas na noite que pensava estar apenas gripada. Dessa vez, ela tomou um veneno involuntariamente.

O suicídio é terrível; é um ato autodestrutivo de extrema rebeldia e escassa coragem moral, que é acompanhado de dolorosas consequências. Todos que tentam desertar da vida dessa forma deparam-se em seguida com a ineficácia do gesto. Talvez Mariana viesse a saber que a rejeição por parte do noivo naquela existência na Espanha fazia parte de suas experiências pelo aprendizado que encerraria. Tudo poderia ter sido um simples incidente em sua trajetória, e mais à frente ela poderia ter encontrado a pessoa que lhe estava destinada. Para valorizar a bênção da vida na Terra, o vírus da dengue se aloja com facilidade pela deficiência congenial do sistema imunológico. Essas reflexões são apenas conjecturas, e não justificativas.

2. casamento de vocês dois, pai e mãe, na cidade de Sevilha – A revelação de que vivemos em Sevilha me fez buscar parte das lembranças submersas em meu inconsciente. Será que meu irmão Gilson se lembra que a meu pedido presenteou-me, aos 12 anos, com castanholas que eu jurava que sabia tocar, mas que, como ninguém em casa suportava mais me ouvir, e nunca recebi nenhum elogio aos meus dotes na dança flamenca da exigente plateia de meus irmãos, abandonei? Creio que se houve algum dia esse talento, naquela existência ele ficou soterrado. Reminiscências...

3. que eu me encontrava, de fato, no momento de minha morte – Sempre, em minhas orações, explicava a ela que não tive a intenção de enganá-la ao dizer-lhe no hospital que ela voltaria

para casa conosco. Era o que eu acreditava piamente. Contudo, mesmo que eu soubesse a verdade, não teria tido condições de falar coisa diferente. Sempre incutimos o otimismo aos pacientes no ato do ficar (em casa). Não conseguimos incutir o mesmo estado de espírito na hipótese da partida, (ir para a verdadeira casa). Sempre achamos a morte horrível, mas, talvez, se soubesse que ela estava indo embora, eu teria conseguido dizer algo mais adequado: "Haja o que houver, tenha certeza, minha querida, que você não estará sozinha." Porque aprendi que a morte pode ser comparada a uma noite que cai como o prelúdio de um novo amanhecer.

4. Quantas noites não havia, sozinha, contemplado o firmamento estrelado da noite, viajando na beleza das estrelas – Isso me deu mais paz, e essa lembrança me fez entregar o meu espírito à bondade Infinita de Deus; ela adorava acampar. Quando li esse detalhe, fiquei imaginando como foi sua viagem às estrelas, pelas asas da imaginação, em seu último *réveillon*, aqui, em 2005. Ele foi passado na bela reserva ecológica da Serra do Cipó, em Minas Gerais, em companhia de sua prima Daniela, de seu noivo e outros amigos. Ela vestiu uma camiseta branca na qual se lia: "Feliz 2006!"

Observar o céu à noite e perscrutar seu majestoso e aparente silêncio fazia bem a ela aqui, e isso lhe deu paz no outro plano. A literatura espírita nos informa sobre música nas esferas celestiais, que nossos ouvidos do plano físico não conseguem captar. Desejo que, hoje, minha filha continue com esse mesmo hábito salutar de quedar-se maravilhada diante da criação, e que possa ouvir a música que as estrelas cantam. Música que nossas palavras são insuficientes para descrever, e que nossos sentidos são incapazes de perceber. Essa adorável harmonia eterna é o idioma divino que preenche em ondas o universo em que ressoa o hino da vida infinita, a lei da beleza em todas as suas expressões que regem os mundos. Essa linguagem em ritmo é o Verbo de Deus.

Beethoven, Bach, Mozart e muitos outros declararam sempre ouvir harmonias muito superiores a tudo que se pode conceber na Terra, impossíveis de serem transcritas. Emmanuel disse a Chico que Beethoven pediu a surdez para melhor captar os sons dos espaços infinitos. Quando compunha ele ficava em uma espécie de êxtase, na tentativa vã de reproduzir essa deslumbrante música celeste.

As almas elevadas que por aqui passaram com a missão de traduzir esses sons representaram o mundo cantando a Deus, ora a alegria, ora a adoração, ora um lamento ou uma prece. A música sublime é o grito de amor que sobe da Terra para o céu, glorificando a inteligência suprema, coordenadora das galáxias.

Ouvir uma boa música, que, de todas as artes da Terra, é a que mais se aproxima do celestial, é buscar o êxtase divino que nos afasta das banalidades do cotidiano e nos eleva aos mistérios etéreos. É quando podemos, embora de uma maneira muito tênue, vislumbrar a senda de luz e beleza que enobrece nosso âmago, engrandece nossa vida moral e nos proporciona alegrias nunca imaginadas quando vivemos apenas em função das "coisas" da Terra.

O segredo de nossa felicidade não está nas coisas passageiras deste mundo; a música nos eleva aos cimos onde resplandece a luz verdadeira. Quero terminar minha apologia à música, pela gratidão que sinto aos compositores clássicos e eruditos, com um trecho de uma das geniais poesias de beleza e sabedoria de valorosos contemporâneos que tanto contribuem para a cura de minha alma ferida de morte. Cito Léon Denis:

> Se a dúvida ou a incerteza nos assediam; se a vida nos parece pesada; se tateamos na noite à procura do fim; se o pessimismo e tristeza nos invadem; acusemos a nós próprios, porque o grande livro do Infinito está aberto aos nossos olhos, com suas páginas magníficas [...]

5. Josepha Chaves Perdigão – Eis o que Chico disse sobre essa amiga e vizinha tão querida, quando discursou em agradecimento ao título de Cidadão Honorário, registrado por Carlos Baccelli no livro *Mediunidade e coração*:

> Lembro-me de d. Josepha Barbosa Chaves em cuja residência efetuávamos as nossas primeiras reuniões e que, ao partir para a vida espiritual depois de alguns meses após a noite de 8 de julho de 1927, à vista de problemas coronarianos que se agravaram de uma hora para outra [...] me recordo das mãos que apertavam as minhas e me disseram:
>
> "Eu não tenho coisa alguma para dar a você, mas esteja certo de que vou orar muito porque pressinto a espiritualidade perto de mim. Darei a você as minhas preces e pedirei a Deus proteja seus passos."

D. Josepha, uma alma iluminada, sem temer o preconceito religioso da época, abriu as portas de sua casa e de seu coração para a primeira sede do centro, que funcionou ali até 20 de outubro de 1928. Foi nesse abençoado local que Chico recebeu sua primeira mensagem mediúnica e exerceu pela primeira vez a psicografia.

Todos os outros nomes citados são amigos muito queridos daqui e de lá.

6. Totone – Que bom ter essa oportunidade para destacar o meu sogro nessa história. Foi o avô com quem Mariana conviveu e amou muito, pois quando meu pai se foi ela estava com apenas 3 meses de idade. Era também uma das pessoas mais maravilhosas que conheci, tais eram seus desprendimento, bondade e humildade, qualidades que lhe adornavam o caráter ilibado de homem pobre e trabalhador a quem nada na vida era capaz de contrariar. Aguinaldo dizia que todas as vezes que Totone escutava uma crítica a alguém, ou que alguém não era uma boa pessoa, ele calmamente dizia: "Mas ela ainda vai ser boa." Era espírita para saber que, no homem, há mais de imaturidade do que de maldade, e que estamos todos sob a lei do progresso? Era budista para entender a importância da compaixão pelos que erram? Não, para as duas perguntas. Seguia a religião do amor.

Totone costumava dizer que toda religião era boa; dizia que não seguia nenhuma, mas que achava todas muito boas. Talvez se expressasse assim por pensar que para seguir uma religião bastaria escolher um templo tal e frequentá-lo assiduamente. Partindo dessa premissa, podemos dizer que Jesus também não seguiu nenhuma religião.

Uma grave enfermidade no fígado levou meu sogro em pouco tempo, em 1998. Entendi que, no caso dele, foi rápido o processo porque ele não precisaria ser burilado pelo sofrimento de hospitais, cirurgias etc. É uma alma linda, que esteve presidiária ao corpo físico, cumpriu 80 anos de sua pena e ganhou a liberdade.

7. cedi para seguir em paz – Eu sempre me perguntava se havia ensinado minha filha a morrer. Ou melhor dizendo, a desencarnar, já que morrer é um fenômeno biológico. Desencarnar, acho que posso chamar assim, é um fenômeno emocional que significa conseguir se desligar dos projetos terrenos, deixar para

trás tudo que lhe atraiu e prendeu ao mundo material, incluindo coisas e pessoas, situações e atividades, prazeres e costumes. Fiquei feliz em saber que ela "cedeu" e seguiu adiante na difícil arte de desencarnar, deixando-nos a todos ainda no cemitério. Muitos não conseguem esse desligamento e ficam pela Terra perambulando, perdidos em dúvidas e tristezas indizíveis.

**DE TODOS OS INFELIZES,
OS QUE PERDERAM A CONFIANÇA
EM DEUS E EM SI MESMOS SÃO OS
MAIS DESDITOSOS, PORQUE O MAIOR
INFORTÚNIO É SOFRER A PRIVAÇÃO
DA FÉ E PROSSEGUIR VIVENDO.**

BOA VIAGEM!
VÁ COM DEUS!

24

E FOI NO CEMITÉRIO, LOGO APÓS O DIÁLOGO COM JÚLIO, QUE meu marido acercou-se dizendo: "Vamos para um hotel, não quero entrar em nossa casa nunca mais." Heráclito tem razão quando nos ensina que ninguém entra em um mesmo rio duas vezes, já que depois do primeiro contato, nem o rio nem a pessoa são mais os mesmos. Cada pessoa vive seu luto de um jeito e, no caso em questão, cada luto foi vivido de formas diferentes pela mesma pessoa. Compreensível.

A dor é geral e inevitável, mas a maneira de senti-la é subjetiva e até opcional. O incômodo que ela causa é sentido de forma diferente, e cada pessoa tem o direito de tentar se livrar desse incômodo como melhor lhe convier. Com a partida de Rangel, Aguinaldo não se importou em continuar morando na mesma casa; só pediu que eu desaparecesse com todas as fotografias.

Com a de Totone, ele começou a passar todos os momentos livres em casa de sua mãe, e espalhou fotos do pai em todos os lugares de nossa casa. Agora a reação era outra: ele não queria continuar morando no mesmo lugar que compartilhara com a filha.

Respeitei seus sentimentos, mas não consegui acatar sua vontade, porque sabia que seria ineficaz. Implorei a ele que ficássemos onde estávamos, porque a dor não estava na casa e nos acompanharia para onde fôssemos, com o agravante de que não tínhamos a menor condição de lidar com uma mudança naquele momento. Mesmo porque, quando se está em meio a um espinheiro de dúvidas, é preferível não se movimentar depressa para não se ferir. O melhor a fazer é orar, buscar inspiração, observar para descobrir o melhor jeito de sair do meio dos espinhos.

Se com Rangel os sentimentos foram compartilhados – e sentimentos compartilhados fortalecem uma união –, dessa vez tive a impressão de que o luto caiu sobre nós como uma bomba que, ao explodir, projetou-nos um para longe do outro. Conversávamos muito e eu tentava fazer com que ele visse os acontecimentos com menos rebeldia e desassossego, mas ele estava – e esteve – por muito tempo, bastante refratário a qualquer tentativa de consolação. Víamos e vivíamos aquela situação de forma diametralmente oposta. Enquanto ele se desesperava chamando pela filha, Lé, que sempre nos visitava, e eu, orávamos com todas as nossas forças, pedindo a Deus que Mariana não sintonizasse aquelas energias de total inconformação.

Essas são as lágrimas que fazem mal: de desespero, rebeldia e falta de resignação. Mesmo refratário a qualquer ajuda, mesmo brigando com Deus, ele nunca blasfemou. Sua boa educação religiosa não lhe permitira isso. Pelo contrário, em seu desespero, dizia: "Oh! Jesus! oh! meu Deus!" Estava apenas confuso. Não conseguimos nos afastar de Deus pela tangente da rebeldia na dor, pois em algum momento seremos compelidos a voltar. Na parábola do filho pródigo, este não é obrigado a voltar, mas o faz espontaneamente. A vitória final é de Deus, fazendo com que Suas criaturas queiram livremente o que antes não admitiam necessitar nem à força. Aguinaldo apegou-se ao carinhoso genro a quem transferira todo o amor paterno, chegando ao ponto de expressar o desejo de "adotá-lo"; ideia que Aguinaldinho e eu achamos melhor que não se concretizasse, pois isso impediria a elaboração do luto do ex.

Quando o Rogério entrava com a moto lá em casa, nosso cachorro, o Tute Diniz Rodrigues, corria até ao portão esperando alguém mais chegar, e chorava frustrado, pulando no "cunhado". Não estranhem o sobrenome, que apenas mostra como ele se identificou com o Espírito da casa em que viveu, latiu, abanou o rabo e encheu a paciência de todo mundo. É também em respeito ao Tute, que não suportaria a decepção se algum dia descobrisse que não era filho legítimo, e sim adotado. Não ser filho nem passava pela sua cabeça, isso seria por demais traumatizante. Ele, que vivia deitado na sala de televisão com a cabeça na almofada, dividia em muitas noites o quarto com Aguinaldinho e desempenhava pequenas tarefas, como avisar Cota que Aguinaldo estava chegando e o almoço já podia ser servido – a melhor hora do seu dia de cão que nunca gostou de ração; claro, seu ego não o permitia.

Tute subia no canteiro do jardim e arrancava do meio de toda a ramagem apenas os lírios-da-paz quando, recebendo visitas, não permitíamos que entrasse em casa. Comportamento normal de qualquer adolescente. Minha irmã Lívia me disse, certa vez: "Vocês mudam de cachorro, mas a chatice deles continua a mesma." Enunciando assim uma verdade que eu talvez ignorasse.

Algumas pessoas que viram um novo cãozinho de Chico Xavier, que, como sabemos, adorava tê-los, repetir o mesmo hábito do anterior – o de enfiar a patinha entre o espaço dos botões de sua camisa e alisar seu peito, o quê, segundo dizia, fazia parar a dor da angina –, perguntaram se um era a reencarnação do outro. "Não. É a energia (princípio vital, espécie de um rudimento de alma) do Brinquinho que inspira este para que aprenda a fazer o que eu gosto." Cada um tem o cachorro que merece.

Quantas noites, sozinha em casa – bom, sozinha, não, com Tute –, eu alisava sua bela pelagem dourada e dizia, pensando na mudança para um apartamento que se fazia eminente: "Chegará um dia, Tute, que nem você eu terei como companhia; e você, nem a mim." Ele não entendia muito sobre medo de solidão, ou medo do desconhecido, mas gemia em solidariedade às minhas lágrimas, lágrimas por tudo, e por eu ter que me separar dele e do jardim. Meu casamento chegara ao fim.

*

HOJE, ESTAMOS DIVORCIADOS. APESAR DAS estatísticas serem altas quanto à separação de casais enlutados, não posso atribuir meu divórcio a essa causa. Os psicólogos analisam os motivos pelos quais muitos casais não resistem às turbulências desse período: questões mal resolvidas que estavam "debaixo do tapete" voltam para o cenário, concessões que foram toleradas por anos a fio tornam-se insuportáveis.

A diferença da intensidade da dor em cada um cria abismos intransponíveis, onde um não entende por que o outro sofre tanto, e o outro acusa o que sofre menos de insensibilidade e falta de apoio. Essas pressões e dificuldades podem levar um dos parceiros a ocultar sua vulnerabilidade e suas necessidades, e esses sentimentos não expressos verbalmente em um diálogo amoroso e honesto resvalam em atitudes de críticas, cobranças, explosões de raiva. Isso contribui para o afastamento emocional que muitas vezes torna-se definitivo.

Três anos depois da partida de Mariana, em 2009, meu marido me disse: "Vamos vender esta casa e comprar dois apartamentos." Entendi a proposta, ainda que não explicitada verbalmente, e aceitei o desafio contido em seu silêncio. Quando ficamos noivos, também fora assim: "Vamos ficar noivos no dia do meu baile de formatura." Sua colocação se resumia à questão da data. Meu romantismo natural de moça de 23 anos sentiu que estava faltando uma parte. Mas estava tudo certo; a parte que achei que faltava era aquela da qual eu não me lembrava, do compromisso que fora assumido nas estrelas.

Nessa época, Aguinaldinho estava noivo, e pedi a meu marido que esperássemos passar o casamento. Assim, cumpriríamos até o final nossos deveres de pais sem complicar a vida do filho que, de outra forma, certamente, montaria seu próprio recanto no nosso tempo e não no dele.

E fiquei feliz com a aquiescência de Aguinaldo em esperar.

Os casamentos duram enquanto duram os motivos que levaram a ele. Pela suavidade do desatar dos laços que nos uniam, sem violentar nossos sentimentos, realmente o nosso casamento tinha chegado ao fim. Cumprimos o "juntos novamente" ao entregarmos os três filhos para a vida.

Durante aqueles dois anos que se passaram entre intenção e realização de nossa separação, tive bastante tempo para me preparar para a nova etapa de minha vida. Eu não me conhecia o suficiente para saber qual seria o meu grau de apego à minha casa e como realmente me sentiria a me ver privada de tudo aquilo. Era uma incógnita, e sentia-me insegura.

Um dia, durante a meditação no quarto de minha filha, hábito que passara a cultivar uns dez anos antes, senti uma grande paz quando uma enorme serenidade tomou conta de todo o meu interior, e fiz a profunda e óbvia descoberta: tudo está dentro de mim. Minhas lembranças e meus sentimentos, minha história, estariam comigo onde eu estivesse, não importando se em uma casa enorme ou em uma pequeninha. Diante dessa experiência, dessa reconstrução de mim mesma, consegui colocar no coração um brilho extra que se traduziu em calma e confiança, coisas que não estavam ali antes. Tudo contribuiu para derramar em mim e à minha volta um delicado encanto. O caminho seria colocar mentalmente a presença de Jesus em cada lembrança. Desse modo, as ausências seriam preenchidas pela confiança no Divino Amigo de todas as horas.

Aprendi que quando queremos achar refúgio contra as tristezas e dificuldades, só existe um meio: elevar o pensamento às regiões da luz divina, onde não penetram jamais as influências grosseiras do mundo. A meditação, quando sabemos praticá-la, tem o poder de esclarecer o Espírito e desprendê-lo das preocupações inferiores, das questiúnculas da vida, e fazê-lo pairar acima das tempestades, acima de todas as coisas efêmeras dessa vida, e nos inebriar dos esplendores da verdade e da luz, enquanto a alma se plenifica em religiosa emoção. E mesmo que eu não alcance tal ponto por total incompetência espiritual, o método é tão eficaz que encontrei paz e coragem. Bastou a tentativa de me elevar à grande causa na qual tudo se concentra e se resume para sentir os resultados. Eu sofria, mas sofria em paz. Afinal, assim como o dia morre nos braços iluminados pelas estrelas da noite, minha filha encontrara outros abraços tão amorosos quanto os que aqui deixou.

A partir daí, planejei alegremente e sem medo, as mudanças necessárias, e agora possíveis. Foi um período de intensas atividades. Estava sendo lançado o filme *As mães de Chico Xavier*, e havia pré-estreias em vários estados.

Tute

Uma bela manhã de março de 2011, eu disse ao Aguinaldo:

— Tenho que participar da pré-estreia em Fortaleza, e de lá seguirei para São Paulo. Quando voltar, irei para o meu apartamento, já está tudo pronto.

— Boa viagem, vá com Deus.

Junto a essa despedida atenciosa, levei também uma pérola bastante exótica. Um dia ele me disse: "Sabe, nosso casamento não foi ruim. Só não fui feliz porque me casei com uma espírita. E espírita tem carma." E bota exotismo nisso. Pensei: "Meu Deus! o que mais ele não entendeu sobre a doutrina?"

Aí lembrei de mais uma coisa que ele não entendeu. Um dia, após a partida da Mariana, eu fazia a palestra de segunda-feira no Luiz Gonzaga. Aguinaldo chegou para a reunião. Envolvido pelo ambiente, sensibilizou-se e não conseguiu segurar o choro, facilmente audível por todos no salão. Achei que ele ficaria mais à vontade se eu não interrompesse a atividade e, por isso, prossegui. Dava para sentir as vibrações compreensivas e fraternais com que a assembleia o envolvia. Terminada a reunião, uma senhora diz a ele:

"Uai, dr. Aguinaldo, eu não sabia que o senhor era espírita."

E ele responde com outra pérola: "Sou agora que estou precisando muito, quando eu parar de precisar, vou parar de ser."

Uma resposta sincera, já que a sinceridade é uma de suas muitas qualidades, assim como seu senso de humor. Espero que ele seja capaz de mantê-lo quando ler este livro.

Finalizando este capítulo, em homenagem aos que perdem em seus cães um ente também muito querido e sofrem sozinhos, preciso dizer que, não tendo sido possível a guarda compartilhada, Tute foi entregue a uma veterinária que morava em uma fazenda. Na época fiquei sem tempo de pensar nessas coisas, pois minha mãezinha estava partindo.

OS PSICÓLOGOS ANALISAM OS MOTIVOS PELOS QUAIS MUITOS CASAIS NÃO RESISTEM ÀS TURBULÊNCIAS DO PERÍODO DE LUTO E DIVORCIAM-SE: QUESTÕES MAL RESOLVIDAS QUE ESTAVAM "DEBAIXO DO TAPETE".

MARIA LAURA E KAUAN

Ao ouvir as histórias dos outros e compartilhar as emoções de suas lembranças, nossa dor vai desaparecendo. Esquecer um pouco de nossa própria dor e nos dedicar a alguém que sofre mais do que nós é extremamente terapêutico para nosso corpo e nossa alma, além de ser uma atitude valiosa por si só.

Geralmente nesses diálogos, exponho um pouco sobre as leis divinas, porque conhecê-las e compreendê-las dá um sentido aos fatos, tornando a dor mais suportável. Entender o sofrimento como o grande educador de nossas almas nos ajuda a desenvolver as sensibilidades e as potencialidades que trazemos em nós, e, por vezes, acabamos por entender também que a dor é uma forma de justiça, um corretivo para o nosso passado recente ou longínquo.

Em 7 de janeiro de 2014, recebi uma jovem senhora que havia sepultado a filhinha de 4 anos dois dias antes de nosso encontro. A dengue hemorrágica precisou de apenas 48 horas para levá-la embora. Ela contou uma história muito interessante, isso porque o que ela relatou sem jamais ter lido uma linha sequer da literatura espírita traz dois aspectos importantes. Entre lágrimas, muitas, e com muita dor, ela me falou da filhinha.

Como vizinho, eles tinham o garotinho Kauan, alguns anos mais velho que a menina. Eles brincavam juntos e se diziam namorados. Kauan viajou para a casa da avó e lá se despediu da vida física por afogamento. Os pais da Maria Laura não falavam mais nele para que a menina não se entristecesse com a ausência. De fato, meses e meses se passaram sem que ela demonstrasse ter qualquer lembrança do amiguinho.

A menininha, depois de algum tempo da morte do amigo, disse: "Mamãe! eu vou morrer."

A mãe Cintya pediu, até com certa braveza, que ela nunca mais repetisse aquilo.

— Mas, mamãe, eu vou morrer...

— Você nem sabe o que significa isso!...

— Sei, sim.

E brincando de irritar a mãe, dançava e dizia, em uma cantiga inventada: "Eu vou morrer ê, eu vou morrer ê..."

Brincadeira esquecida, viajaram para a praia. A criança apresentou-se um pouco febril, foi medicada e dormiu em um colchonete na sala. O primeiro aspecto da história que quero salientar é o de que a lembrança que Maria Laura trouxe de seu planejamento reencarnatório de tão curta passagem pela Terra foi expressa na brincadeira da premonição. O segundo aspecto ressalta outro fundamento: os parentes assistiram estupefatos ela acordar de repente, sentar-se na cama e dizer: "Oh! o Kauan está aqui me chamando para ir brincar", e depois, imediatamente, retornar ao sono. Todos voltaram para casa, em Pedro Leopoldo, a menina foi internada e fim. Lá se foi ela.

Tudo indica que, naqueles coraçõezinhos infantis, pulsava um amor nascido em outras experiências reencarnatórias que era tão forte que foi capaz de levantar o véu do esquecimento e fazer com que eles se reconhecessem. Na mãe de Laura, restou um sentimento de culpa. Ela pensou que se não tivesse viajado, a menina não teria se infectado.

Não importa a causa da destruição dos corpinhos aqui deixados. A transição desta vida para outra foi suave porque eles não acumularam grande bagagem emocional pelo pouco tempo que estiveram encarnados. O segundo aspecto comprova que ninguém está sozinho. Essas visitas, que foram abordadas por Allan Kardec, são mais comuns do que imaginamos, e quando os moribundos as relatam, muitos pensam serem delírios *in extremis*.

No caso relatado, a ajuda foi a visita do amiguinho Kauan. A visita de amigos e familiares desencarnados que antecedem a nossa partida é um fato conhecido por todos que já leram Kardec, mas era não conhecido por nossos personagens. É fácil imaginar Kauan e Maria Laura, evidentemente acompanhados por guias espirituais, leves, livres e felizes entrando no mundo espiritual, sentindo uma imensa paz. Se as mães soubessem o que aguarda as criancinhas que voltam para casa, continuariam a derramar lágrimas, mas só de saudades, sem nenhuma amargura ou preocupação.

Foi lindo ver a maneira como os familiares de Maria Laura escolheram para iniciar a elaboração do luto. Distraíram a dor a partir da generosidade, e mostraram-me, felizes, as fotos da família toda reunida, tias e tios, fazendo um belo macarrão que embalaram em "quentinhas" e distribuíram na periferia de uma cidade próxima. Os olhos de mamãe Cintya brilhavam, chamando minha atenção para o filhinho de 7 anos que ajudava os adultos. Sabedoria de coração que ama. A alegria que eles sentiram foi o agradecimento de Jesus (*Mateus* 25:40): "Quando o fizestes a um destes meus pequeninos irmãos, a mim o fizestes." Não é fácil encarar histórias tão tristes de pessoas assim tão generosas.

Gostaria de transmitir a essas mães a certeza de que a única diferença entre elas e eu, em termos de superação da dor, foi causada pela ação do tempo, o grande aliado de Deus, e que a saudade não acaba nunca, mas assume formas diferentes, não tão dolorosas como a dos primeiros tempos do período agudo da dor. Nunca esquecemos nossos filhos que partiram. Nunca esquecemos o nosso passado, do qual nossos amados fizeram parte, mas as lembranças amargas podem ser afastadas com uma ocupação elevada que pode dar uma nova direção aos nossos pensamentos, deixando a esperança sorrir, fazendo nascer em nós a fé e a confiança. O trabalho no bem não diminui a saudade, mas nos dá um vigor interior incalculável. Não pretendo mostrar a ninguém como encarar um luto. Estou apenas sugerindo que orientemos o olhar sob uma nova ótica.

Não concluirei minhas reflexões sem comentar, mesmo que sumariamente, o que ocorreu com outro casal que veio ao Luiz Gonzaga em busca de respostas. Relataram que o filho, um rapaz de 20 e poucos anos, havia resolvido mudar de emprego. Entrou para uma conhecida empresa da indústria de alimentação como estagiário. Com apenas duas semanas de experiência, ele foi escolhido pelo diretor-proprietário, dentre tantos funcionários, para participar de um seminário. O chefe também se ofereceu para levá-lo em seu avião. Parecia inacreditável que tivesse tanta sorte! Com poucos minutos de voo, o avião caiu, e não houve sobreviventes entre diretores, tripulação e o nosso jovem. Parece-nos inacreditável tanto azar!

Perguntei aos pais se eles haviam percebido que o filho fizera toda uma movimentação para ir ao encontro de seu destino. Eles responderam que sim. Conversamos sobre sorte e azar, esses acontecimentos do dia a dia que, quando analisados de maneira superficial, são assim erroneamente classificados. O que chamamos no presente de sorte é o resultado do merecimento que geramos no passado, assim como nosso plantio de hoje ocasionará a "sorte" ou o "azar" de amanhã. Chamamos de azar o resultado de nossas escolhas equivocadas do ontem. Assim é a vida: estamos sempre colhendo o que plantamos e plantando o que vamos colher amanhã. Não fomos abandonados impiedosamente aos azares de um mundo regido pelo acaso.

A fatalidade não existe senão pela escolha que fazemos de suportar tal prova. Estamos sob a lei do livre-arbítrio e podemos traçar nosso destino a cada momento; contudo existe liberdade para plantar, embora a colheita seja obrigatória. A ideia de que as coisas acontecem por acaso demonstraria falta de direção e uma ausência de comando central, e, portanto inconciliável com a noção de ordem e harmonia existente no universo. Não existe nada de fatal, exceto a nossa morte e o modo como ela se dará. A fatalidade da morte nem sempre está relacionada ao instante exato em que ela ocorre, mas no fato em si. Ao nascer, estamos predestinados a morrer. Deus já sabe de qual modo partiremos daqui e frequentemente nossa alma também o sabe. Isso explica as premonições.

O jovem de minha história, sem imaginar tal desfecho, caminhou ao encontro do gênero de morte que já estava delineado para ele. Por outro lado, não vemos milhares de exemplos que mostram o contrário? Pessoas que perdem um avião que cai, saem de um prédio momentos antes de incêndios que provocam inúmeras vítimas fatais, não fazem determinada viagem e milhares de outros exemplos? O que nos parece um acidente aleatório faz parte de um planejamento anterior. Nossas existências se desenrolam em acontecimentos aparentemente sem nenhuma ligação, mas, do alto, a justiça regula nosso caminhar dentro de princípios imutáveis em que tudo se entrelaça entre causas e efeitos. Não existe acaso nas supremas leis que regem o universo e a vida. Tudo revela e manifesta a presença divina.

Apesar de nossa incipiência intelectual, o pouco que conseguimos entrever das leis naturais nos arrebata, pois pressentimos Deus amealhando a certeza de que beleza e harmonia presidem nossas existências. São leis de justiça que os ensinamentos do além nos dizem ser tão perfeitas em seus fundamentos e harmoniosas em suas aplicações que se executam por si mesmas, sem que seja necessário um tribunal divino acusador, mas das quais nenhum de nossos atos bons ou ruins escapam. Há uma espécie de ímã, uma energia coordenadora, que leva as pessoas para determinado local ou as afasta de determinados acontecimentos. Quando essa ideia da magnânima justiça penetrar em nossas consciências, compreenderemos que esses admiráveis instrumentos de justiça nos conduzem a uma ordem e harmonias interiores. Então, buscaremos com mais empenho nosso crescimento.

Sabemos que, em quaisquer circunstâncias, o luto é tão devastador e doloroso que parece consumir toda a nossa alegria de viver. A pessoa naufraga em um oceano de dor e nele permanece. Eis aí a maior perda da vida que, segundo Norman Cousins, é o que morre dentro de nós enquanto vivemos. Aprender a vencer o poder dessa dor que nos paralisa e que faz parar o tempo, a fim de seguir adiante, é o único caminho saudável. As nossas perdas não podem impedir que procuremos uma vida mais plena possível. Nossos entes queridos estão sempre perto de nós, com corpos de uma matéria diferente da nossa, abraçando-nos com amor. Ouço vários relatos nesse sentido: "Sinto a presença de meu filho, sinto seus braços me envolverem em um abraço que gostaria de eternizar."

Algumas pessoas aceitam, ou melhor, aprendem a lidar com as perdas, vivenciam seus lutos, superam a dor e seguem em frente. Outras se entregam a ele, incapazes de administrar o sofrimento. Há ainda aqueles que o elaboram parcialmente e não conseguem distinguir o luto das outras perdas. E quando outras perdas surgem em nosso caminho, nós nos tornamos, parece, as pessoas mais infelizes do mundo. Perde-se o emprego, um afeto, a juventude, os hormônios, uma situação de poder, e agregamos as perdas que sofremos a essa enorme perda da morte de alguém, que nunca saiu de dentro de nós.

Um dia, recebemos a visita de um casal que não conseguia entrar em um acordo quanto aos pertences do filho que partira. Ela queria deixar tudo como estava. Usava o quarto do filho como um local sagrado e consagrado às suas lembranças e prestava ali suas homenagens. Ele queria desfazer-se de tudo, reorganizar o espaço e distribuir as coisas. É difícil opinar quando as opções são violentar corações ou assumir o papel de alguém que teria um caminho para apontar. Acontece que a situação de apego criada por ela afigurava-se como uma recusa inconsciente de aceitar o fato de que o filho estava morto e jamais voltaria. Muito pior do que isso era a situação do jovem. O rapaz estava morto e precisava desencarnar, ou seja, desligar-se de tudo, não alimentar a ilusão de que continuava vivo na carne. Contudo, sua mãe, por quem estava ligado pelos laços indestrutíveis do amor, não estava ajudando em nada o seu equilíbrio e o seu sucesso no processo de readaptação na nova vida.

Com todo o carinho e respeito que consegui reunir, expliquei a ela essas coisas, mas o que ajudou foi a provocação por meio de uma frase que me foi útil quando precisei: "Guardar algo para recordar-te é admitir a hipótese que posso esquecer-te."

E perguntei a ela: "Você precisa da ajuda de alguma coisa para lembrar de seu filho?"

Inúmeros pedidos nesse sentido nos são feitos pelos que podem se comunicar em sua nova vida, como o jovem José Bernardo no livro *Claramente vivos*, psicografado por Chico Xavier: "Guarde, mãezinha, apenas os nossos retratos, porque as fotos são pontos de intercâmbio espiritual. Limpemos a área em que me movimentei por aí, com o que me sentirei mais leve."

Vejamos o outro lado das atitudes. O livro *Na hora do adeus*, psicografado por Irene M. Pacheco e ditado por Luiz Sérgio, relata a indignação de uma senhora com a pressa de suas filhas em desfazerem-se de tudo o que era dela, arejar o ambiente, desocuparem o espaço que ela havia ocupado. Ela assistiu ao descaso com que as filhas trataram suas "coisinhas" e "lembrancinhas" sem nenhum valor a não ser o afetivo e que ela guardava com tanto carinho.

Inacreditável o que ocorreu entre minha amiga N. e sua muito idosa mãezinha. N. era ainda adolescente quando seu pai morreu. Restaram apenas as duas, que, apoiando-se uma na outra durante as dificuldades da vida, criaram laços fraternais, amorosos, mas não se sentiam mãe e filha. Fui a um aniversário na casa delas e encontrei a mãe de minha amiga na cozinha, já bastante idosa, tomando uma latinha de cerveja. Ela me disse: "Não sei como vocês aguentam essas festas sem graça de N. Nunca tem cerveja. Esta aqui mandei comprar escondido."

N. comentou depois que foi difícil conseguir cortar o estranho hábito da mãe, pois ela se recusava a jantar se não lhe servissem a tal latinha de cerveja. Pois bem, lá se foi a mãe aos 99 anos de idade. N. era médium vidente, e, alguns dias depois, descendo as escadas de sua casa, "encontrou" a mãezinha sentada na poltrona da sala, "olhando para ontem". E disparou: "Mamãe, o que você está fazendo aqui ainda? Já não te expliquei que você morreu?"

O que posso dizer de agora diante do hábito da bebida e da longevidade de nossa protagonista, para não parecer que faço apologia ao alcoolismo? Lembrá-los de meu irmão Cezar e de tantos outros, que estragaram grandes projetos de vida, destruíram o relacionamento familiar, a saúde e partiram antes da hora? Discorrer sobre milhares de estatísticas em que podemos relacionar os crimes e insanidades praticados sob o domínio do álcool? Falar das vidas destruídas no trânsito por motoristas embriagados? Acho que já está bom, só falta constatarmos que a vovozinha foi uma exceção para não vermos essa história que me fez rir tanto ser cortada pelo bom senso dos editores.

A SAUDADE NÃO ACABA NUNCA, MAS ASSUME FORMAS DIFERENTES, NÃO TÃO DOLOROSAS COMO A DOS PRIMEIROS TEMPOS DO PERÍODO AGUDO DA DOR.

EU QUASE QUE NADA NÃO SEI. MAS DESCONFIO DE MUITA COISA

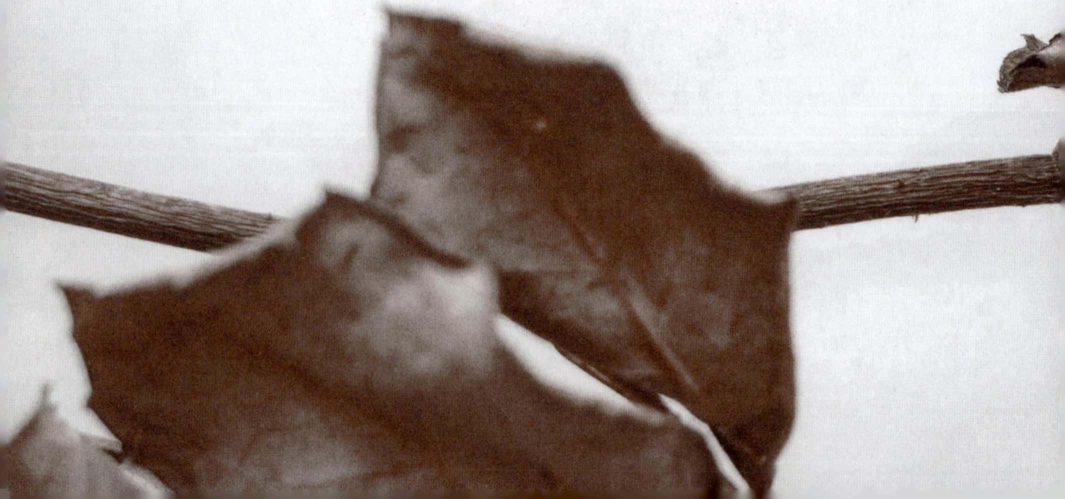

26

É LAMENTÁVEL VER A FAMÍLIA SE DESAGREGAR NO EXATO MOmento em que a situação pede união e ajuda recíproca. Uma mãe que não sustenta o mesmo nível de interesse pelos outros filhos e pelo esposo. Um pai que vive essa mesma desorientação. E ainda os filhos marcados pelo duplo ressentimento com a morte que lhes arrancou o irmão e, ao mesmo tempo, a atenção dos pais, que muitas vezes passam a agir como se eles não existissem.

A força de superação vem da união familiar. Depois de um seminário no Piauí, uma senhora veio conversar comigo. Seu modo de vestir-se e maquiar-se demonstrava que ela tentava segurar, em vão e bravamente, a juventude que ameaçava partir. A bem da verdade, já tinha partido. Trazia na bolsa a foto de uma linda garota, sua filha. Pelo que dizia percebia-se que ela estava

em pleno luto. Até aí tudo normal, não fosse por um detalhe: a filha tinha morrido 15 anos antes. Diante da fixação mental apenas na perda que sofrera, que importância ela dava ao marido e aos outros três filhos?

Pedi a ela que, além do recurso do evangelho, que é sempre o melhor caminho, buscasse uma terapia para descobrir o motivo de tanto choro. Talvez chorasse outras perdas que agregara ao processo do luto, sem perceber. Sem querer entrar em uma área sobre a qual não tenho a menor condição de opinar, farei minhas as palavras de Guimarães Rosa, em *Grande sertão: veredas*: "Eu quase que nada não sei. Mas desconfio de muita coisa." E eu, que desconfio vagamente, desconfiei que a menopausa mal administrada e toda a elaboração que exige o envelhecer contribuíam muito para aquele quadro.

Superar a dor da perda depende não só de quem perdemos, mas do que se perdeu com aquela pessoa. Sabemos identificar o que perdemos? O provedor? O faz-tudo? A companhia? Ou perdemos o que ainda tínhamos por viver? Era alguém a quem eu protegia, e agora não sei o que fazer com o tempo que gastava nessa proteção, nesses cuidados? Era quem me protegia, minha âncora, meu porto seguro, e agora não sei como me virar? O tempo de reclusão que o luto pede e as recordações que guardamos podem nomear o que perdemos e nos levar a pensar em como viveremos depois dessa perda e com que mudanças precisamos arcar e que tamanho e importância isso terá em nossa vida. Todas essas reflexões podem provocar uma crise, pois nos exigem a tarefa de reorganizar, excluir e incluir novos papéis no cenário familiar. E, mais do que tudo, obriga-nos a encarar a necessidade de delinear o que restou em nossa vida.

Episódios de recaídas são comuns, caracterizados pelo desinteresse pela vida lá fora, como nos ensinam os psicólogos que sabem dessas coisas. Por algum tempo, pensamos: "Essa pessoa era tudo para mim". Com o passar do tempo, descobrimos que ninguém pode ser tudo para alguém. "Fulano me faz muita falta". Mais tarde, percebemos que somos perfeitamente capazes de sobreviver sem aquele indivíduo.

A vida nunca mais será a mesma, mas não podemos permitir que o luto empobreça tanto o nosso eu. Quando Jesus disse "Vinde a mim, todos os que estais cansados e oprimidos, e eu vos aliviarei" (*Mateus* 11:28), Ele não o fez apenas para arrebatar multidões com um discurso bonito. Era verdade. E me ensinaram que ir a Jesus significa não pensar somente na própria dor. Ensinaram-me a me curvar diante da vontade divina e a ver a infinita misericórdia de Deus também quando as coisas não são como eu gostaria que fossem. Encontrar o repouso para nossas almas e sentir quão suave e leve é o jugo não é algo que se consiga com o desespero, com a revolta e com o desânimo. Alcançamos isso com o trabalho, que será sempre fonte bendita de realização e transformará nossa dor em saudade edificante, em gratidão transportada pela dedicação afetuosa.

Aprendi que as lágrimas, porquanto inexoráveis e necessárias para nos aliviar, não podem nos impedir de enxergar as bênçãos que ainda nos restam nem causar imensas tristezas ao coração daqueles que amamos. Não devemos nos dar o direito de preocupar tanto os filhos desta e da outra dimensão, ou de flagelar os que amamos, perturbando suas recomposições psíquicas.

Ao se aproximarem as datas comemorativas familiares como aniversários, Natal e dia das mães, Aguinaldinho, o filho que continuava fisicamente ao meu lado, olhava ansioso no fundo de meus olhos ao me abraçar ou presentear. Trazia tanta esperança e tanto afeto no olhar que a tristeza das ausências não poderia ser maior do que a alegria da presença dele em minha vida. Então, eu sorria para ele, mas dentro do peito meu coração soluçava. E ao sorrir para ele e encontrar o retorno de tão maravilhoso sorriso e o olhar úmido de ternura, consegui voltar a sorrir para a vida, que continuava estuante e bela.

Ao reavivarmos o passado focando as ocorrências dramáticas da partida de quem amamos e, ao mesmo tempo, focando a realidade do agora, trazendo nos olhos a lanterna da saudade, descobrimos estarrecidos que amamos pouco. Lidar com o amor, principalmente o maternal e o paternal, de forma intensificada pela ausência, transformando-o quase em idolatria, é quase sempre a consequência. As fotografias ampliadas ou trazidas sempre conosco, os elogios e as lembranças revelam o nosso amor direcionado apenas para o ausente querido, sem nos importarmos com os que estão ao nosso lado compartilhando da mesma dor. Ressignificar nosso afeto com justiça e gratidão nos dá forças renovadas para seguirmos em frente.

·❧✻☙·

MAIO DE 2009, VÉSPERAS DO dia das mães. O processo de reconstrução pessoal após as perdas exigiu de mim tempo e muito esforço para que eu não adoecesse de tristeza. Tentar cumprir meu dever diante da vida evitaria o descompasso do coração, fortalecendo o meu corpo. Porque o corpo sofre tanto mais quanto o espírito se mostra profundamente atingido. A notícia de uma encarnação em Sevilha que Mariana citou em uma mensagem psicografada não me saía da cabeça. Eduardo Girão, diretor-executivo do filme *As mães de Chico Xavier* e grande idealista de causas humanitárias, convidou-me para a pré-estreia do filme sobre Bezerra de Menezes na Embaixada Brasileira em Portugal. Ele programou nossa viagem com todo entusiasmo, também porque, sabedor da história de Sevilha, desejava assistir ao meu provável *déjà vu*.

Não é assim que as coisas acontecem. Dois dias antes da viagem, eu faria uma palestra em um centro espírita, onde também psicografaria aquele médium da mensagem de Rangel sobre a chegada de Mariana ao mundo espiritual. "O telefone toca é de lá para cá..." Pedir a Mariana que escrevesse para mim não deixaria de ser uma espécie de evocação. Entreguei minha vontade a um poder maior, mas em minhas orações eu pedia a Deus que, se por acaso minha filha estivesse presente e pudesse escrever, quem sabe ela não pudesse dar mais detalhes sobre a Espanha, datas, locais etc. Absurdas pretensões que não comentei com ninguém, muito menos com o medianeiro. Para minha grande alegria e pequena frustração, eis o que ela escreveu:

Mãezinha Célia, Deus nos abençoe!

Que Tua bênção venha sobre nós, nos harmonize as almas nesta hora de tantas emoções!... Estou bem, na caminhada nova que me induz a refletir mais para agir com proveito.[1] Não vou lhe dizer que foi simples ou fácil. Meu temperamento sofreu desde os primeiros instantes[2] de desencarnada, os golpes necessários ao ajuste à vida que pede mais que na Terra... Vovô Lico, minha tia Deise e outros amigos e familiares deram-me as boas-vindas.

Mas, mãe, ver de novo o Tetéo, na condição de um rapaz já maduro, com os olhos serenos, dizendo-me: "Mariana! seja bem-vinda ao lar espiritual!..."

Mãe, minha cabeça não andava boa...[3] Eu não entendia se era a dengue ou se ultrapassava o problema que me afetou o organismo.

Realmente, a tormenta, o peso mental já dizia respeito ao processo da partida, pois perdurou por largo período em que fui acolhida pelos nossos.

Seu sofrimento pela segunda vez nesse sentido atordoou-me, tanto quanto a condição de meu pai. Não digo isso para que vocês se sintam incomodados. Ao contrário, porque a verdade é que o amor não pode ser indiferente aos que convivem juntos, em regime tão especial. Hoje, posso dizer que estou inteira, mas não foi assim desde o início.

Sei de suas preocupações e anseios[4] por respostas, no entanto, as coisas não são assim. Devemos aguardar o tempo e as circunstâncias, pois os temas da vida espiritual exigem preparação e amadurecimento. As atividades a que você se entrega são providenciais e você sabe disso, mãe.

Os planos da Espiritualidade, segundo o Tetéo, expressam probabilidade[5] e não há nada de absoluto neles, enquanto experimentamos em um mundo ainda incerto moralmente como a Terra. Sei que você entenderá isso e não lamentará nada, embora as saudades que temos em comum.

O Chico nos visitou outro dia.[6] Ante a sua doçura e imenso carinho, o que fazer, senão tentarmos ser mais fortes e mais dedicados ao bem?!

Mãezinha! na impossibilidade de materializar flores daqui para homenagear você, vó Lia e vó Dite, pelo dia das mães, peço-lhe transferir a elas o beijo de amor e saudade que deposito em seu rosto. Peça a todos os nossos que fiquem bem e em paz. É o que importa, pois tudo passa e o sentimento é que fica.

Siga o seu roteiro e tenha paciência com o pai e com o Aguinaldinho, a quem envio todo o meu amor. Estou me fortalecendo para atingir a condição do Rangel, o Tetéo de nossas vidas. O amor que passa pela forja das transformações depuradas, segundo o vovô Lico, nos manterá unidos, dando apoio mútuo aos nossos corações.

Obrigada, mãe! que você, voltada a ser sempre a mãe forte e batalhadora, seja abençoada por Deus!

Da sua, sempre sua,

MARIANA

9 de maio de 2009

NOTAS E CONSIDERAÇÕES

1. refletir mais para agir com proveito – Somos levados, por bondosos guias espirituais e Espíritos familiares, quando em condições, a avaliar a encarnação que acabamos de deixar, e certamente ela avaliava o desperdício da oportunidade reencarnatória da Espanha quando destruiu seu corpo físico e aprendeu, por meio de todas as perdas e dores de agora, a nunca mais incidir no mesmo erro.

2. Meu temperamento sofreu desde os primeiros instantes – Guimarães Rosa dizia que "o mundo é mágico e que as pessoas não morrem, ficam encantadas", e para nós, mães, os filhos ficam encantadíssimos e sempre foram encantadores; não mencionamos nem de longe os defeitos dos filhos que partiram, e ai de quem o fizer. Quem conheceu minha filha sabe. Ela possuía muitas qualidades, mas também um gênio forte. Tendia a alguma agressividade, a um pouco de rebeldia e à impaciência.

Vejam, a natureza não dá saltos. Mariana trazia resquícios dos mesmos traços de caráter de 200 anos antes. Traços que precisavam ser eliminados dentro do processo de nossa evolução; para isso foram necessárias medidas duras, que lapidaram aquele lindo diamante que precisava perder algumas arestas e se glorificar em toda a plenitude de beleza que eu já entrevira e com o qual me deliciara. Um resgate com sofrimentos, mas bem mais de acordo com a bondade divina, quando consideramos a outra concepção de um inferno eterno para os suicidas. O sofrimento bem aproveitado é sinônimo de evolução, da alma que caminha em direção a Deus. Livres de nosso passado e responsáveis por nosso futuro, tornamo-nos senhores e artífices de nosso destino.

3. minha cabeça não andava boa – No capítulo 3 da segunda parte de *O livro dos Espíritos*, nomeado "Retorno da vida corporal para a vida espiritual", a genialidade de Kardec nas perguntas e a dos Espíritos nas respostas esclarece essa perturbação por que passa o Espírito na desencarnação. A de minha filha, pelo intenso sofrimento físico, pouquíssimos dias de duração da enfermidade, forças físicas em pleno vigor, e a própria não aceitação, como seria de se esperar, deixaram algumas sequelas em seu corpo perispiritual, trazendo os desconfortos descritos. Eu ficaria surpresa se ela dissesse o contrário. Ela adorava esta existência.

Quantas vezes supliquei à Nossa Senhora que a amparasse, dizendo: "Conhecendo minha filha como conheço, sei que a 'desencarnação' não vai ser fácil." Não por outra razão, procurei me conformar o mais rápido que pude para não complicar ainda mais o lado dela ao me ouvir reclamar: "Que pena, filhinha, que você não está mais aqui." Eu tentava dizer-lhe: "Siga em frente, querida! Sei que está difícil, mas nós somos fortes e conseguiremos." Esse é o aprendizado do amor-renúncia, a mais bela forma de amar. Compreendi-o em sua essência mais sublime e divina tentando calar meu coração egoísta e rebelde. Assim como o amor pode nos levar ao fundo do poço, o mesmo amor tem uma força extraordinária para nos soerguer; assim, posso dizer que a solução de todos os nossos problemas está embutida nos próprios problemas. Duro aprendizado! Abençoado aprendizado!

4. Sei de suas preocupações e anseios – Maravilhosos fenômenos. A penetração dos Espíritos em nossos pensamentos se faz pelas leis das vibrações e sintonias; em nosso caso, ligadas que somos pelas teias do coração. O segundo fenômeno é a sintonia de pensamentos entre ela e o medianeiro, que conseguiu captar as sutilezas de seu ser com suas antenas psíquicas, respondendo às minhas perguntas sobre os detalhes acerca de Sevilha, que eu, pretensiosamente, almejei conhecer. Como vocês puderam ver, não foi possível.

5. Os planos da Espiritualidade, segundo o Tetéo, expressam probabilidade – O contributo que as milhares de mensagens ou cartas familiares que Chico Xavier e outros receberam não é somente o consolo aos corações feridos, mas também um enorme repositório de informações sobre a vida no mundo espiritual e suas leis. Aqui, temos a continuação da resposta que Rangel nos deu quando escreveu a primeira carta, três anos antes. Refere-se à minha dúvida em relação à mudança de plano: ela não ficou aqui encarnada, e ele não voltou. E nos dá uma aula sobre planejamento reencarnatório e livre-arbítrio, reforçando a ideia de que podemos construir novos destinos, a cada dia.

6. O Chico nos visitou outro dia – Trazer notícias de Chico sempre foi assunto polêmico no meio espírita. Todos sabíamos que muitos médiuns equivocados começariam a "receber" Chico Xavier após a sua desencarnação, o que viria a desmoralizar os verdadeiros contatos quando e se acontecessem. No dia em que Aguinaldo me disse "o que vai ser de nós agora que Chico não está mais aqui", pensei: "mas é bom também ele estar lá". Não tinha coragem de verbalizar uma prece nesse sentido, mas intimamente eu pedia: "Por favor, Chico, olhe por minha filhinha!"

No dia seguinte, telefonou-me um senhor de Belo Horizonte que eu nem conhecia pessoalmente e me disse: "Sonhei com Chico Xavier essa noite e ele mandou lhe dizer que sua filhinha está indo bem." Agradeci, arquivei e nada disse sobre o fato.

Algum tempo depois, recebi uma carta de uma senhora do interior paulista, que também não conhecia, jurando que tinha "visto" em sonhos Chico visitando meus filhos. Não acreditei, mas não disse isso a ela. Agradeci e arquivei. Existe uma norma em Kardec que assevera que é preferível, no que tange às comunicações dos Espíritos, rejeitar nove verdades do que aceitar uma mentira, conforme o capítulo 20 de *O livro dos médiuns*.

É ainda fundamento da doutrina espírita a universalidade dos ensinos dos Espíritos, que esclarece que quando uma grande verdade é trazida à Terra, não devemos nos fiar se ela é revelada por apenas um médium. Que os Espíritos encarregados das revelações tomam o cuidado de trazê-la a vários pontos do planeta e por meio de diferentes medianeiros, o que dá maior credibilidade às comunicações.

Guardadas todas as devidas proporções, concluo e agradeço enternecidamente: Chico visitou minha filha. Afinal, ele era amigo de meu pai, e amigos se visitam no plano espiritual, ainda que alguns precisem descer de níveis muitíssimo mais elevados para ver os outros. Aliás, como não acreditar que sua bondade chegaria a tanto se, em janeiro de 1984, a primeira vez que veio a Pedro Leopoldo após a partida de Rangel, ele "desceu" até nós, visitando-nos em casa, cheio de presentes e bênçãos. "Ante a sua doçura e imenso carinho, o que fazer, senão tentarmos ser mais fortes e mais dedicados ao bem?!"

AS LÁGRIMAS, PORQUANTO NECESSÁRIAS
PARA NOS ALIVIAR, NÃO PODEM
NOS IMPEDIR DE ENXERGAR AS BÊNÇÃOS
NEM CAUSAR IMENSAS TRISTEZAS AO
CORAÇÃO DAQUELES QUE AMAMOS.

OLHE PARA O SEU CORPO... ELE NÃO TEM A MÍNIMA CONDIÇÃO DE ABRIGAR A SUA VIDA

27

Nos meses finais do ano de 2009, as atividades de preparação das comemorações do tão esperado Centenário de Nascimento de Francisco Cândido Xavier foram intensas, e, a despeito de nossa insignificância no contexto geral, abracei feliz e preocupada diversas frentes de trabalho: receber os atores de *Chico Xavier, o filme*, prestar pequenas informações sobre sua vida em Pedro Leopoldo aos diretores e roteiristas, idealizar e participar da montagem do Memorial Luiz Gonzaga e do Espaço Cultural Chico Xavier na Fazenda Modelo e suas respectivas inaugurações e ser a promotora local da pré-estreia do filme sobre Chico. Tudo isso culminaria nos meses de março e abril do ano seguinte, com as gravações finais do filme *As mães de Chico Xavier* que contaria a história de Rangel.

É claro que eu me sentia cada vez mais forte por estar me dedicando a essas atividades, pois a dedicação estava direcionada a uma causa maior do que a minha própria. Esquecendo um pouco de "minha dor" e de "minha saudade", eu não me esquecia um minuto sequer de "meus filhos" e enviava a eles as vibrações de amor e de esperanças de que dias melhores nos aguardavam.

Os relatos de minhas atividades só estão aqui pelo fato que exponho a seguir: em agosto de 2009, nova tempestade desabou sobre nós, dessa vez inundando de indizíveis dores o lar de minha irmã Lívia. Assistimos impotentes à partida de seu filho Daniel, aos 30 anos, após 19 dias hospitalizado na tentativa de debelar uma pneumonia decorrente da baixa das defesas de seu organismo. Daniel era vocalista de uma banda e adorava viver, encantando nossos encontros festivos de família e do Luiz Gonzaga com sua bela voz.

Logo que ele foi transferido para o hospital de Belo Horizonte, sob nossas orações e as dela, uma das médiuns de nossa instituição, a mesma N. cuja mãezinha gostava de curtir a vida regando-a de modo bem peculiar, revelou:

> Orei muito pelo Daniel e dormi. Durante a noite, fui levada em desdobramento à beira de seu leito na UTI. Lá encontrei Daniel que, fora do corpo físico, observava-o tristemente jazendo inconsciente. Ao seu lado, duas entidades, que não pude identificar, diziam-lhe palavras de consolo: "Olhe para o seu corpo... Ele não tem a mínima condição de abrigar a sua vida."

Relatei à minha família esse fenômeno que encerrava uma premonição que, no fim, poderia não se concretizar.

As premonições, essas sensações antecipadas do que vai acontecer, podem ter dois objetivos. O primeiro é o de nos preparar, de algum modo, para o enfrentamento mais equilibrado das dificuldades. O segundo é servir como um sinal de alerta para que possamos evitar acontecimentos desnecessários ao nosso crescimento. No caso de Daniel, o desfecho foi um golpe terrível para todos nós, que nos sentíamos esperançosos apesar do prognóstico desfavorável também da medicina. Por causa da premonição, todos estivemos ao lado dos pais de Daniel tanto quanto nos foi possível. Se eu apenas tivesse dito, no início deste capítulo, que não encontrava tempo para ficar perto deles depois da partida de meu sobrinho, soaria muito estranho, porque pouca coisa justifica não prestarmos nossa solidariedade a quem amamos. E havia outra mãe sofrendo muito também, a nossa, a quem queríamos realmente apoiar. Por isso, desfiei todas as atividades daqueles dias.

Lívia e nossa mãe contavam com a dedicação extrema de outros familiares, que, durante todos aqueles meses após a partida de Daniel, tentaram distraí-las, principalmente a Lívia, com reuniões, almoços de família, proposta de viagens e outros carinhos mais. No entanto, ela continuava sentindo-se péssima, entristecendo mais ainda o marido e o casal de filhos.

Em fevereiro de 2010, fui à casa dela e disse não estar dando conta de tantas coisas ao mesmo tempo, e que precisava muito de sua ajuda. A madeireira, em cujo escritório ela trabalhava, havia fechado, o que a deixava com mais tempo para curtir o luto. Um agravante, não é? Pois pedi a ela que viesse comigo. Tínhamos muito o que fazer: organizar lanches, atender telefonemas, agendar compromissos, listar e convidar as 500 pessoas para a pré-estreia... E dá-lhe serviço. Sua fisionomia foi suavizando-se, e, alguns dias depois, exausta e satisfeita, minha irmã confessou, para minha grande alegria: "É a primeira vez que consigo me sentir um pouco melhor desde que Daniel se foi." Pensei que certamente o filho poderia dizer o mesmo, pois ele era preocupadíssimo com o bem-estar da família.

Registrei em minha lista de gratidão tudo o que ela fez por mim, e os produtores de *As mães de Chico Xavier* registraram nos créditos: "Lívia Diniz, coprodutora local". Não existe espaço para envaidecimento nas situações descritas anteriormente, porque nós duas trocaríamos qualquer luz de holofotes lançada sobre nós pelo mais obscuro anonimato se pudéssemos, de novo, ter a presença física de nossos filhos, por minutos que fossem.

Notei outro aspecto que quero citar do luto dessa minha irmã em um almoço em família. Ela esboçou uma reação muito comum. Em meio à alegria natural ela sorria, mas de repente interrompeu o sorriso e seu rosto se nublou, como que buscando ansiosa a fisionomia fechada e entristecida dos últimos tempos. Muitos se apegam à dor com medo de esquecer aquele que partiu, pensando que o sofrimento vai ajudá-los a manter viva a lembrança, e é exatamente a dor, alimentada por essa maneira de pensar, que impede que novos e mais profundos sentimentos possam surgir. Ao seu lado, eu conseguia entender exatamente qual pensamento causara aquela mudança: "Como posso estar sorrindo, quase feliz, se meu filho está morto?"

Pude dizer a ela que, por muitas vezes, eu também me sentira daquele modo, e que deixar a dor passar era difícil, pois nos apegávamos a ela, correndo o risco de nos viciar no sofrimento. Disse também que nossa alegria não afronta os que partiram; que é o que eles mais desejam, e que muitos voltam e declaram isso em mensagens. Eles querem que sigamos em frente, vivamos nossas vidas para que, por sua vez, eles também possam seguir com a deles, que talvez seja mais feliz no plano em que se encontram, até mais do que quando viviam em nossa companhia. Eu disse que jamais se romperão os vínculos entre eles. Deixar que apenas a dor da morte os conecte é menosprezar todas as alegrias vividas. Enfim, o que nos unirá para sempre não é a dor, é o amor, e este liberta, sempre! Quando tomados de penosas recordações, cumpre-nos fazer o possível para desvanecê-las a fim de que se fortaleçam os laços de amor por meio das boas lembranças.

O filósofo Cícero, por volta de um século antes da vinda de Cristo, o maior escritor e orador romano, cuja oratória serviu de regra a toda retórica latina, medieval e clássica, dizia que "as pessoas são como vinho, a idade azeda os maus e apura os bons." Minha mãe não era uma mulher amarga que vivia carregando o séquito de seus sofrimentos, e como não queria se azedar aos 90 anos, refugiou-se naquele mecanismo de defesa muito comum aos idosos. Sua memória preferiu resgatar, a partir dos últimos acontecimentos, apenas as lembranças felizes, o que lhe custou certa dose de alienação mental, que já havia se iniciado desde que passara a se locomover com a ajuda de uma cadeira de rodas.

Se no momento que recebeu a notícia da partida de Mariana, segundo ela, foi como se tivessem aberto seu cérebro e jogado água gelada lá dentro, com a de Daniel a temperatura novamente resfriou; isso resultou, com o passar dos dias, em uma espécie de analgesia permanente.

Ela reconhecia-nos a todos pelo nome, interessava-se por nossas atividades e suavemente foi levando os dois anos seguintes. Mamãe estava ali, mas não estava. Comentava feliz: "Lico achou o almoço de hoje uma delícia! Papai falou que qualquer dia voltará a me visitar. Celso e Cezar não passaram aqui hoje." Pressupondo que eles o fizeram em outros dias.

De certa forma, fiquei feliz que naquele amálgama, naquela mistura de imaginação e realidade, ela havia voltado "para casa", pois fiquei muito triste quando não pude levá-la até sua antiga casa. E naquele jogo de colorir a realidade acinzentada pela ausência de Daniel, eu também ganhei, aos seus olhos, cores lindas. Minhas irmãs, que de fato cuidavam dela assiduamente, contavam-me de conversas que tinham com ela: "Quem lhe deu essa poltrona, mãe?" "Foi Célia." "Já está toda arrumadinha e de banho tomado, não é vó?" "Ah! estou. Célia veio cedo e ajeitou tudo." Elas se divertiam com a minha sorte por entender que aquela era a sua fuga para não sofrer com minhas visitas tão espaçadas, ou uma forma de dizer que não estava magoada comigo, pois sabia que eu estava cuidando de seu legado mais sagrado: o centro espírita Luiz Gonzaga. Quando eu viajava para muito longe ou por muitos dias, pedia a Deus a misericórdia de não receber a notícia de sua libertação em minha ausência.

Em novembro de 2013, acometida de fortes dores na coluna, pedi ao jovem dirigente da casa espírita que me recebia para um seminário dirigido às mocidades espíritas, na Zona da Mata, em Minas Gerais, que orasse em meu favor e, se possível, desse-me um passe regenerador. Quando terminamos, Vinícius Lara, da cidade de Bicas, também em Minas Gerais, médium dedicado ao bem, disse que ao nosso lado havia uma senhora. Quando ele a descreveu, reconheci emocionada a minha mãezinha, que ditou a ele um pequeno e lindo recado:

> Filha, o trabalho é a cura e a doença é o estímulo da parte do Senhor para nós, que ficamos para trás. Qualquer um que queira divulgar a luz no serviço do Cristo tem proteção e saúde. Ao longo dos dias em que emprestará a tua dor à nossa dor no consolo de jovens que também sofrem, cuidaremos como possa ser feito, do ossinho a mais e da dor que lhe incomoda... A vida prossegue, e nós, mais do que podemos imaginar, vislumbramos esse fato daqui da vida espiritual. Estamos todos unidos sobre as terras de nossa Pedro Leopoldo, junto aos amigos da primeira hora. Também com Rangel, Mariana, seu pai e, de vez em quando, nosso querido Chico.

Nossa tarefa diante da seara espírita continua, porque Jesus entendeu por bem fazer de nossas feridas medicamentos para as dores alheias. Nas provações, a presença da família espiritual que nos une e da qual hoje faço parte nos secunda as forças e auxilia na caminhada. Sigamos, portanto, amando a nós mesmos, mas o façamos em nome de Deus. Fora do corpo, continuo a seguir de perto as atividades do Luiz Gonzaga, porque uma tarefa deixada por Chico é um dever para todos nós. Continue a divulgar as luzes que a doutrina espírita pode acender em você. Amanhã, quando o tempo nublar a caminhada e o Pai pedir novamente o corpo que lhe foi emprestado, nos reencontraremos entre lágrimas e sorrisos. A vida será sempre uma grande libertação para os planos superiores do Cristo em nós. Deus lhe abençoe, minha filha, beije a todos por mim. Estaremos juntas nas preces e na meditação.

Com amor,

LIA

Como é bom "ter" minha mãe de volta a me proteger, a orientar meus passos nas tarefas do Luiz Gonzaga como fazia desde 1988, quando assumi a vice-presidência da instituição tão querida e amada, a me abençoar, adular e incentivar. Ela continuava a me atribuir qualidades que sei que ainda não possuo. É que os conceitos que nossas mães fazem de nós não se baseiam naquilo que fazemos, e, sim, no que podemos vir a fazer. Não nos avaliam pelo desempenho, mas pelo potencial.

Considerei cristalina a mediunidade de Vinícius, que detectou pequenos detalhes do recado. Eu não lhe dissera que as dores da coluna eram devidas a uma hérnia discal, inclusive em uma formação óssea que parece ser uma vértebra a mais, nessa região. Era mais um médium que trazia notícias das visitas de Chico.

Curvo-me ao Senhor da Vida Infinita que tantas bênçãos têm derramado sobre mim. Sobre nós.

Evidentemente que minha mãe, no plano espiritual, tomou conhecimento de minha nova situação civil, informação da qual foi poupada enquanto esteve entre nós fisicamente, porque não é justo que filhos adultos preocupem pais idosos. Se ela se comoveu, às lágrimas, certa vez em Uberaba por me ver viajando sozinha, imaginem se soubesse que a partir do divórcio eu moraria sozinha. Sempre que possível, devemos privá-los de toda informação que entristecerá seus dias.

E hoje, ao me ver, minha mãe pode fazer uma avaliação melhor de mim, pois sabe que estou bem. Sêneca, advogado e intelectual que viveu em Roma à época de Cristo, dizia que "sentir solidão não é estar só, é estar vazio." E meu coração estava cheio de esperanças. Pouca coisa seria pior das que já conheci.

O estado de espírito de alguém que busca a plenitude da alma para vencer a vacuidade do Ego não admite considerações como as de Toquinho e Vinícius em *Samba em prelúdio*:

Eu sem você sou só desamor
Um barco sem mar, um campo sem flor
Tristeza que vai, tristeza que vem
Sem você, meu amor, eu não sou ninguém

Jamais me sinto só desamor, jamais digo: "sem vocês, meus amores, eu não sou ninguém". Tristezas, sim, vão e vêm, já que minhas saudades vieram para ficar. Mesmo não sendo os meus sentimentos, muitos pensam que é romântico dizer: "eu não vivo sem você". Isso não é amor, é parasitismo, uma relação entre seres vivos em que um parasita só vive se nutrido pelo hospedeiro. Outros pensam que é sensato dizer: "Fulano acabou com minha vida." Como? Se nem a morte consegue fazer isso! Estava tudo certo e tudo lindo. Fui ao fundo de meu arcabouço psicológico, ainda tão incipiente, mas um pouco amadurecido nas forjas das lutas e enriquecido pelas experiências vividas.

Perguntei ao meu *self*, que entendo ser meu inconsciente superior, à luz das ciências psicológicas, e centelha divina em mim, à luz da ciência espírita: quem era eu, antes de ser esposa e mãe? Eu precisava dessa resposta para descobrir o que havia sobrado de mim. Precisava reencontrar-me. Eu continuaria me sentindo mãe, mas sem os cuidados, preocupações e alegrias que davam um significado enorme ao meu dia a dia.

Nessa viagem ao meu interior, encontrei uma jovem de 25 anos cheia de planos, sonhos e esperanças; decidida a viver intensamente a vida, que achava bela. Resgatei aquela jovem e ela continua achando a vida muito bela. Senti-me radical, no sentido exato da palavra: firme em minhas raízes. O grande desafio que enfrentei foi compatibilizar meu antigo eu com aquele que precisava ser construído.

Uma parte da mãe se perdeu, mas o que sobrou se beneficiou muito da experiência. Sentir o incomparável amor que a maternidade desperta e receber de volta um amor igualmente incomparável é algo que amacia o coração para o aprendizado do sentimento que devemos estender para além da consanguinidade. Jesus, em um extremo esforço, segundos antes de sua cabeça tombar na cruz, olhou compadecido para sua mãe, e, referindo-se a João Evangelista, o discípulo amado que ali também estava, deixou uma mensagem a todas nós: "Eis aí o teu filho." Era como se ele dissesse: "Mãe! estou partindo antes da senhora, não precisa mais cuidar de mim, estenda seu amor e seu desvelo aos que estiverem ao seu lado."

Mereço cada sorriso de hoje, digo com Almir Sater e Renato Teixeira na música *Tocando em frente*: "Levo esse sorriso porque já chorei demais". Não podemos criar processos de fixação danosos sobre nossas dores. Precisamos conseguir enxergar as bênçãos divinas que ainda temos para não perdermos a perspectiva de futuro. Talvez não fosse necessário falar tanto de mim, não escrevo como catarse. Mas é uma espécie de contextualização para que a história que aqui escrevo tenha princípio, meio e fim. Muita gente pergunta: "Onde está o cachorro que aparece nos extras do filme *As mães de Chico Xavier*, em cenas não aproveitadas do Caio Blat lá na sua casa?" "Como está seu filho mais velho, não me diga que morreu também?" "Então não foi dengue, sua filha suicidou-se?" "Seu marido tinha aquele perfil mostrado no filme?"

Aliás, essa questão ainda não recebeu nestas páginas o tratamento adequado.

É justo esclarecê-la. O perfil de "meu marido" retratado no filme é aquele de um alcoólatra, incrédulo, pai ausente, assim como o perfil da "mãe" é aquele de uma pessoa insegura, dependente emocionalmente do marido, tendo como maior interesse na vida seu filho único. Esse foi um recurso usado pelos roteiristas para mostrar em nossa história realidades encontradas nas pesquisas de familiares de outras mensagens. Inclusive estatísticas mostram que, em um processo de luto mal elaborado, os homens tendem ao alcoolismo e as mulheres à depressão, mas não foi o nosso caso.

Então, exponho detalhes de minha vida, pois certa vez, em uma cidade até distante, uma senhora perguntou-me, durante o intervalo de um seminário: "É verdade que seu marido a deixou na hora em que você mais precisava dele?" Não. Não é verdade. "Então não é verdade que vocês se separaram?" Isso é verdade. Perder para a vida é uma questão que merece um capítulo à parte.

ESQUECENDO UM POUCO DE "MINHA DOR" E DE "MINHA SAUDADE", EU NÃO ME ESQUECIA UM MINUTO SEQUER DE "MEUS FILHOS".

NOVAS TENTATIVAS DE CONSOLO

28

ALGUNS MESES PÓS A PARTIDA DE MARIANA, AQUELA DOR insuportável ainda teimava em emergir, e quando me sentia sem força para continuar, eu apenas dizia: "Socorro Jesus!" Essa pequena prece permitia-me criar asas e passar pelo abismo sem cair nele e ficar presa. Aguinaldo continuava muito revoltado, recusando-se a aceitar qualquer argumentação a favor da tão necessária aceitação diante do inevitável, e novamente buscou notícias de Mariana, indo ao mesmo lugar em que recebera a outra mensagem. Confesso que estranhei ter ele conseguido, diante de tantas bênçãos das notícias anteriores, ainda recentes. Mas a misericórdia divina é sempre pródiga, a despeito de nosso merecimento. Eis que quem nos escreve é Rangel, em novas tentativas de consolo, dessa vez pintando o

quadro do passado com tintas mais fortes. O médium me disse que a permissão foi dada como um último recurso enviado pela espiritualidade.

Minha adorada mãe Célia, meu adorado pai Aguinaldo, peço a Deus que nos abençoe hoje e sempre!

Estou hoje aqui na companhia de vovô Lico, de Zeca Machado e de dr. Rômulo Joviano, agradecendo a eles pela possibilidade de nossa união pelo pensamento e pelo coração. Papai Aguinaldo! peço licença para me expressar não como a criança que partiu há 24 anos. É natural lembrarem-se de mim na condição infantil da época de minha grande viagem. Acontece que hoje, depois de quase um quarto de século na espiritualidade, vocês haverão de reconhecer que já sou um homem maduro, capaz de lhes dirigir a palavra com todo respeito e todo amor que lhes devoto.

Meu pai, pedi muito a Deus que pudesse eu escrever-lhe mais diretamente a fim de espantar de sua alma a surpresa e a inconformação que lhe envolve o coração com a partida de Mariana daí.

Desde então, todos nós daqui de nossa esfera, temos acompanhado a sua dor inconsolável, e esse desconsolo acaba nos maltratando também. Não quero confrontar a sua dor, meu pai, nem tampouco diminuir o seu sofrimento genuíno. Todos nós sabemos o sentimento de carinho e amor em direção a nós dois, seus filhos.

Mãezinha Célia já me atende a razão, já compreende a exposição de motivos desta noite, uma vez que a compreensão mais alargada do espiritismo merece a mais ampla atenção e estudo.

Eu sei, pai, que é difícil guardar na alma uma fé verdadeira porque as dúvidas da vida humana, com toda a sua soma de apelos à materialidade superficial, nos envolvem os raciocínios, obscurecendo-nos a visão mais além.

Temos tido, mãe e pai, muitas bênçãos em nossa caminhada familiar. São tantos os amigos que nos ajudam, especialmente no último ano de nossas provações, que precisamos dizer da nossa gratidão junto desses benfeitores do Além a nos sustentar os corações e as almas a todo instante. É por isso que em nome da Bondade Celeste, Mariana pôde estar aqui algum tempo atrás para trazer-lhes a notícia da vida verdadeira.

Mariana veio escrever cheia de alegria e esperança de que com a sua palavra direta o coração de papai pudesse se aquietar, conformado e esclarecido.

Pai! ouça o seu filho de alma para alma. Não é palavra de reprovação, essa minha. É apelo de vida, paizinho, porque a morte é a simples passagem a essa parte onde nos encontramos. Em qualquer tempo e lugar a vida será a manifestação do pensamento humano, pleno de todos os poderes que lhe estão diretamente associados. Assim, o corpo terminado nada mais é que uma veste que rasgou e se tornou inútil. Depois de sua inutilidade, ingressamos em uma outra esfera de realidade. Vivemos mais além do horizonte limitado das sensações terrenas, tudo dentro da vontade soberana de Deus.

Creia assim, meu pai, que estamos plenamente vivos. No caso da partida de Mariana, assim como no meu próprio caso, cumprimos a programação espiritual destinada às nossas existências. Mariana já explicou algumas das razões de outras existências que nos envolveram do passado distante. Hoje, aqui, vou completar para vocês o drama que nos colheu no final do século XVIII, na Espanha.

Acontece que naquela ocasião você fora um jovem irresponsável que, aproveitando-se da desilusão da jovem espanhola, aproveitou-se de sua inocência e de sua dor para irresponsavelmente, induzi-la ao suicídio lamentável. O tempo correu célere, e a misericórdia dos céus nos reuniu a todos em família para reajustarmos as culpas de outrora, transformando-as em amor familiar, Divina Presença em nossos destinos de redenção espiritual. É por isso, minha mãe e meu pai, que, por minha vez voltei por pouquíssimo tempo e ainda criança sentimos a frustração da vida tenra que terminava de repente. Como vemos, nada é por acaso: estamos todos juntos na corrigenda de agora.

Não pensem em tristezas com a palavra de seu filho. Tudo isso, embora dorido, no fundo é alegria profunda da alma. Louvado seja Deus que nos permite reajustar o caminho para prosseguirmos adiante.

Pai! creia que Mariana está muito bem amparada na nova vida. Ela tem patrimônio do espírito imortal que somente agora pode desabrochar em beleza e luz. Papai Aguinaldo, aceite o pedido de seu filho para aceitar por fim, a vontade de Deus. Não pense em acusar quem quer que seja pela morte de Mariana. Não pense que os médicos da Terra, seja em Pedro Leopoldo, Belo Horizonte ou Rio de Janeiro, pudessem ter alterado o quadro determinado pela vontade divina. Não pense em processo ou desforra. Nada disso lhe trará paz de espírito e muito menos a volta de Mariana aos seus braços de pai dedicado.

Meu pai Aguinaldo, minha mãezinha Célia! não pensem em culpa. Jesus que é nosso Mestre Divino, o Amigo incomparável, saberá nos guiar os destinos para o bem de todos. Diz-se aqui, em nosso plano, que para vencer a dor que nos colhe o destino somente encontramos duas saídas viáveis. O humor e o serviço no bem. Mamãe tem seguido esse roteiro e peço a você papai que faça o mesmo.

Neste final de semana fui eu mesmo que vim conversar com você em sonho. Não adianta afogar as nossas mágoas, porque esse afogar-nos no esquecimento de torpor ilusório não nos trará paz alguma. Não tenhamos revolta e, aceitando por fim a vontade de Deus, com resignação e esperança, alcançaremos a tranquilidade familiar que tanto queremos, em nome de Deus. Minha mãe! nosso dr. Rômulo e vovô Lico estão dizendo que a acompanham sempre nas tarefas espíritas no Nordeste.

Peço a vocês, meus pais queridos, que levem o meu beijo a vovó Lia e meu abraço a Aguinaldinho. Para vocês dois, tesouro de bênçãos de meu caminho no mundo, de quem não me esqueço jamais, envio o meu coração cheio de paz, amor e alegria.

O seu filho,

RANGEL

Nessa mensagem podemos observar que, quando dormimos, nós nos libertamos do corpo físico e viajamos pelo espaço. O apóstolo Paulo disse que nosso coração estaria onde estivesse nosso tesouro. É assim que muitos voltam ao local de trabalho: procuram ambientes ou pessoas de seu interesse e vivem várias experiências que, ao acordar, chamam de sonhos. Esses encontros com nossos tesouros que partiram são mais comuns do que pensamos, e são fonte de consolo, pois quem sente a saudade e a preocupação é nossa alma e não nosso corpo. E ainda que nossa alma não consiga registrar o encontro em nosso consciente, nosso coração sabe que a morte não colocou um fim ao relacionamento. Numerosos estudos e pesquisas têm dado ênfase a esses contatos após a morte. O respeitado instituto americano National Opinion Research Council realizou uma pesquisa sobre essa forma que têm os mortos de comunicar-se com os encarnados. Sessenta e sete por cento das pessoas relataram a ocorrência desses contatos.

A impressão que ficou em mim foi a de que, com essa mensagem, Aguinaldo se fechou mais em sua dor, mas abandonou os propósitos de qualquer atitude contra os médicos que tão carinhosa e eficientemente nos atenderam, mas que nada puderam fazer para modificar o curso de nossas vidas. Ele se recusava a participar da terapêutica reflexão dos estudos, das leituras edificantes que tanto bem me fizeram ao me mostrar que a vida tem um propósito. Recusava-se a entender que nosso maior desafio era não adoecer corpo e alma e morrer de tristeza. Conhecer um perigo é superá-lo pela metade.

No livro *Encontro marcado*, de Chico Xavier, ditado pelo Espírito Emmanuel, aprendi como harmonizar meu mundo íntimo utilizando os benefícios da leitura edificante, cujos textos ajudam a pessoa a retomar o controle do espírito, governando seu mundo íntimo.

Nosso mundo íntimo precisava ser governado para que nossas emoções desequilibradas não atingissem nossa filha, que, por sua vez, também atravessava, suponho, grandes dificuldades. Mas Aguinaldo já não se interessava por mais nada que eu pudesse sugerir. Não queria saber de nada sobre o espiritismo com suas leis de causa e efeito que ele pouco entendia e muito repudiava. Minha sogra procurava ampará-lo com muito amor, com sua fé vigorosa, levando-o a missas, e era comum encontrar em posse dele belíssimos salmos.

> Tristezas de mortes me cercaram [...] laços de mortes me surpreenderam. Na angústia invoquei ao Senhor, e clamei ao meu Deus [...] (*Salmo* 18:4–6)

Quanto a mim, posso dizer que nunca orei tanto em minha vida. Se a dor afeta penosamente os que partem, muitos dos que ficam têm que se aproximar mais de Deus. As vibrações criadas em torno de nós abrem caminho para a ação dos benfeitores espirituais que vêm nos fortalecer na aceitação. Dentro de nossa fragilidade, essa é a única força que evitará a queda em processos destruidores com graves prejuízos à saúde, dando-nos uma sensação de profunda paz.

Tentei não preocupar os corações amigos com o meu luto. É curioso e triste observar que as pessoas nos dão um tempo, durante o qual podemos falar de nossa dor, só de nossa dor, da imensa saudade etc. Após mais ou menos três meses, ninguém aguenta mais nosso rosário de sofrimentos. Mesmo porque muitas pessoas enlutadas se dão ao luxo de não demonstrar nem uma ínfima parcela de simpatia pelo outro, enclausuradas que estão no próprio sofrimento e cobrando de todos a ideia de "o mundo tem que entender minha dor e suportar meu temperamento", permitindo que sua rebeldia cause estragos na ética relacional. É nessa situação em que sensibilidades são feridas, ao ouvir conselhos como: "Você precisa virar a página, já é tempo de você parar de chorar." Outros enlutados se afastam de qualquer convívio social. Respeitar nosso tempo de reclusão quando o organismo pede uma parada é importante. Mas é sábio não prolongar demais essa reclusão, evitando alienações perturbadoras.

Uma senhora me disse que em todo lugar que ela tentou ir para se distrair sentiu-se como um peixe fora d'água, com aquela desconfortável sensação de não pertencimento ao grupo de amigos. A intensidade da dor perturba profundamente os membros da família e os amigos que se sentem alheios ao problema. Aqueles que choram são pressionados por eles a sair desse estado e a prosseguir com a vida. Enquanto alguns amigos se aproximam oferecendo carinho e cumplicidade, é comum ver outros se afastarem.

Quem sofre desperta nos outros uma espécie de rejeição, de ojeriza, uma necessidade de se manterem afastados de quem está sofrendo um luto, como se evitar o enlutado os protegesse de igual infortúnio. Os enlutados despertam nojo. Forte demais a palavra? Assim se define a licença do servidor público em face da morte de um cônjuge, pais ou filhos: licença de nojo.

Essa palavra é perfeitamente aplicável aos sentimentos que desejo explicar, como a desatenção que sofreu uma amiga. Ela morava muito longe de sua família e, em um mês de junho, ao ver partir seu filho único de quem cuidava sozinha, passou a aguardar ansiosa o final de ano para passá-lo junto à família em outro estado. Ela se preparou para a viagem, e, um pouco antes do Natal, recebeu a sugestão de sua mãe para que não viajasse para a casa dela, pois a família não se reuniria naquele ano, já que ela havia preferido viajar.

Entristecida, minha amiga viajou assim mesmo, na esperança de encontrar outros familiares, e descobriu, por meio de alguns deles que se indignaram com sua situação, que sua mãe mentira. Encontrava-se em um novo relacionamento e queria um Natal feliz e descontraído, que estaria comprometido com a presença dela e sua dor no primeiro Natal sem o filho. Isso atrapalharia o ambiente.

Ela estava no período de nojo. Não faço nenhum julgamento do ato nem tento justificá-lo, uma vez que cada pessoa age de acordo com seu livre-arbítrio, com cujos frutos, bons ou maus, ela mesma terá de se haver por causa de suas escolhas. Se conto aqui uma história nojenta, literalmente, é porque muito me comoveu essa minha amiga não ter recebido, como eu recebi, o apoio da mãe, que sei quanto foi fundamental em minha recuperação. É importante aceitar o impacto que a perda causa nas pessoas e lidar da melhor maneira possível com ele. Essa mãe não fugia da filha, fugia da dor que ela própria sentiria ao vê-la sofrendo, ou talvez fugisse da própria mortalidade e da dor que ela representava.

É triste, difícil e, às vezes, perturbador lidar com quem sofre. Precisamos compreender a instabilidade emocional e expressar interesse pelos sentimentos do outro, compreendendo que não conseguiremos fazê-lo se sentir melhor, apenas um pouco aliviado por ter encontrado ouvidos amorosos, e, ainda que nos sintamos impelidos a dar conselhos, devemos evitar fazê-lo, reconhecendo a nossa impotência diante de um trabalho que só o tempo e a própria pessoa realizarão.

Aprendemos que o amor da Terra que mais se assemelha ao de Deus por nós é aquele dos pais, pois Deus colocou nos corações, principalmente das mães, a sagrada essência da vida. Muitas de nós, porém, levadas pelo egoísmo, amesquinhamos nosso papel quando esquecemos o prazer de servir e o que podemos aprender nesse processo.

Devo, além de pedir desculpas por soar crítica, dizer que a grande maioria das mães vive suas experiências de amor e devotamento, carinho e abnegação, sacrifícios e renúncia, dispostas a qualquer coisa pela felicidade dos filhos, ou, pelo menos, pelo que elas julgam ser a felicidade.

Porque a maternidade não é só um mar de rosas. Existem os espinhos no cenário que provocam muitas lágrimas, muitas preocupações e muitas dores. "Contudo, há mulheres cujo coração ainda se encontra em plena sombra. Mais fêmeas que mães, jazem obcecadas pela ideia do prazer e da posse [...]", escreveu o Espírito Blandina, no livro *Entre a terra e o céu*, da lavra mediúnica de Chico Xavier e André Luis. Com relação à história da mãe que foi rejeitada no Natal por estar de luto, pude constatar algo lindo. Honrar pai e mãe significa também ter condescendência para com seus limites. Dentro das leis reencarnacionistas, encontraremos, muitas vezes, Espíritos que estagiam na Terra na condição de pais, contudo muito mais imaturos do que os filhos. É comum encontrarmos filhos tentando ajudar os pais a se livrarem de vícios, irresponsabilidades e fraquezas outras em centenas de outros dramas familiares.

Quando conheci, no Luiz Gonzaga, a protagonista de tão triste história, ela serenamente me disse que não se sentia mais magoada com a mãe a quem continuaria amando por entender que somente o amor tem o poder de transformar os corações que ainda não sabem amar. Ela não perderia as esperanças de poder despertar aquele coração tão ligado ao seu para que ele também caminhasse com Jesus. Que aquela era a mãe com a qual Deus achou que ela precisava ou merecia conviver nesta existência, e ela tudo faria para tirar de dentro de si todo o cabedal de compreensão que fosse possível para vencer os desafios de aprender o amor incondicional. A beleza de sua alma não vinha só de seu conhecimento das leis organizadoras da vida, mas, por conhecê-las, ela criou os ideais elevados, que alicerçavam seus pensamentos, sentimentos e atitudes.

LOUVADO SEJA DEUS QUE
NOS PERMITE REAJUSTAR O CAMINHO
PARA PROSSEGUIRMOS ADIANTE.

PERDENDO PARA A VIDA

29

FINALMENTE, DEDICO ESTE CAPÍTULO A UM TEMA QUE AINDA não foi esgotado e certamente não o será aqui. Alguns meses após a partida de Mariana, aproximou-se de mim no clube uma senhora, a sra. V., que foi logo me dizendo: "Minha dor é maior do que a sua." De pronto me predispus a concordar com ela perguntando o que estava acontecendo.

> Há três meses não sei por onde anda minha filha. Ela é drogadita, saiu de casa para não ter que dar satisfação de seus atos, não sei se ela se prostitui ou trafica para manter seu vício, não sei nem se está viva. Você sabe onde está sua filha.

Contundente o depoimento, incomensurável a sua dor. Como não concordar com o conceito que ela elaborava sobre a intensidade de nosso sofrimento?

Como sofrem as mães de desaparecidos, sequestrados, jovens que se "abandonam" pelas ruas, não? Ficou clara para mim a intenção daquela senhora. Ela não apresentava aquela atitude como uma pessoa masoquista.

A intenção da sra. V. era me consolar, mostrando que eu não sofria a maior dor do mundo. Diante dos fatos por ela apresentados, somos levados a considerar que "perder" um filho, os pais, os cônjuges para a morte não é a maior dor do mundo, e que perder para a vida é muito mais doloroso. E quando nos convencemos disso, abandonamos o lado doentio do luto. Abandonamos aqueles sentimentos horríveis de estarmos sob o jugo da escuridão de uma dor tão grande que faz com que pensemos que jamais conseguiremos nos soerguer, que jamais seremos felizes de novo.

Lembrei-me de um pequeno texto que a vice-diretora do colégio em que eu trabalhava colocou no quadro em homenagem ao dia das mães, na época em que meu filhinho Rangel se foi. Dizia algo mais ou menos assim (digo mais ou menos porque ao procurá-la, 31 anos depois, ela não se lembrava do texto, e muito menos da autoria):

> O corpo machucado de Jesus descansa nas mãos de Maria. Ela chora um pranto silencioso que atravessa o tempo e consola, até hoje, outras mães que veem seus filhos crescerem para um mundo impiedoso, para uma violência cruel.

É reconfortante imaginar o poder das lágrimas de Maria atravessando os séculos e trazendo até nós o bálsamo de seu imaculado amor. Sempre supliquei a ela, pelos meus filhos, por todos que sei que estão em sofrimento e por mim. Suplico também por todas as mães de filhos desaparecidos, por aquelas que os "perderam" para as drogas e outros vícios, para a criminalidade, enfim, para os descaminhos de suas próprias escolhas equivocadas; para que elas nunca desistam de orar e tentar reencaminhar aqueles que Deus lhes emprestou por algum tempo, acreditando sempre na força do amor materno e divino.

Muitas mães chegam até nós perguntando onde foi que erraram. Nossos erros são muitos: às vezes, erramos pela falta de amor, outras vezes pelo excesso; às vezes, por dizermos sempre "não", outras por nunca dizê-lo. Não importa como e se erramos. O que importa é orar como se tudo dependesse de Deus e lutar como se tudo dependesse de nós.

Na apresentação dessa reflexão nas palestras, exibo a fotografia da belíssima escultura Pietá, de Michelangelo. Confio no dom que a arte tem de nos elevar e de nos fazer refletir que é sempre muito terapêutico em nosso processo de cicatrização pensar que existem pessoas que sofrem muito mais do que nós. Essa postura dignifica a elaboração de nosso luto e de nossa coragem de lutar ao nos retirar do clima de autovitimização, de intensa pena de nós mesmos e dos processos culpabilizantes.

Pois bem. Certa vez, ao finalizar uma de nossas exposições no Rio de Janeiro sobre perdas e sobre a existência de dores maiores que as nossas, um senhor muito distinto acompanhado da elegante esposa me diz:

> A princípio, não me interessei pelo tema de sua palestra, nunca sepultei ninguém próximo e estou cansado de conhecer a visão do espiritismo sobre a morte. Vim só porque você era da terra de Chico Xavier, a quem também conheci pessoalmente, e pensei que você talvez trouxesse alguma novidade que me ajudaria a lidar com a saudade que sinto dele. Não tinha me identificado com a palestra em momento nenhum, até a hora em que fui levado às lágrimas, quando você disse que perder para a vida é muito pior... Então, descobri a razão de nossas angústias de pais e de nossa depressão: nós perdemos quatro filhos. Não foi para as drogas ou para a marginalidade. São empresários de sucesso e doutores que nunca têm tempo para nós. Uma visitinha rápida, quando fazem, nas datas especiais, um telefonemazinho muito de vez em quando. No mais, eles não têm tempo para nós.

Fiquei pensando em como o leque dos que sofriam com as perdas para a vida era infinitamente maior do que se poderia supor. Milhares de pais ricos ou pobres haviam perdido seus filhos para a ânsia da vida. Novamente recordando Gibran Khalil Gibran, nossos filhos não são nossos filhos, são filhos da ânsia da vida. Se o amor ao próximo é a lei maior a nos sugerir obrigações como cuidado, atenção, carinho, presença, aceitação, indulgência etc., muito maior são essas obrigações em relação aos pais, a quem devemos honrar com nossa gratidão, seguindo seus bons exemplos ou perdoando os maus. Os pais sempre serão exemplos do que fazer ou do que não fazer. Ter tempo será sempre uma questão de preferência. Realmente, perder para a vida e sentir o desprezo daqueles que amamos deve ser tristíssimo. Assim como também encontramos filhos que perderam seus pais para intermináveis horas de trabalho ou mesmo que os abandonaram e sumiram no mundo, os órfãos de pais vivos, uma dor difícil de superar.

Ainda sobre essas questões que envolvem perder para a vida, vemos senhoras que demoram muitos anos para se recuperar do abalo emocional causado pelo abandono de seus companheiros, e algumas que nunca mais recuperam a alegria de viver, tornando-se amargas, revoltadas e doentes. Não é a morte deles que traz esse componente de humilhação, de abandono e de ódio. A viuvez não lhes abalaria tanto a autoestima. Elas perderam o marido para outra pessoa, perderam para a vida. Podemos considerar que a morte é revestida de certa dignidade, por ser algo intrinsecamente ligado a propósitos maiores que, sem que sejamos apologistas ou ativistas da morte, mas amantes da vida, ela revela em todo o seu esplendor.

Mesmo assim, ouvi estarrecida uma jovem viúva reclamar indignada quando a abracei: "Veja em que fulano me transformou, em uma viúva." Já vi muita gente ralhar nessas horas com aquele que está partindo. Uma grande amiga de minha filha a questionava, no velório: "Por que você fez isso comigo?" Se conseguirmos pensar no outro e não em nós mesmos, na falta que o outro vai nos fazer, nós nos aproximaremos tranquilamente, ofereceremos nossas lágrimas serenas, com imensa mas serena tristeza, com pensamentos confortadores e tomados de enorme compaixão, e ofereceremos ao morto nossa prece e nosso auxílio, nossa conformação, nossas vibrações de paz e saúde espiritual, de coragem e fé na caminhada que se reinicia.

Por mais terrível que nos possa parecer, muitos dos recém-desencarnados estão presentes ali, ouvindo e vendo tudo. Às vezes, sem entender coisa alguma; às vezes, secundados por familiares do plano espiritual ou por Espíritos protetores na valiosa experiência de bem delinear o fim de uma etapa e o início de outra durante a despedida e as últimas homenagens. E, com algum esforço, poderemos ver ali não uma vida que termina, mas uma vida que foi vivida.

Essas rupturas e despedidas são momentos cruciais. Lembro-me dos vários "sepultamentos" que tive que realizar com a Mariana. Ao me mudar de uma casa enorme para um apartamento, a redução dos teres e haveres foi inevitável. Os pertences dela, as roupas, o som, a bicicleta, os discos etc. já haviam sido distribuídos entre os amigos e o noivo. Mas existiam ainda mil coisinhas que eu adiava tocar. Desfazer-me de tudo seria sepultar a "Mariana emocional", já que a virtual estava sepultada quando apaguei seus arquivos do computador.

Cartas, caixinhas, papéis de bombom, cartões e mil nadas que para ela deveriam ter tido grande significado. E sozinha em casa naquele domingo de manhã, envolvida nessa complicada tarefa, jogando fora todos os escritos sem ler para respeitar a sua privacidade, ouvi no rádio Chico Buarque cantando a canção *Pedaço de mim*. Sua poesia expressava exatamente os meus sentimentos: "A saudade é o revés de um parto, a saudade é arrumar o quarto do filho que já morreu."

Naquela manhã solitária não consegui refrear minhas emoções e deixei que todo o meu escandaloso pranto esvaziasse da opressão o meu peito. Chorei durante muito tempo no silêncio e no vazio em que meus domingos haviam se transformado sem as presenças dela e do noivo. Com essa catarse e a organização de seu ex-quarto, iniciava-se o estancamento da ferida que sangrava em mim. Ao sepultar todas as suas lembranças, consolei-me pensando que tudo aquilo estaria para sempre dentro dela e de mim, em uma espécie de *backup* espiritual, um arquivo copiado e guardado com segurança que preencheria para sempre nossas vidas de doces lembranças. Representando todas as suas coisinhas, trouxe comigo um bonequinho em forma de duende, vestido com roupas coloridas e de barbas brancas, presente que ela recebeu de alguém e que ainda hoje exala perfume, tantos anos depois. Também trouxe a sua caixinha de música que enfeita e embala minha saudade com uma doce e suave melodia. Enfeitar minha casa com essas lembranças é reconhecer que sua própria existência foi um dos maiores motivos de decoração da minha vida.

Penso que, em cada ponto deste planeta, a saudade tem um perfume, uma melodia, uma cor diferente. Mas em nenhuma cultura o odor, o som e as tintas são tão fortes e arrebatadores quanto no peito em que bate um coração brasileiro. Herdamos dos africanos, brutalmente arrancados do solo materno e dos familiares queridos, esse sentimento dorido que neles era hipertrofiado por maus-tratos, humilhações e desesperança. Para milhares de cativos, a saudade tomou os contornos de uma doença fatal e recebeu o nome de banzo. Morriam de saudade.

Em respeito a tão superlativo sofrimento dos milhares de escravos que aqui chegaram, nós, no aconchego de nosso lar, rodeados de parentes e amigos, não podemos sentir a mesma saudade patológica do exilado, a mesma apatia de uma mãe que viu seu filhinho ser arrancado de seus braços para ser vendido ou sacrificado. Ou mesmo o desânimo e a revolta de um pai que assistiu esposa e filhas serem estupradas e mortas. Que em nome do sangue africano que corre em nossas veias honremos a força com que eles se renderam ao que não podiam mudar, com trabalho e alegria, com canto e dança; mas, principalmente, com a fé inquebrantável no Pai de todos nós. Assim, a saudade se transforma em doces lembranças.

POR FALAR EM SAUDADE, TOMEI conhecimento, pela Internet, de uma belíssima definição dada por uma pequena paciente do dr. Rogério Brandão, oncologista de Recife. Esta, a quem ele nomeou "anjo", disse que "saudade é o amor que fica" ao se referir ao sentimento de sua mãezinha quando a leucemia terminasse sua tarefa de libertar sua jovem alma amadurecida e linda, enclausurada em um amontoado de células adoecidas. Essa menina de 11 anos nos deu também uma consistente definição de morte com uma belíssima comparação:

> Olha, tio, quando a gente é pequena, às vezes, vamos dormir na cama de nossos pais, e no outro dia acordamos no nosso quarto... Quando nós dormimos, nosso pai vem e nos leva nos braços para o nosso quarto, para a nossa própria cama, não é?... Um dia eu vou dormir e meu Pai vai vir me buscar. Vou acordar na casa Dele, na vida verdadeira.

Belíssimos ensinamentos que, com sensibilidade, dr. Rogério recebeu e divulgou, e que vêm de encontro aos ensinamentos que o espiritismo também divulga, baseados em depoimentos de várias crianças que acordaram na vida verdadeira e voltaram por meio de textos psicografados para tranquilizar seus pais e ensinar a eles a sentir a saudade como o amor que fica e não como aquela força destruidora da alegria de viver.

SAUDADE É O AMOR QUE FICA.

MORTES COLETIVAS

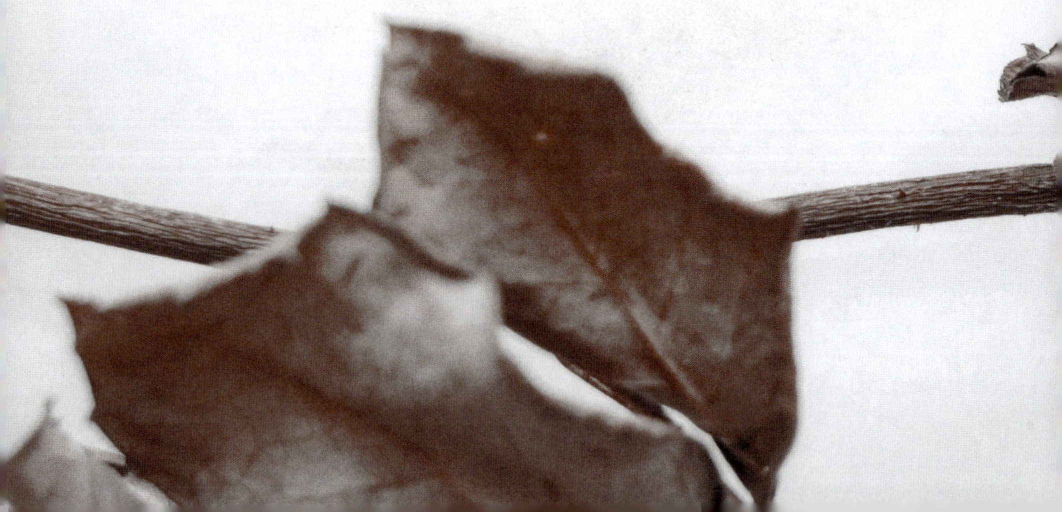

30

O PAPA BENTO XVI, EM VISITA A AUSCHWITZ – CAMPO DE concentração em que morreram milhares de judeus, na Polônia – em maio de 2006, exclamou comovido, segundo reportou a cobertura jornalística:

> Em um lugar como este, as palavras falham. No fim, só pode haver um terrível silêncio, um silêncio que é um sentido grito dirigido a Deus: "Por quê, Senhor, permaneceste em silêncio? Como pudeste tolerar isto? Onde estava Deus nesses dias? Por que esteve Ele silencioso? Como pôde permitir essa matança sem fim, esse triunfo do demônio?"

No mês seguinte, ao comentar esse fato, frei Betto escreveu um belo artigo para o jornal *O Estado de Minas* sobre o "Silêncio de Deus", do qual pesquei algumas pérolas:

> Há momentos em que o silêncio de Deus nos incomoda, sobretudo diante do mal praticado e da impunidade. Talvez Ele esteja sugerindo com esse silêncio caber a nós reparar a injustiça e evitar o mal. Deus é pai, mas não paternalista.

E prosseguiu o frei dominicano: "Onde estavam vocês, homens e mulheres de bem, naqueles dias? Por que se omitiram?"

Talvez pudéssemos fazer eco a essas palavras, indagando também onde estávamos nós (e nossas instituições religiosas, algumas bem poderosas), que também nos omitimos? As indagações de Bento XVI refletem o sentimento de milhares de pessoas em todo o mundo. O venerando papa demonstrou humildade ao expor publicamente suas dúvidas, e corro o risco de soar horrivelmente pretensiosa ao tecer algum comentário a respeito, mas o faço sem nenhum sentimento de crítica, respeitosamente, apenas como reflexão. Como pastor de almas nas hostes do catolicismo, são cabíveis e justificadas as suas dúvidas. O pensamento teológico que abraça, nesse sentido, não obstante respeitável, estabelece outras bases para a justiça divina.

A doutrina católica, embora venerável pelas tradições da cultura e serviços prestados à humanidade, não reconhece as leis das múltiplas existências, não analisa de acordo com essas leis as palavras de Jesus "a cada um segundo as suas obras", que nos remete à lei de causa e efeito; e não entende como Deus permite que o demônio aja, ou seja, não entende a existência do mal. Porque os demônios reais somos nós mesmos, quando pervertemos mentes e corações em busca de mesquinhos caprichos. O papa não tinha, portanto, a menor obrigação de ter as respostas para as perguntas que têm sido objeto de nossas singelas reflexões ao longo desta obra. Concordamos com o ilustre pensador frei Betto. Sim, cabe à humanidade reparar a injustiça e evitar o mal por nós mesmos criado, suportando e compreendendo suas consequências. Como esclarece Emmanuel na obra *Justiça divina*, "a condição moral da Terra é o nosso reflexo coletivo". Acertamos e erramos, somos luz e sombra, *self* e ego. Creio que o significado do silêncio que o preclaro frei atribui a Deus não seja no sentido de omissão, mas no de consentimento. Conforme o adágio popular: "Quem cala, consente".

Santo Agostinho, o grande filósofo e teólogo cristão, que pertenceu à vigorosa falange dos Pais da Igreja e um dos mais célebres pensadores a quem a cristandade deve seus mais sólidos alicerces, conciliou o platonismo e o dogma cristão, a fé e a razão, e deixou registradas em suas *Confissões* as palavras que pronunciou depois da morte de Santa Mônica: "Estou persuadido de que minha mãe voltará a me visitar e dar conselhos, revelando-me o que nos espera na vida futura." Ao partir da Terra, ele mostrou que sua previsão estava correta, e, vendo chegada a hora de divulgar a verdade que havia pressentido outrora, ele mesmo voltou. Sem destruir o sistema de pensamento que havia elaborado e vendo a verdade com os olhos do espírito, entreviu novas nuanças da realidade e compreendeu o que não havia compreendido antes, quando encarnado. Ele passou a julgar as coisas segundo os conhecimentos que possuía quando aqui esteve, os mesmos conhecimentos que levaram Bento XVI a fazer seus questionamentos. Então, o bispo de Hipona retornou por meio de comunicações mediúnicas como um dos Espíritos que fazem parte da plêiade de almas iluminadas que ditaram as novas claridades a Kardec, por ter conseguido ver o cristianismo em toda a sua pureza, sem alguns dos dogmas que aprisionavam a verdade.

Pois bem. Ditou ele indagações, não a Deus, mas aos homens:

> Não ressoa mais aos vossos ouvidos a voz do profeta que apregoou que haveria pranto e ranger de dentes neste vale de dores? [...] Quanto mais profundas, devemos olhar o céu e bendizer ao Senhor por nos experimentar... Oh! homens! vós não reconhecereis, pois, o poder do vosso Mestre senão quando ele tiver curado as chagas do vosso corpo e coroado vossos dias de beatitude e de alegria? Vós não reconhecereis, pois, Seu amor senão quando ele tiver adornado vosso corpo com todas as glórias? [...] Quando vossa alma desejará, enfim, soltar-se além dos limites do túmulo? [...] Procurai consolações aos vossos males no futuro que Deus vos prepara, e a causa deles no passado [...]

O Senhor nos experimenta. Ele nos testa e aplica provas, fazendo-nos passar por diversas experiências na escola que é nosso orbe. E se por acaso a fonte citada não lhe parecer fidedigna, analisemos nas *Sagradas escrituras*, as palavras de Jó:

> Senhor, conheci todas as alegrias da opulência e me reduziste à miséria mais profunda; obrigado, meu Deus, por querer experimentar vosso servo.

Experimentar é testar, aplicar testes ou provas para sermos avaliados sobre o que já sabemos e quanto possuímos de coragem moral. A Terra é uma escola e todo aluno é avaliado a partir de provas. A única diferença é que, nas escolas, primeiro aprendemos uma lição e só depois fazemos as provas. Na vida, encontramos as provas, e com elas aprendemos as grandes lições. Podemos aferir que não só o espiritismo considera a questão das provas. No *Livro de Jó*, aprendemos que somos testados na opulência e na miséria, e este ensinamento está em concordância com o que os benfeitores espirituais nos trouxeram. Jó também ensina que devemos considerar como testes nossas situações de beleza ou fealdade, saúde ou doença, poder ou submissão, e todas as diferenças de situações que nos fazem tão iguais em humanidade.

A lei de causa e efeito estabelece os critérios dos resgates e os mecanismos de como as coisas acontecerão por meio das estratégias da vida para finalizar o tempo de uma encarnação. Exemplifiquemos.

O ano de 2011 estava começando quando recebemos no Luiz Gonzaga um casal de Lagoa Santa, Minas Gerais, cuja filha havia falecido em um desmoronamento de terra em Angra dos Reis, no Rio de Janeiro, durante as festas de *réveillon*. Entre todos os sofrimentos e preocupações, uma ideia que a mãe não havia verbalizado absorvia e maltratava seu coração. Era segunda-feira, e o salão estava cheio para a reunião pública que se iniciaria em seguida. Eu conversava com esses pais quando, de repente, um dos médiuns de nossa instituição, em rara atitude, aproximou-se e disse:

> Há um Espírito ao seu lado pedindo que eu lhe diga que sua filha não se sufocou engolindo a lama que sobre ela se abateu. Ela dormia quando foi retirada do corpo antes de a avalanche destruir tudo.

A emoção agradecida se estampou no rosto deles, enquanto a mãe esclarecia que sua maior dor era imaginar os sofrimentos de sua filha em seus últimos momentos. Não tive resposta do por que o Espírito daquela jovem precisou abandonar o corpo físico tão cedo. Que compromissos exigiram aquele tipo de experiência. Uma razão tão forte quanto aquela dor certamente existira.

Não me lembro se contei a eles sobre uma situação em que a misericórdia divina se fez presente por meio dos anjos do Senhor. Em uma tarde de agradável conversa e inesquecíveis aprendizados em casa de Chico Xavier, no final da década de 1980, ele discorria sobre as consequências de determinadas doenças ou acidentes no corpo da alma, ao qual denominamos perispírito, após a desencarnação. Alguém lhe perguntou sobre a situação perispiritual das vítimas da explosão da nave Challenger, o ônibus espacial lançado pela NASA em 1986. Como sabemos, houve a total desintegração da nave espacial e dos sete tripulantes. Fomos esclarecidos que nenhum deles havia trazido a necessidade de levar as consequências em seus corpos espirituais que, no caso de tamanha destruição, levariam anos para se recompor nos hospitais do plano espiritual. Diante de tal merecimento, todos foram retirados de seus corpos físicos segundos antes da explosão.

Esses fatos nos levam à questão das desencarnações coletivas, tão frequentes nas últimas décadas, como ocorre em todos os tempos. Kardec perguntou sobre isso nas questões 291 e seguintes de *O livro dos Espíritos*, e os instrutores responderam: "O que pretendia Deus ao permitir que a humanidade fosse atingida por flagelos destruidores?" Resumirei as respostas, pois realmente ninguém consegue imaginar um Pai que derruba aviões, afunda navios, incendeia prédios ou boates, e outras coisas mais.

Disseram que, ao fim, tudo concorre para o nosso bem. Deus não precisaria de flagelos para o nosso aprimoramento, pois podemos realizar esse progresso pelo conhecimento do bem e do mal; as mortes coletivas não são programadas por Deus nem por Seus mensageiros. De acordo com as leis soberanas, só passamos por experiências pelas quais precisamos passar e que visam ao nosso crescimento. Por meio desses flagelos, a humanidade progride mais depressa. Os primeiros exemplos dessas desencarnações foram a peste, a fome, as inundações e os desmoronamentos de terra; todos esses eventos levaram ao progresso da ciência, pois os homens passaram a se mobilizar na descoberta de vacinas e medicamentos, no aperfeiçoamento da agricultura, na melhor utilização das encostas, e por aí vai. Chamamos de flagelos os prejuízos que essas ocorrências causam, e são exatamente esses transtornos que nos fazem buscar mais prontamente uma ordem melhor das coisas.

Pelos olhos da materialidade, consideramos a maior tragédia perder a vida física, mas um século aqui é como um segundo na eternidade, dizem os Espíritos que fazem interessante comparação:

> Os corpos não são senão trajes com os quais os homens aparecem no mundo. Nas grandes calamidades que os dizimam, é como um exército que, durante a guerra vê seus trajes usados rasgados ou perdidos. O general tem mais cuidado com os seus soldados do que com suas vestes.

Não podemos julgar a vida pelo que acontece ao corpo físico, pois não somos um corpo. E todos encontrarão na vida que continua uma larga compensação ao sofrimento bem suportado. Além disso, a vida que continua oferece às pessoas uma oportunidade de exercitar a inteligência, a resignação, de demonstrar abnegação e toda a beleza da solidariedade que campeia em meio aos escombros. São incríveis e incontestáveis as lições que as tragédias deixam, principalmente as que decorrem de falhas humanas em que vemos a sociedade se mobilizar na cobrança de melhores atitudes dos responsáveis para evitar novos acontecimentos nefastos ou no socorro de vítimas de tragédias da natureza.

Nas tragédias coletivas, podemos observar mais uma vez a inexistência do acaso. Os especialistas em gerenciamento de risco sabem onde pode ocorrer um desvario climático, um incêndio, um desabamento de encosta ou de uma construção civil. Seria Deus mais mal informado do que eles?

Os benfeitores espirituais sabem, com antecedência, quando as circunstâncias favorecem a ocorrência de tragédias, seja por falha humana ou por circunstâncias climáticas como os maremotos, terremotos ou *s*, e começam a agir na proteção de todos para que nada fuja ao controle das leis de colheitas que nos regem. A lei de afinidade atrai os indivíduos àquele encontro com o destino construído por eles mesmos e delegados pelo Criador, ou os afasta dele. Tal encontro nada mais é do que um acerto de cada um com os resgates exigidos pelo passado para a libertação que se realiza por si só, sob a vigilância dos benfeitores. É assim que renascemos em locais propensos aos cataclismos naturais ou sociais que se expressam na violência urbana.

Como nos ensina Haroldo Dutra Dias, Deus não é o juiz a nos julgar e condenar, mas o Pai que tudo faz para nos salvar de nós mesmos. Cada ato que realizamos no mal impregna-se em nossa alma como uma fotografia. Se algum dia empunhei uma arma e assassinei alguém, esse ato ficou automaticamente gravado em mim por um mecanismo absolutamente sábio das leis divinas. E passo a emitir ondas que têm afinidades com questões de assassinatos por onde quer que eu vá. Se prejudiquei alguém financeiramente, emitirei as ondas de tal lesão, estabelecendo perversas sintonias nas quais encontrarei situações e pessoas para o reajuste necessário. Entre as dezenas de carros parados em um semáforo, o que move a escolha do marginal? Será que os criminosos quando decidem fazer a maldade conseguem praticá-la contra qualquer um, ou podemos ver aí os acontecimentos que seguem um processo de profunda sintonia? Essas questões se desdobram em várias nuanças que devem ser particularizadas em cada caso.

Se as leis dos homens foram criadas para nos proteger da maldade que há no mundo, as leis de Deus foram criadas para nos proteger das sombras que ainda subsistem dentro de nós. E, muitas vezes, nós nos encontramos enclausurados em situações das quais não conseguimos nos libertar para que não perpetremos novos crimes contra o amor, para que alcancemos a redenção final.

Finalizando minhas explicações, e mesmo na qualidade de aprendiz incipiente, é oportuno acrescentar que, de outro modo, são clássicos os exemplos de pessoas que tudo fazem para embarcar ou não de última hora em um voo fatal, estar ou não em um local de flagelos. Isso é o resultado do cuidado dos benfeitores, que permitem que a cada um só aconteça o que se coadunar com seu planejamento existencial. Se entre os milhares que partem da vida física houvesse um que não necessitasse passar por essa experiência, Deus não seria perfeito. Se uma única pessoa sofrer injustamente, Deus não é justo. Carl Gustav Jung, médico e pensador suíço, relata em suas *Memórias, sonhos e reflexões* a lenda de um jovem que pergunta a um rabino por que os homens não eram capazes de enxergar Deus. Ele ouve como resposta:

"Porque não são capazes de se curvar o suficiente." Temos de compreender que também precisamos de humildade suficiente para encontrarmos em nós a centelha divina – a semente do desenvolvimento –, que nos proporcionará olhos para vermos. Sem a lei da reencarnação por alicerce não há como apresentar uma cogitação moral razoável para esses acontecimentos, e as explicações ficam por demais reduzidas e mutiladas.

NA VIDA, ENCONTRAMOS AS PROVAS,
E COM ELAS APRENDEMOS
AS GRANDES LIÇÕES.

POR QUE VOCÊ ESTÁ CHORANDO, MÃE? EU ESTOU AQUI

31

FIQUEI MUITOS DIAS AFASTADA DESTES ESCRITOS. A BEM DA verdade, cheguei a pensar que jamais voltaria a eles. Era abril de 2015, e, no início do mês, fui contaminada pela dengue que se agravou para a forma hemorrágica. Durante todos esses anos vendo essa doença assumir status de epidemia em vários estados brasileiros, vendo pessoas sofrerem os horrores dessa febre virótica, eu pensava que sempre passaria ilesa por ela, dizendo que a dengue já havia causado em minha vida o estrago a que se deu o direito ao fazer sucumbir o corpo de minha filha, em 2006, e que só caberia a ela, a dengue, ignorar-me a existência e passar ao largo. Mas não foi isso o que aconteceu.

Vi minha existência em risco, tal a calamidade que era o número de plaquetas em meu sangue. Sob o impacto da situação que os exames de sangue esclareceram, ao ser hospitalizada eu

chorava de dor, de tristeza e de preocupação com o trabalho que eu daria a todos os que se prontificaram a me ajudar, quando meu filho entrou dizendo: "Por que você está chorando, mãe? Eu estou aqui." Não articulei a resposta; de que chorava porque em seu rosto, que desviava os olhos dos meus, também eu percebia as marcas de choro. Sofrer todos os sintomas de Mariana remetia-me a lembranças extremamente traumáticas e transportava-me ao seu calvário.

Meu organismo precisaria reagir e, naquela noite de expectativas, diante de prognósticos desfavoráveis, recusei-me a dormir. Só descobri o motivo de minha recusa já de madrugada, e disse à minha nora que carinhosamente fazia-me companhia e também às enfermeiras que eu não queria dormir, pois não saberia onde e quando iria acordar. Foi muito estranho; eu, que vinha escrevendo tanto sobre a morte em meu livro, ver-me na iminência de recebê-la. Eu queria, se possível, estar "presente" quando e se ela chegasse.

Ninguém pensa na própria morte até vê-la tão próxima. Aliás, muitos nem pensam que são mortais, pois ninguém gosta de pensar naquele momento que, apesar de nossa imortalidade, uma parte nossa bastante significativa morre. Foram horas e horas de apreensões, de orações e de reflexões. Sinceramente, não sei se poderei descrevê-las sem ser enfadonha ou dramática, mas o farei com toda sinceridade. É uma experiência e tanto pensar que a morte pode chegar a qualquer momento; é uma experiência que nos obriga a descartar subitamente todos os planos, projetos e sonhos de curto prazo. Ela nos frustra as expectativas, nos separa fisicamente das pessoas que amamos sem despedidas. São muitos encerramentos para encarar.

Milhares de pessoas relatam, em muitos livros, suas experiências de quase morte (EQM) quando em estado de inconsciência causado pelo coma ou por anestesias em cirurgias. Não foi o meu caso. Por essa razão, comento apenas os meus sentimentos, dentro da lucidez muitas vezes comprometida pela febre que tive. Horrorizada, eu imaginava que a qualquer momento eu poderia ser abatida pela mesma destruição dos órgãos internos que consumiu minha filha. A um dos médicos eu disse estar muito preocupada, e ele respondeu que eu tinha toda a razão para me sentir assim, o que me levou a considerar que meu quadro era realmente sério e não apenas fruto de temores infundados.

Todos sabemos que o silêncio da noite, que se faz muito longa nessas circunstâncias, exasperam nossa angústia. Meus pensamentos estavam a mil, minhas orações perdiam o nexo e me dei conta de que meu raciocínio estava comprometido. Mas lembro-me de escolher uma estratégia para dirigir meus pedidos a Jesus, porque se o fizesse a Deus, seria naquela condição do "seja feita a vossa vontade", e eu queria Lhe dizer e suplicar sobre a minha vontade: "Misericórdia, Jesus, eu quero ficar!" Que infantilidade espiritual a minha, dirigir-me àquele que disse: "Eu e o pai somos um", o que significa que Jesus representa o reino de verdade e veio exatamente nos ensinar sobre o comando central de nosso Pai e Criador. Essa infantilidade só me mostrou quanto devemos nos esforçar para tornar realidade o estreitar de nossas vontades com a vontade suprema. Minhas orações continuaram:

> O Senhor sabe, se eu tiver de ir, aceitarei e me curvarei, mas vou logo dizendo que vou precisar de um bom tempo por lá para ficar bastante emburrada e triste. Depois prometo seguir adiante com alegria, como tenho tentado até hoje.

Em seguida, pensei que a morte é um horror e que se eu ficasse, releria tudo o que havia escrito sobre ela até aquele momento para averiguar se, em algum momento, eu tinha desqualificado as extremas e monstruosas dificuldades que podemos sentir ao deixarmos tudo na Terra e ter a vida totalmente modificada. Que de forma alguma eu poderia ter menosprezado a dor cruciante que pode estar contida na aceitação da irreversibilidade da morte física. Em minha memória, ressoavam frases inteiras de minhas exposições nos templos espíritas. Soariam vazias em mim aquelas exortações, ou eu conseguiria ser fiel às minhas convicções? Cheguei a ouvir minha voz, soando ainda mais convincente:

> Mande Deus o que quiser mandar, não temo, sei que darei conta. Não por ser forte ou elevada, mas porque Jesus ensinou que jamais em nossos ombros seriam colocados fardos mais pesados do que aqueles que poderíamos suportar. Eu sei que todos os nossos medos naufragam nas águas profundas da verdade e da fé.

Quando disse à Fernandinha que não dormiria porque não sabia se iria acordar aqui, no plano físico, ela, assustada, sentou-se na cama e disse: "Pelo amor de Deus, não morra nesta noite de meu plantão, deixe para morrer quando estiver com uma de suas irmãs ou cunhadas, tenho pavor de ver gente morrer." Existe alguém que não tenha? Ri do inusitado pedido e prometi que se dependesse de mim, que ela não tivesse dúvidas, ela seria atendida.

Às 3 e meia da madrugada, senti os pés estranhamente dormentes e gelados, e resolvi preparar minha nora, mesmo correndo o risco de horrorizá-la: "Fernandinha, acho que não poderei cumprir a promessa", e relatei o que sentia. "Não brinca, vou chamar o médico." Não estava brincando, senti algo gelado subindo pela minha perna esquerda e até olhei para me certificar de que não tinha derramado água sobre mim. Com tamanha aflição, voltei ao refúgio da prece a Jesus. Reiterei várias vezes o meu pedido para ficar. Somos assim, ora pensamos que Deus é surdo e gritamos, ora pensamos que Jesus é obtuso e não entendeu o que pedimos. Veio novamente à minha memória um princípio do budismo do qual gosto sempre de lembrar, e também de contar aos outros: "Nenhum problema merece nossa preocupação, ou ele tem solução ou não tem." E lembrei-me de meu pai, que sempre repetia: "O que não tem solução, solucionado está."

Como bem escreveu Ruth de Aquino, articulista de uma conceituada revista: "O pecado do pregador é maior do que o pecado do pecador." Respirei profundamente, resolvida a me entregar a Deus. Não seriam meus pedidos, meus medos e minhas preocupações que me tirariam daquele quadro. Ainda me consolei lembrando que os Espíritos dizem que morrer não dói, o que dói é nascer. Imaginei que a morte poderia ser um dormir, um perder a consciência, sair do corpo físico e acordar no além-túmulo.

Ao pensar que lá então reencontraria meus filhos e todos que amo, pedi perdão a eles por não sentir pressa, apesar da saudade, e afastei totalmente aquela possibilidade. Não queria pensar nela, e não queria passar recibo para a morte. Dormi por umas duas horas. Minha assustada e prestativa nora permaneceu em vigília. Creio que posso continuar contando com as devotadas orações dela em favor de minha saúde, agora de maneira mais empenhada.

No dia seguinte, fiz uma nova coleta de sangue, e, ao meio-dia, chegou a resposta: as plaquetas tinham subido um pontinho. Pronto. Tive a certeza que busquei na intuição durante toda a noite e parte da manhã, sem sucesso: não tinha chegado a minha hora. Depois, pensei no autoterrorismo que minha mente havia criado e justifiquei-me dizendo que meu quadro era realmente muito grave, não só pela ótica de minhas emoções e percepções, mas do ponto de vista fisiológico, corroborado pelos bondosos médicos que me assistiram.

Analisando tudo isso hoje, sinto que devo pedir desculpas aos que pensam que não temer a morte é coisa só de almas elevadas, pois me reconheço sem nenhuma elevação, e, no entanto, penso que, se tive medo, ele não fez com que eu me desesperasse ou me revoltasse. Encontrei em mim a serenidade e confiei que não estaria sozinha. Posso dizer que não temi a morte, e que apenas fiquei muito feliz por vê-la adiada. Esse sentimento se coaduna com a lei de preservação da vida, tão forte em todos nós e que nos foi dado por Deus para que suportássemos viver neste lado da existência, tão mais difícil do que o outro. O instinto de sobrevivência é que nos supre com essa necessidade de vivermos aqui.

SE TIVE MEDO, ELE NÃO FEZ COM QUE EU ME DESESPERASSE OU ME REVOLTASSE. ENCONTREI EM MIM A SERENIDADE E CONFIEI QUE NÃO ESTARIA SOZINHA.

AS FLORES DE MEIMEI

32

PEÇO LICENÇA PARA RELATAR UM APOIO ESPIRITUAL QUE RE-cebi, não por merecimento, mas por necessidade.

Domingo de Páscoa à tarde, alguns familiares e amigos do Luiz Gonzaga fizeram orações em meu favor, e aplicaram a fluidoterapia dos passes curativos com energias restauradoras que tanto auxiliam e funcionam como excelentes coadjuvantes das terapias tradicionais. Vários estudos, reportagens e pesquisas comprovam essa eficiência. Entre os amigos, estava também presente uma senhora portadora de mediunidade curativa e de psicofonia. E eis que se comunica conosco um dos mais elevados mentores espirituais de nosso centro, que se fazia reconhecer pelo teor da comunicação e pela inconfundível voz, e que não ousarei nomear, trazendo-nos maravilhosas palavras de incentivo e conforto. Dizia, entre outras coisas, que minha tarefa por

aqui ainda continuaria por um bom tempo e que eles, que me assistiam, viram com alegria como lutei pela minha permanência na Terra quando corri o risco de partir.

Tenho o ceticismo natural de quem tem o compromisso, assumido desde 1988, de zelar pela pureza doutrinária em nossa instituição, compromisso honroso deixado por Chico Xavier, primeiro a meus pais e depois a mim, e que significa entre outras coisas olhar com olhos bem razoáveis e atentos toda a produção mediúnica. Recomenda o Espírito Erasto n'*O livro dos médiuns*, capítulo 20, item 12: "Vale mais repelir dez verdades do que admitir uma única mentira, uma só teoria falsa." Observamos aí quão delicadas são as questões relacionadas à autenticidade das mensagens mediúnicas. Confiava na seriedade da mediunidade da querida amiga, contudo achei caprichosa a dedicação do venerando comunicante fazendo chegar até mim a mesma mensagem, com o mesmo teor e palavras, dessa feita por um médium de Curitiba que viria a Pedro Leopoldo dali a alguns dias.

As bênçãos foram tantas que não consigo deixar de compartilhar. Em comemoração à data de aniversário de Francisco Cândido Xavier, fundador de nossa instituição, receberíamos para uma palestra o pesquisador, historiador e presidente honorário do centro, o sr. Oceano Vieira de Melo. Acompanhando o amigo expositor, estava o médium Orlando Noronha Carneiro, que eu já conhecia por sua humildade e capacidade de captar com bastante fidelidade os ditados dos desencarnados desde que eu fizera uma palestra em Petrópolis, no Rio de Janeiro. A principal motivação do médium era conhecer o berço de Chico Xavier, seu muito amado instrutor nos anos 1980 em Uberaba. Aproveitando a presença do Orlando, foi organizada uma reunião de psicografia que consolou a muitos e encantou a todos.

Os preparativos para esse evento envolveram várias deliberações, e houve certa preocupação com minha hospitalização e a gravidade de minha condição de saúde. Recolhido em orações em nosso favor, como fazem os corações que sentem a alegria de servir, Orlando entrou em uma espécie de êxtase e "viu" chegar a mesma entidade iluminada vinda de meu quarto no hospital, que o tranquilizou e repetiu as mesmas palavras ditas aqui. Nesse fato, ainda que em pequena escala, vê-se o mesmo princípio de Kardec sobre a universalidade dos ensinos dos Espíritos, ou seja, a mesma informação colhida por várias fontes mediúnicas.

Raramente temos a oportunidade de receber médiuns de psicografia em nossa casa espírita. Naquela noite, vimos surgir maravilhosas e consoladoras cartas com detalhes, nomes de familiares e circunstâncias de morte dos quais o médium definitivamente não havia sido informado anteriormente. Para nossa grande surpresa e alegria, uma mensagem infantil dava notícias de Maria Laura, que estava acompanhada da avó materna, Cida, e que ditou aos pais um recadinho que detalharemos no próximo capítulo.

Quando terminou a reunião, o médium me disse que minha filha Mariana estivera presente e que tudo havia indicado que ela escreveria, mas que ela havia se retirado sem nenhum contato e sem que ele entendesse o motivo. Mas eu entendi. Uma centena de pessoas, algumas demonstrando amargar grandes sofrimentos, aguardavam a comunicação de familiares nesse misterioso intercâmbio que só se estabelece na chamada de lá para cá, manifestando a vontade de receber notícias. Diante delas, eu teria me sentido muito constrangida se tivesse sido uma das cinco agraciadas. Mas eu também ansiava por notícias. Nessa noite, minha filha comemoraria seu aniversário natalício se aqui tivesse permanecido, e eu não queria pensar nessa contagem de tempo para não provocar em nós duas um vazio difícil de preencher.

·⊱*⊰·

NO DIA SEGUINTE, NOSSOS DOIS visitantes seguiram para o centro espírita Luz, Amor e Caridade, em Belo Horizonte. Lá, o médium apenas assistiria à palestra de Oceano, e a direção da casa disponibilizaria material e condições, caso a espiritualidade resolvesse escrever alguma coisa. Mesmo muito debilitada fisicamente pelas sequelas da dengue, vi uma chance de contato mais ostensivo com meus filhos ou outros familiares queridos sem constrangimentos e sem nenhum sacrifício.

Fui e deu certo. Não transcreverei integralmente a mensagem, mas Mariana fala de nosso amor, e sob as lentes desse sentimento fui presenteada com muitos elogios. Acho que vale a pena ressaltar alguns pontos interessantes para que entendamos um pouco mais esse maravilhoso e não único meio de consolação que o espiritismo nos oferece.

> [...] Chegamos aqui, neste porto de luz, em família. O vovô Lico, o vovô Totone, a vovó Lia e em nossos corações está sempre a vovó Edite, nossa vovó Dite... O Tetéo hoje não pode comparecer, o menino grande com grandes compromissos na vida espiritual. Nesses dias, mamãe, estive conectada à sua paisagem mental e entendemos, não é, mãe, que Deus é o Senhor de tudo e conhece cada alçar de um pássaro sobre o mar, no céu, desejando buscar o seu destino.
>
> Mãe! sei que você reviveu o passado, do mesmo modo que eu também vivenciei as dificuldades da dengue. Mas mesmo que estejamos vinculadas em estreitas relações do passado distante, temos no mapa da programação reencarnatória o tempo calculado às nossas necessidades. Os mensageiros do Amor, certamente,

trabalham para que estejamos protegidos diante das dificuldades de um mundo de instabilidade, mas previstas no estágio que, por agora, ainda se encontra. Mas não tenhamos dúvidas de que mesmo diante das evidências perigosas de seu estado e a preocupação dos médicos, é compreensível que as esferas mais altas detenham recursos para efetuar interferências em nossa jornada.

E não foi diferente dessa vez, sob a intervenção de amigos espirituais, orientados pelo dr. Bezerra de Menezes, agiram em seu organismo espiritual para, em consonância com as medicações de amparo médico, trouxesse o equilíbrio na organização física. Eu buscava lhe dizer no ouvido espiritual que você poderia dormir sem qualquer temor,[1] e vamos falar a verdade, não é, mamãe, caso você tivesse mesmo que abrir os olhos por aqui, não tenha dúvida, você teria os méritos naturais de se reencontrar conosco. Você se fazendo como filha, amparada ao meu colo. Sei de suas responsabilidades perante o Luiz Gonzaga,[2] e o nosso Chico, assim como o vovô Lico, sabem de seus compromissos para que tudo não saia da simplicidade e da eficiência.

Confesso que nos dias críticos de sua perturbação física eu a vi como uma criança e senti com você o sentimento de mãe, como se algo de minha memória espiritual despontasse em minha consciência, sem que eu pudesse me ater em maiores destaques que não vêm ao caso nesta singela carta que tento lhe transmitir com a flexibilidade mediúnica possível.

Os quadros que vieram em sua mente de minhas dificuldades até a desencarnação de modo algum me tiraram o equilíbrio que agora mantenho na vida espiritual. Confirmo, sim, nossos compromissos do passado, comigo e com Tetéo, e estaremos com coragem enfrentando o que realmente solicitamos. O papai Aguinaldo continua em nossas preces e preocupações, com respeito ao livre-arbítrio de cada um em suas escolhas... Você tem ainda muito chão para encerar no Luiz Gonzaga e no Memorial.

Buscamos também tranquilizar os nossos trabalhadores do centro. Abrace por mim meu irmão Aguinaldinho e sua família e sabemos que ele será sempre o meu coração em lembrança junto com o seu coração... Siga o projeto do Memorial com paciência e com calma. Tudo chegará na hora certa, como no início, assim aconteceu.

Estou na Cartilha do Bem e vejo em nossa doce Meimei o grande exemplo de auxílio às nossas crianças e Espíritos que precisam reorganizar suas emoções com base nos ensinos de Jesus. Eu fico maravilhada com a extensão do trabalho de Meimei que, sim, já pode abraçar com intenso carinho o sr. Arnaldo Rocha, que sabemos ser grande tarefeiro nas lides espirituais.[3]

Quando aqui chegamos fomos recebidos por um amigo espiritual de nome Theofilus e também por um senhor de olhar firme e sério que se chama sr. Edson e abraça a sra. Cotinha e familiares.[4] Foram eles que me ajudaram e me permitiram lhe trazer as notícias...

Você não está sozinha e sabe bem disso. Somos analisados pelas parcelas que contribuímos por um mundo melhor. Enquanto escrevo, vejo daqui o vovô Lico lhe aplicando energias novas em seu coração. Nunca esquecerei sua presença em minha vida nem os lances de aprendizado junto a você, com suas palavras de branda e equilibrada energia.

Abraço fraterno aos amigos do Luiz Gonzaga, porque esta bênção em nossa vida, que nos remete ao Chico é para mim a extensão de nosso lar. Você aos pouquinhos retornará às suas atividades e não faltará a bênção de auxílio dos Benfeitores que nos assistem. Continue sentindo aquele abraço só nosso, que só mãe e filha e filha e mãe podem compreender...

Tem por aqui o que chamamos de flores de Meimei, e trago para você um ramalhete depositando-o em seu colo. E quando sair daqui colocarei outros em sua cama, como energias a lhe beneficiar hoje, ao você se recolher... Sou sua eterna aluna, que tem não só a mãe que venero e amo, mas a grande educadora que me ensina a ver a vida com mais clareza... Também trazendo o abraço de meu irmão Tetéo sou a sua filha amiga que mora em alguma dessas estrelas que cintilam perto de Pedro Leopoldo.

MARIANA DINIZ RODRIGUES

NOTAS E CONSIDERAÇÕES

1. Eu buscava lhe dizer no ouvido espiritual que você poderia dormir sem qualquer temor – Mais uma vez, constatamos o exercício de mediunidade com Jesus. O detalhe do que se passara naquela noite era totalmente desconhecido pelo médium. O que muito me impressionou, também, foi a minha insensibilidade em perceber, com um mínimo de intuição, a presença de minha filha e o que ela me dizia. Se dependesse de minhas faculdades para atestar esses fenômenos, teria que dizer que não existem.

2. Sei de suas responsabilidades perante o Luiz Gonzaga – Tenho, sim, responsabilidades lá e com outras tarefas que prezo muito. Mas em nenhum momento pensei que minha tarefa de realizá-las seria motivo para que eu não partisse. Aprendi com Chico que quando morre uma grama nasce outra. Ou seja, a tarefa não é nossa, é de Jesus, que sempre poderá encontrar graminhas mais viçosas e eficientes.

3. Eu fico maravilhada com a extensão do trabalho de Meimei que, sim, já pode abraçar com intenso carinho o sr. Arnaldo Rocha, que sabemos ser grande tarefeiro nas lides espirituais – O casal Arnaldo Rocha e Meimei tem uma bela história de amor. Ele desencarnou em 2014, e eu o conheci bem e o admiro muito.

4. sra. Cotinha e familiares – Essa senhora era a responsável pelas atividades do centro espírita em que nos encontrávamos, e era viúva do sr. Edson.

NUNCA ESQUECEREI SUA PRESENÇA
EM MINHA VIDA NEM OS LANCES
DE APRENDIZADO JUNTO A VOCÊ.

MARIA LAURA RETORNA

33

SÃO RARAS AS MENSAGENS INFANTIS, E, MAIS RARAS AINDA, AS que são recebidas pouco tempo depois da desencarnação. Isso, porém, aconteceu. Maria Laura enviou uma mensagem que não deixava nenhuma dúvida sobre sua identidade, pois mencionava detalhes conhecidos apenas pelos pais.

Assim que sua mãe Cintya se aproximou do médium, ele lhe falou sobre o hábito de sua filhinha de brincar com potinhos vermelhos em que colocava "prantinhas" colhidas do jardim. E Cintya confirmou a pronúncia errada da criança, assim como a brincadeira de picar bem pequenos os galhinhos e colocá-los nos potes, levados em seguida para dentro de casa, pois ela dizia que neles estava a comidinha de suas bonecas. Ele continuou: "Vejo um molho de chaves que só você, mãe, pode saber o que significa." Muito emocionada, Cintya nos contou que Maria

Laura, de tanto ver os adultos apanharem seus chaveiros para ligar o carro, acostumou-se a fazer o mesmo e, todas as vezes em que ia andar em seu velotrol, usava chaves que os pais providenciaram e fazia o movimento de acionar a ignição imaginária. Só essas duas informações já causaram grande alegria ao coração materno, pois demonstravam que, de alguma forma, sua filhinha se fazia presente, provando a própria imortalidade e provando a conservação de sua individualidade.

No decorrer das psicografias, durante as quais estive sentada ao lado de Orlando, pude ver quando ele segurou o lápis de um modo infantil e começou a desenhar. Foram aparecendo no papel o céu, o mar, montinhos de areia e bonequinhas. Ao lado de cada desenho, pequenas frases: "Não foi por causa da praia que eu vim ver o Papai do Céu." A menina esclarece, assim, que não havia motivos para os pais se culparem pela transmissão da dengue. "Mãe ê! Pai ê!" Aqui ela se identifica mais uma vez, chamando-os da mesma forma que costumava fazer quando estava nesse plano, apesar dos pedidos para que os chamasse com mais delicadeza: "Laurinha diga: mamãe, papai, é mais bonitinho." O médium desenhou os copinhos com as plantinhas e a boneca. Desenhou também montinhos de areia, simbolizando as últimas brincadeiras dela com o pai, Sílvio Luiz, durante a viagem: "As montanhas de areia do papai e da mamãe."

Para o irmão, Rafael, a quem ela sempre demonstrou seu imenso amor, escreveu no meio das ondas: "Amo o Rafael". No fim, ela dita: "Mamãe Cintya e Papai Luiz Sílvio" – o nome do pai saiu invertido, talvez por uma falha de captação do médium. "Para que vocês saibam que estou aqui. Não esqueçam das 'prantinhas' no jardim da nossa casa, que eu colocava no potinho vermelho." A letra muda na frase final: "Estou bem, com a vovó

Cida. Sua filha, Maria Laura Caetano Silveira". E todos os familiares, sem exceção, reconheceram a letra de Cida, avó materna, desencarnada em 2010.

Poucos dias depois, recebo os pais de Maria Laura ainda bastante emocionados, mas também confusos com a repercussão da mensagem em toda a cidade. O pai descobriu surpreso que a morte não existe na forma de destruição total daqueles que amamos, pois sua filha lhe provara aquilo. E a mãe, com toda sinceridade, contou-me sobre as cobranças de muitas pessoas: "Eu não acreditava nessas coisas, mas não tem como negar que foi sua filha quem escreveu. Agora você pode parar de chorar e se sentir muito feliz."

Ao me responder como se sentia realmente, ela confirmou o nosso modo de pensar a respeito:

> É certo que a mensagem trouxe muito conforto e alívio ao meu coração, mas como posso estar feliz? Sei que não vou mais chorar por uma suposta culpa ou por preocupação, pois sei que ela está bem e junto de minha mãe, mas continuo muito triste e com muita saudade.

Já falei neste livro sobre isso. As mensagens revelam muito sobre a continuidade da vida, e, esses fenômenos, aparentemente sobrenaturais, causam uma espécie de euforia nas pessoas não envolvidas emocionalmente como nós. Vem daí a cobrança de supressão de toda a dor, de término de qualquer exteriorização de luto; a cobrança de que nos mostremos, a partir de então, totalmente consolados. Cintya disse bem: as cartas aliviam e dão certo conforto, mas sabemos que a resignação cobrada de quem as recebeu vem do amparo de Jesus quando em seus pés colocamos nossa dor, com confiança e coragem.

Aliás, se receber mensagens psicografadas fosse o meio mais eficaz de nos consolarmos, isso seria uma injustiça para com nossos irmãos enlutados de outras crenças que são levados a repudiar esse mecanismo. O consolo que Jesus oferece, em qualquer escola religiosa, vai muito além dos fenômenos mediúnicos, mesmo porque médiuns capazes de captar com fidelidade as mensagens não são tão comuns. É verdade que o Cristo Consolador demonstra toda a sua exuberância por meio dos ensinamentos que os Espíritos nos trazem, e, na verdade, são esses ensinamentos somados a alguma dedicação ao próximo e ao tempo que cicatrizarão nossas feridas. Muitos procuram, em nossa religião, a forma como concebemos esse Cristo Consolador. E aceitam o convite: "Vinde a mim, todos os que estais cansados e oprimidos, e eu vos aliviarei" (*Mateus* 11:28), porque entendem que dizemos: "Reitero que Cristo prometeu alívio e não carregar por nós a nossa cruz, milagrosamente tirando de nós toda a dor, em um segundo."

Quando nos deparamos com as palavras sublimes "E eis que Eu estou convosco todos os dias, até a consumação dos séculos" (*Mateus* 28:20) e "Nunca vos deixareis órfãos" (*João* 14:18), assimilamos que também precisamos estar com Ele. É a busca de uma vivência evangélica condizente com o que aprendemos que renova nossas esperanças de encontrarmos a felicidade e de nos colocarmos de pé. Porque Ele disse que o reino não era deste mundo, mas nós também não somos; estamos aqui de passagem e mesmo assim podemos começar a construí-lo em nossos corações desde já. O Cristo não teria vindo para cá se não existisse a possibilidade de iniciarmos essa construção imediatamente.

Conhecimentos e consolações são dádivas divinas; a nossa parte trata de buscá-los e edificar nossos princípios renovadores.

A natureza não dá saltos, e, nós, como legítimos representantes dela, também iremos de degrau em degrau, buscando aprender o que a dor veio ensinar para que ela perca sua finalidade e vá embora.

Para publicar a história de Maria Laura e de Kauan, pedi a autorização de seus pais, a quem mostrei estes escritos. Eles se mostraram felizes em contribuir com esse projeto e disseram ser desnecessário nomeá-los apenas com as iniciais.

Foi muito agradável ser honrada com a visita e a confiança também dos pais de Kauan, a alma "gêmea" de Laurinha, que são: Valéria dos Anjos e Aluísio Gomes da Silva. Disseram-se católicos, contudo conseguiam acreditar nos fundamentos do espiritismo, porque sempre acharam que existia alguma coisa mais, algo além do que poderiam compreender no relacionamento entre as crianças. Percebiam existir entre seu filho e a vizinha um sentimento muito forte e diferente de uma simples amizade infantil. Fizeram um relato emocionado das circunstâncias do acidente fatal na piscina da fazenda da avó materna, que aconteceu a despeito do extremado cuidado de todos. Traziam a paz das consciências tranquilas, pois entenderam que os acontecimentos pareciam ter que caminhar em direção ao trágico desfecho, inevitavelmente. Relembraram e contaram os sonhos recorrentes que tantas apreensões haviam deixado em seus corações.

Por muitas vezes, antes do acidente de Kauan, Valéria sonhou estar com ele em um quarto todo alagado, onde dois jacarés sempre tentavam arrebatar a criança de seus braços, mas ela sempre conseguia protegê-lo. Ela se impressionava com a repetição do sonho, querendo entender que mensagem ele trazia, mas sem conseguir a resposta nem alcançar alguma tranquilidade. Em uma quinta-feira, o sonho se repetiu, só que dessa vez os jacarés conseguiram levar com eles a criança. Ela acordou desesperada.

Ao chegar à fazenda, no sábado, ela compartilhou com sua mãe o sonho e como se sentia a respeito dele: "Mãe! que significa esse sonho? Por que não consegui proteger meu filho dessa vez? Será que vai acontecer alguma coisa com ele?" A mãe pediu-lhe calma e orações, para que não ficasse mergulhada em tão sombrios pensamentos.

Às vezes, os sonhos premonitórios que trazem uma vaga intuição das coisas futuras são sinais de alerta para que evitemos algum acontecimento que se delineia e que pode ser evitado, e, às vezes, são como uma preparação diante dos fatos inevitáveis. Existiria algo capaz de preparar o coração de uma mãe nessas circunstâncias? A resposta é sim. Valéria, ao ver confirmados seus pressentimentos, sentiu estar diante de algo inexorável e não diante de descuidos ou do acaso. Os planejamentos importantes de nossa vida ficam registrados em nossa memória profunda, chamada de subliminar, de onde podem emergir ao nos desligarmos do corpo durante o sono. A nossa mente consciente é apenas a pontinha do iceberg. E por ela não ter condições de guardar todas as suas experiências espirituais, as lembranças surgem, às vezes, de modo simbólico, como o perigo em forma de um jacaré. E não poderia ser diferente, pois a visão clara antecedendo acontecimentos trágicos geraria angústias e desesperos que nenhum auxílio levaria a pessoa alguma.

Aluísio relata com emoção a visita que recebeu de Kauan quando, em uma noite insone, percebeu a presença do filhinho. Duvidando de sua percepção, pediu: "Se é você que está aqui, dê-me um sinal." Sentiu, em seguida, um toque suave em sua perna.

A premonição da mãe e a sensibilidade mediúnica do pai vêm corroborar alguns dos fundamentos do espiritismo por meio de duas pessoas que nunca tiveram acesso a tal conhecimento.

DISSEMOS ANTERIORMENTE QUE OS ASPECTOS consoladores vão muito além da recepção de mensagens. É um processo. Rogério e Jane Patrícia são exemplos disso. Eles chegaram ao Luiz Gonzaga poucos meses após a partida do filho, Lucas Parreira. Serenos, calmos e sofridos, vinham em busca de respostas. Conversamos algum tempo e percebi que a mãe parecia mais envolvida no sentimento de perda do que o pai. Até aí, tudo bem, as mães são assim mesmo. A surpresa foi descobrir que o jovem não era seu filho biológico.

Evidentemente que um engendrado amor poderia ter nascido ao se encontrarem nesta existência, mas a ligação afetiva entre eles era tão forte que podemos pressupor um reencontro de almas. Sugeri a terapêutica de sempre: para suportar uma dor que nunca se sentiu – ou para fazer algo que nunca fez, ou para intensificar o que já fazia antes –, é preciso abrir espaço na agenda.

Alguns dias depois, ela nos telefonou dizendo que desejava fazer parte do grupo de voluntários de nossa instituição. Esclareci que em Belo Horizonte mesmo ela encontraria excelentes oportunidades de trabalho na seara do Mestre. Mas, para nossa alegria, ela se ofereceu para nos ajudar em sua área de atuação profissional, a psicanálise e a psicopedagogia, auxiliando-nos no atendimento fraterno. Dentro da laborterapia, ela criou um grupo de trabalhos manuais.

Rogério e Jane estavam entre a centena de familiares em busca de uma psicografia do médium Orlando, naquela noite, no Luiz Gonzaga. Não receberam, sabem como é: o telefone só toca de lá para cá, prova de que a busca e a presença não constituem uma evocação. Afirmaram, porém, que saíram de lá consolados por terem visto a beleza do fenômeno.

PARA SUPORTAR UMA DOR
QUE NUNCA SE SENTIU, É PRECISO
ABRIR ESPAÇO NA AGENDA.

FELIZ 2006, MARIANA!

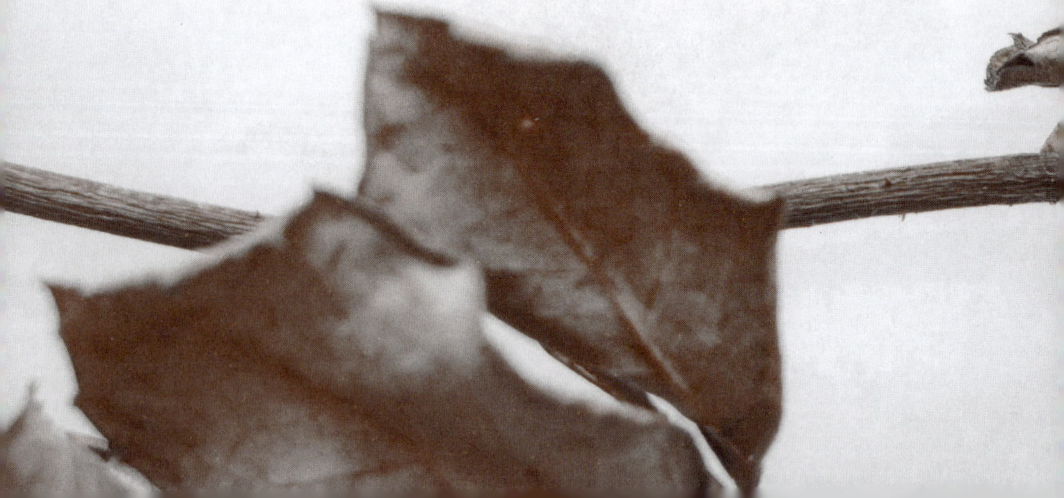

34

PENSEI QUE QUANDO TERMINASSE ESTES ESCRITOS PODERIA nomear o livro com os dizeres da camiseta que minha filha usava em seu último *réveillon* nessa existência: "Feliz 2006!" Pouquíssimas lembranças físicas dela eu trouxe comigo para onde moro hoje. Entre elas, nenhuma me causava tanta dor quanto sua camiseta com os votos de felicidade para o futuro que se descortinava no calendário da Terra, e que, para ela, foi cortado no meio do ano pela dengue. Encontraria ela, no outro plano da vida, a felicidade desejada? Esse era o meu terrível dilema. A felicidade dela não dependia mais de mim. Nós, mães, achamos que podemos fazer nossos filhos felizes, protegê-los de todas as dores. Às vezes, pensamos mesmo que só perto de nós as nossas crianças estarão seguras e felizes.

Vi na televisão uma senhora cuja filha havia sido assassinada, e na insensibilidade do repórter que a entrevistava, surgiu a oportunidade de essa mãe expressar, com toda sinceridade, um sentimento de todos nós: "Se eu estivesse lá, teria protegido minha filha e isso não teria acontecido." Sabemos quanto pode ser verdadeira essa proteção! Sabemos quantos perigos os cuidados da família são capazes de evitar, de quantas tragédias somos poupados pelo amor; e conhecemos várias pessoas que agregam ao luto o sentimento de culpa de não terem podido proteger os que amam. É estranho constatar nosso engano. Poderíamos dizer a essa senhora que ela não estava lá, mas Deus estava, e creio ter respondido ao longo destes capítulos que se Ele não interferiu, não evitou, não significa que não tenha protegido e amado aquela, que era, antes de tudo, filha Dele.

Quando disse que, no hospital, com Mariana, eu não pensava que ela partiria, pois em minha prepotência acreditava já ter aprendido tudo o que a perda de um filho pode ensinar, não sendo necessário repetir a experiência, faltava-me aprender essa confiança ampla, total e irrestrita em Deus. Recebi, ainda na infância, o ensinamento sobre a resposta de Jesus ao doutor da lei: "Amareis o Senhor vosso Deus de todo o vosso coração, de toda a vossa alma e de todo o vosso pensamento" (*Mateus* 22:35), o que significava que o amor a Deus deveria ser superior a tudo. Eu não conseguia concordar por não entender o motivo. Por que deveria amar a um Deus que eu não compreendia, que eu não conhecia, mais do que amava aos meus pais, meus filhos e outros amores?

Mais tarde, continuei com as mesmas dúvidas. Com a partida de Mariana, compreendi. Só amando a Deus sobre tudo e todos é que conseguimos entregar nossos filhos de volta para Ele, sem apego, sem revolta, sem reclamação. Estes sentimentos, estados de espírito, causam muito sofrimento a eles e a nós. Amar os filhos que chegam é muito fácil, mas o verdadeiro amor aprende-se ao entregá-los de volta ao Pai de todos nós. Os laços terrenos foram interrompidos, mas o Senhor da Vida, a quem todos pertencemos, permitirá a continuidade deles em outro plano, até que possamos nos reunir de novo sem o sofrimento da separação e as sombras da morte.

Ao compreender isso, consegui olhar para a camiseta de minha filha e estender os votos, expandir, e não estreitar, o "Feliz 2006". Hoje posso dizer:

> Feliz eternidade, minha filha! Hoje você trabalha, estuda, ama, cresce, se diverte sem as agruras de ficar desempregada, correr do ladrão e mil outras dificuldades de viver em um mundo de provas e expiações. Já não é para os seus ouvidos as palavras do Senhor que expulsou os endividados de seu Jardim do Éden (*Gênesis* 3:16–19):
>
> "Multiplicarei os sofrimentos da tua gravidez; em meio de dores darás a luz filhos [...] em fadiga obterá o sustento durante os dias de tua vida [...] No suor do rosto comerás o teu pão!"
>
> Um dia, como na simbologia das narrativas bíblicas, você foi "expulsa" desse jardim no qual existia antes de estar minha filha, vestiu aqui um corpo físico para que, em meio a muitas dificuldades, ao voltar, deixasse nele o estrago que lhe perpetrou há 200 anos. Hoje, de volta ao mesmo paraíso relativo de seu merecimento, sua vida a liberta dos grilhões que a prendiam ao passado de equívocos, e, certamente, sorri para você, e você, por sua vez, devolve à vida o seu lindo sorriso, seguindo em frente, em busca de novas e necessárias conquistas. Certamente, uma alegria incrível felicita-lhe pela oportunidade de ter vencido essa prova e bendiz a dor que nos reabilitou perante o Soberano do universo.

Abençoadas sejam as lágrimas que tão fartamente brotaram de nossos olhos, pois foram elas que contribuíram para apagar as nódoas do nosso passado. Sabemos: a morte não é a ceifadora cruel de nossos sonhos, ou o carrasco que destrói nossa vida; ela é, antes de tudo, uma libertadora de almas soterradas na argila humana. Feliz eternidade, minha filha! Pela infinita misericórdia de nosso Pai, você fez por merecê-la.

Tenho aprendido, a duras penas, que para que a saudade devastadora se transforme em doces lembranças, precisamos refletir um pouco mais sobre aquilo por que choramos, e sobre aquilo que perdemos. Parafraseando Santo Agostinho em *Confissões*, pergunto: "Que é que amo quando amo o meu Deus?" Que é que amo quando amo você? O que eu choro, quando choro a sua ausência? Precisei muito dessa resposta para me conformar com a ausência de minha filha. Existia, em minhas lamentações, um monstruoso egoísmo motivado pela falta que ela me faria em meu dia a dia. Mariana sabia ser útil, presente, dedicada e excelente companhia em meu lazer. Era preciso abrir mão dessa presença tão eficiente e ficar só com a saudade. A ausência de minha filha era mais uma etapa no aprendizado do amor que se ama independentemente do que se faça. Um amor que não existe pelo que o outro dá, que não é regido por trocas.

Evidentemente, refiro-me ao luto que se prolonga mais do que o razoável, o que Freud denominou melancolia. Isso acontece em razão de nosso total despreparo diante da crise da morte. Os desequilíbrios diante da separação, que para muitos são irreversíveis, podem fazer com que também percamos o rumo. Alguma coisa nossa se vai. A melancolia pode ser compreendida aqui como um luto que não é elaborado e transformado. Ela faz de nós "vivos-mortos". A melancolia mantém-nos fixados e identificados com um estado de sofrimento permanente, no qual muitos se abrigam por anos e anos. Uso o verbo abrigar porque os psicólogos têm nos alertado sobre quão vigilantes devemos ser quanto à valorização que temos dado, como sociedade, aos sofrimentos físico e moral.

O sofrimento acaba trazendo ganhos secundários. Passamos a ser mais cuidadosos, as pessoas fazem-nos companhia, perdoam nossos deslizes e dão-nos mais afeto do que antes, e, assim, sem perceber, não queremos mais sair dessa zona de conforto. Esse tipo de atitude exige que lidemos com ela de forma lúcida.

A MORTE NÃO É O CARRASCO QUE DESTRÓI; ELA É, ANTES DE TUDO, UMA LIBERTADORA DE ALMAS SOTERRADAS NA ARGILA HUMANA.

CONSIDERAÇÕES FINAIS

Po

NOSSA POSIÇÃO DIANTE DA CRISE DA MORTE ESTÁ DIRETAmente ligada às virtudes que já conseguimos desenvolver. Diante do desespero, as pessoas perguntam: "O que faz parar essa dor?" Outras, mais pragmáticas, afirmam: "Nada fará parar essa dor." Os pessimistas preveem: "Essa dor não vai passar nunca." Os experientes afirmam: "Sim, essa dor passa." E os iluminados concluem: "Porque tudo passa."

Quanto tempo levará para passar e quanto vai doer depende do tamanho de nossa rebeldia, volto a afirmar. Há quase dois anos escrevendo, com algumas intermitências, chego ao fim da narrativa. Procurei apresentar as revelações da ainda jovem doutrina espírita que ilumina a um só tempo as profundezas de nosso passado, ao nos falar de onde viemos, o nosso presente, ao responder o que estamos fazendo aqui, além de revelar o motivo

de nosso sofrimento e descortinar o futuro glorioso que a todos nos aguarda.

No decorrer destas páginas, apresentei a ideia de Deus sem qualquer pretensão de ensinar, apenas permutando observações, fragmentos de vidas e conclusões, sem outro propósito que não fosse o de aprendermos juntos. Quando temos um fraco entendimento de Deus em nossas cogitações, agiganta-se nosso personalismo, nossa presunção, nossa ojeriza a qualquer autoridade ou lei superior, e nos tornamos incapazes de entender a vida e a morte, o mal e o remédio. Enfraquecida a ideia de Deus, a noção de nossa personalidade aumenta.

Os incrédulos de toda espécie são assim, muitas vezes, porque ao longo dos séculos viram os abusos praticados em nome de uma crença. Um Deus de terror e vingança nos foi apresentado. Em nome de Deus, o mundo foi, e ainda é, regado com sangue. Pouco importa quem foram os responsáveis por tais distorções; o que importa é a busca de novos entendimentos. Por isso, devemos buscar a verdade divina nos parâmetros que pudermos compreendê-la. Deus não pode ser compreendido nas íntimas profundezas de sua essência, mas revela-se incontestável por meio de Suas obras e de Suas leis no grande livro que a natureza abre diante de nossos olhos. As distorções manifestam-se na forma como lidamos com as questões da espiritualidade. Podemos senti-Lo como o Senhor de todos os territórios dos multiversos, de todos os corpos celestes que gravitam no espaço infinito, para Quem, entretanto, não passa despercebido o esvoaçar leve das asas de uma borboleta, a cintilação de uma pequenina estrela ou uma lágrima de dor.

Há situações em que alguns se agarram com unhas e dentes a certas ideias, e, ao se depararem com a vida além-túmulo, descobrem estarrecidos e perplexos que estavam apegados a cadáveres ideológicos. Com o passar do tempo e com a chegada de novos conhecimentos, muitas ideias precisam ser ressignificadas. Também elas, assim como os seres e as estrelas, envelhecem e morrem para renascerem renovadas.

Para quem escrevi? Meu foco é aquele que sofreu perdas de entes queridos, principalmente para os mutilados emocionais que um dia viram o mundo desmoronar sobre suas cabeças, mas que, como eu, querem aprender a emergir dos escombros. Recordar o que fomos e o que sofremos, folhear as páginas da separação dolorosa, escritas com lágrimas, é para nós inevitável, mas que isso sirva para que melhor possamos avaliar como temos vivido até agora.

Tantas lembranças vieram à tona e foram embora sem querer se fixar nesses escritos! Olho agora para as páginas que deslizam ao comando do mouse, onde as palavras se atropelam ainda presas no arquivo do computador. Reunir os retalhos de minhas experiências e sondar os elementos em que eles se compuseram teve o efeito de avolumar algumas emoções e saudades, e atenuar outras. Desloquei meu eixo psíquico para elas, eixo que agora deve retornar a seu local de origem, que já não é o mesmo. Sentirei falta da companhia que estes escritos me fizeram; sentirei falta do esforço e do trabalho empreendidos. Sentiria bem mais se não fosse o desafio muito maior de continuar escrevendo as páginas no livro de minha própria vida, que as pessoas vão ler em minhas atitudes.

Onde me encontro hoje? Realizei meus objetivos nesta obra? Concretizei as minhas expectativas tal como as imaginava, há meses? Fui coerente, tive clareza e discernimento? Fui suficientemente obstinada para aproveitar todas as oportunidades que a vida me ofereceu para fazer as escolhas certas e produzir as respostas adequadas na resolução das dificuldades que o destino – que eu mesma tracei – colocou diante de mim e nessa obra? Olharei para a frente e continuarei tentando descobrir tudo o que Deus me proveu para que eu fosse o que sou e o que preciso ser.

Diante das abaladoras catástrofes emocionais que destroem todos os nossos planos e sonhos, que destroem todos os desejos mais caros, devemos seguir adiante sabendo que não iremos sós e desamparados. Jesus estará dentro de nosso coração, qual sol guardado em um relicário precioso. Estamos sempre sob a proteção daquele que nos criou. Precisamos aprender a sentir essa maravilhosa realidade no mais profundo de nossas almas, para que Ele nos conceda paz e consolações a todas as nossas dores.

Reafirmo que cada um deve fazer a escolha do ponto de vista que melhor se harmonize com a sua disposição íntima.

Existirá algum sistema de crenças que nos faça sentir melhores, mais equilibrados, mais serenos, mais confiantes, mais plenos?

ORAÇÃO

PAI DE INFINITA BONDADE, SUSTENTA-NOS O CORAÇÃO
NO CAMINHO QUE NOS ASSINALASTE!

INFUNDE-NOS O DESEJO DE AJUDAR ÀQUELES
QUE NOS CERCAM, DANDO-LHES DAS MIGALHAS QUE POSSUÍMOS
PARA QUE A FELICIDADE SE MULTIPLIQUE ENTRE NÓS.

DÁ-NOS A FORÇA DE LUTAR PELA NOSSA PRÓPRIA REGENERAÇÃO,
NOS CÍRCULOS DE TRABALHO EM QUE FOMOS SITUADOS,
POR TEUS SÁBIOS DESÍGNIOS.

AUXILIA-NOS A CONTER AS NOSSAS PRÓPRIAS FRAQUEZAS,
PARA QUE NÃO VENHAMOS A CAIR NAS TREVAS,
VITIMADOS PELA VIOLÊNCIA.

PAI, NÃO DEIXES QUE A ALEGRIA NOS ENFRAQUEÇA
E NEM PERMITAS QUE A DOR NOS SUFOQUE.

ENSINA-NOS A RECONHECER TUA BONDADE EM TODOS
OS ACONTECIMENTOS E EM TODAS AS COUSAS.

NOS DIAS DE AFLIÇÃO, FAZE-NOS CONTEMPLAR TUA LUZ, ATRAVÉS
DE NOSSAS LÁGRIMAS, E NAS HORAS DE RECONFORTO, AUXILIA-NOS
A ESTENDER TUAS BÊNÇÃOS COM OS NOSSOS SEMELHANTES.

DÁ-NOS CONFORMAÇÃO NO SOFRIMENTO, PACIÊNCIA
NO TRABALHO E SOCORRO NAS TAREFAS DIFÍCEIS.

CONCEDE-NOS, SOBRETUDO, A GRAÇA DE COMPREENDER
A TUA VONTADE SEJA COMO FOR, ONDE ESTIVERMOS,
A FIM DE QUE SAIBAMOS SERVIR EM TEU NOME E PARA
QUE SEJAMOS FILHOS DIGNOS DE TEU INFINITO AMOR.

ASSIM SEJA.

[Chico Xavier, Espírito Agar, *Temas da vida*]

HOJE, JÁ ULTRAPASSADA A MARCA meridiana de minha existência, sendo o tempo vivido aqui maior do que aquele que falta viver, os desafios em minha vida ainda são gigantescos. Convenço a mim mesma de que não preciso mais de tantas coisas e vou tentando desapegar-me delas – como fui obrigada a me desapegar das companhias desta experiência reencarnatória. Quero valorizar as coisas apenas o suficiente para me livrar de aflições e dificuldades materiais. Tristezas, só as que consigo suportar; arrependimentos, apenas os que me impulsionem para a frente. Chorar, só de alegria. Que as saudades doam cada vez menos e que exista um pouco de felicidade para que eu não me transforme em uma pessoa amarga e intolerável. Por tudo que vivi e quero viver, com gratidão a Jesus, faço minhas preces:

PRECE DO SERVIDOR

SENHOR, ENSINA-NOS A TRILHAR
A LUMINOSA ESTRADA DO AUXÍLIO!

DÁ-NOS FORÇA PARA DESTRUIR A PESADA FORTALEZA
DE NOSSOS PRÓPRIOS ERROS, CORAGEM PARA ABRIR
O CAMINHO DA LIBERTAÇÃO DE NÓS MESMOS E RECURSO
PARA DESOBSTRUIR O CORAÇÃO, EM FAVOR DE NOSSOS
SEMELHANTES, ENTREGANDO-LHES, ENFIM,
OS TESOUROS DE AMOR QUE NOS CONFIASTE!...

QUE, POR ONDE PASSEMOS, A DOR SE FAÇA MENOS ANGUSTIOSA,
A IGNORÂNCIA MENOS AGRESSIVA, O ÓDIO MENOS CRUEL,
A TREVA MENOS DENSA, O DESÂNIMO MENOS SOMBRIO,
A INCOMPREENSÃO MENOS DESTRUIDORA...

SE NÃO POSSUÍMOS, AINDA, BENS POSITIVOS
COM QUE POSSAMOS ENRIQUECER A JORNADA TERRESTRE,
AJUDA-NOS A DIMINUIR OS MALES QUE NOS RODEIAM...

QUE, EM TEU NOME, DISTRIBUAMOS FRATERNIDADE E RENOVAÇÃO,
USANDO, COM ALEGRIA, OS DONS SUBLIMES E INVISÍVEIS
DO SILÊNCIO, DA COMPREENSÃO E DA RENÚNCIA!...

SENHOR, QUE NOS ENSINASTE, SEM PALAVRAS, AS SUPREMAS
LIÇÕES DA SIMPLICIDADE DA MANJEDOURA E DO SACRIFÍCIO
NA CRUZ, INDICANDO-NOS, ASSIM, O ROTEIRO DA CONSTRUÇÃO
ESPECIAL E DA RESSURREIÇÃO DIVINA, ORIENTA-NOS
O PASSO INCERTO E AMPARA-NOS OS PROPÓSITOS SANTIFICANTES
PARA QUE A TUA VONTADE, MISERICORDIOSA E JUSTA,
SE FAÇA EM NÓS, POR NÓS E PARA NÓS, HOJE E SEMPRE,
ONDE ESTIVERMOS. ASSIM SEJA.

[Chico Xavier, Espírito Emmanuel, *Nosso livro*]

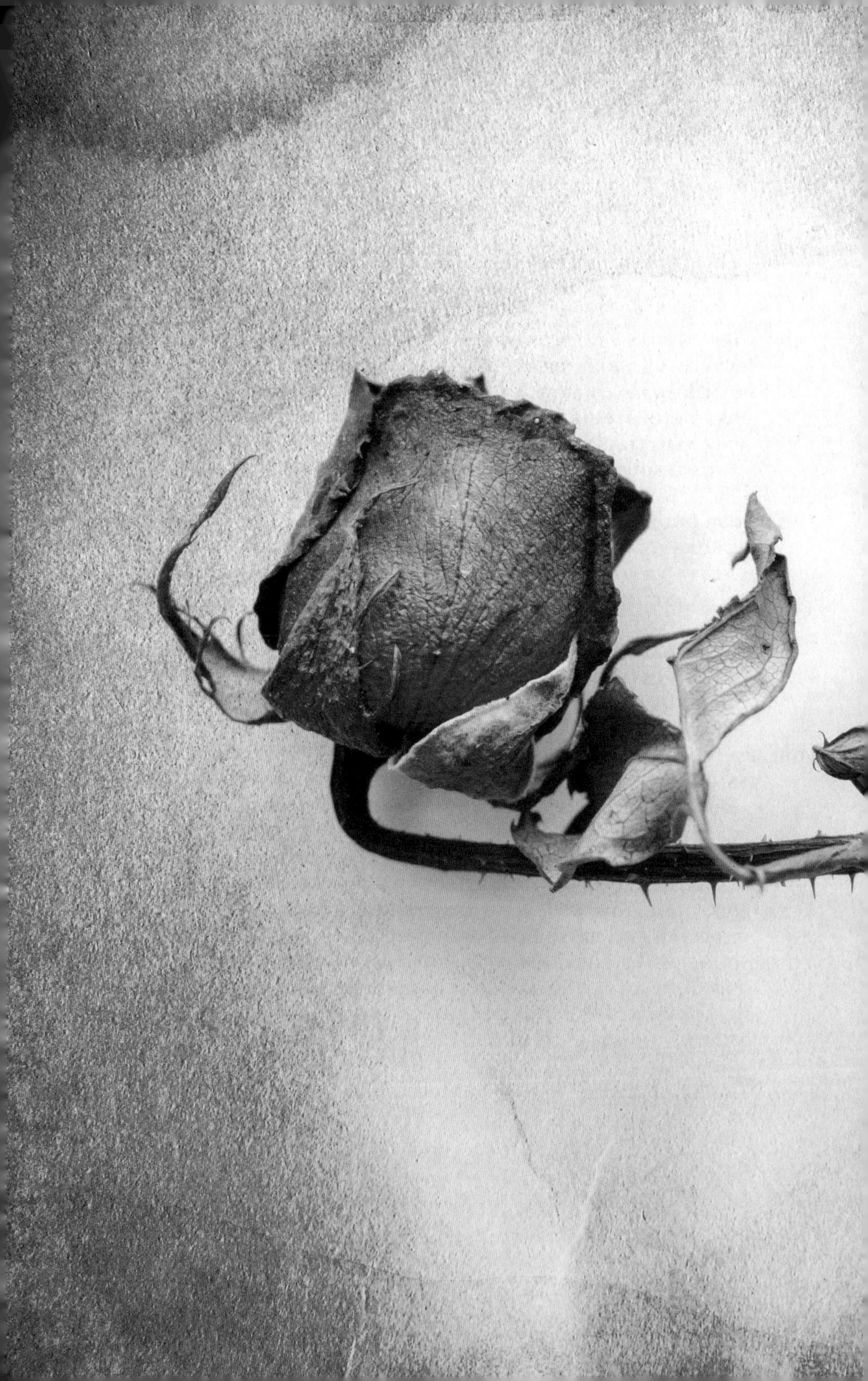

ESCREVI PRINCIPALMENTE PARA OS MUTILADOS EMOCIONAIS QUE, COMO EU, QUEREM APRENDER A EMERGIR DOS ESCOMBROS.

InterVidas | VENCENDO A DOR DA MORTE

DIRETOR
Ricardo Pinfildi

DIRETOR EDITORIAL
Ary Dourado

CONSELHO EDITORIAL
Ary Dourado, Ricardo Pinfildi, Rubens Silvestre

DADOS INTERNACIONAIS DE CATALOGAÇÃO NA PUBLICAÇÃO (CIP BRASIL)

D5853v DINIZ, CÉLIA, 1950–

Vencendo a dor da morte | Célia Diniz.
Catanduva, SP : InterVidas, 2016.
416 p. | 15,5×22,5×2,1 cm | il.

ISBN 978 85 60960 15 6

1. Morte. 2. Dor. 3. Superação
4. Espiritismo. 5. Mediunidade. I. Título.

CDD 133.93 CDU 133.7

1ª ed. especial, agosto de 2016, 10 mil exemplares
1ª ed. premium, setembro de 2016, 10 mil exemplares

CNPJ 03 784 317/0001-54 IE 260 136 150 118
Rua Minas Gerais, 1520 Vila Rodrigues 15 801-280 Catanduva SP
17 3524 9801 intervidas.com facebook.com/intervidas

Impresso no Brasil *Printed in Brazil* *Presita en Brazilo*

COLOFÃO

TÍTULO	*Vencendo a dor da morte*
AUTORIA	Célia Diniz
EDIÇÃO	1ª premium
EDITORA	InterVidas (Catanduva SP)
ISBN	978 85 60960 15 6
PÁGINAS	416
TAMANHO MIOLO	15,3 × 22,5 cm
TAMANHO CAPA	15,5 × 22,5 × 2,1 cm (orelhas de 9 cm)
CAPA	Andrei Polessi
PREPARAÇÃO	Ary Dourado, Beatriz Rocha, Fal Vitiello de Azevedo
REVISÃO	Ary Dourado, Beatriz Rocha, Fal Vitiello de Azevedo
PROJETO GRÁFICO	Ary Dourado
DIAGRAMAÇÃO	Ary Dourado
TIPOGRAFIA TEXTO	Sabon Next LT Pro [11,2; 10,5]/15
TIPOGRAFIA TÍTULO	YDS Eveleth Pro 24/24
TIPOGRAFIA OLHO	Sabon Next LT Pro 18/16
TIPOGRAFIA NOTA	Sabon Next LT Pro 10,2/13
TIPOGRAFIA LEGENDA	H&FJ Ideal Sans Medium 8/10
TIPOGRAFIA CAPA	YDS Eveleth e Emigre Filosofia
MANCHA	103,33 × 162,5 mm, 31 linhas (sem fólio)
MARGENS	17,2:25:34,4:37,5 mm (interna:superior:externa:inferior)
COMPOSIÇÃO	Adobe InDesign CC 2015 (plataforma Windows 10)
PAPEL MIOLO	ofsete IP Chambril Book 75 g/m^2
PAPEL CAPA	papelcartão Supremo Alta Alvura 300 g/m^2
CORES MIOLO	2×2 preto escala×Pantone 167 U (CMYK 5:58:97:14)
CORES CAPA	4×1 CMYK×Pantone 167 U (CMYK 5:58:97:14)
TINTA MIOLO	Seller Ink
TINTA CAPA	Seller Ink
PRÉ-IMPRESSÃO	CTP em Platesetter Kodak Trendsetter 800 III
PROVAS MIOLO	HP DesignJet 1050C Plus
PROVAS CAPA	HP DesignJet Z2100 Photo
PRÉ-IMPRESSOR	Lis Gráfica e Editora (São Paulo SP)
IMPRESSÃO	processo ofsete
IMPRESSÃO MIOLO	Heidelberg Speedmaster SM 102 2P
IMPRESSÃO CAPA	Komori Lithrone S29
ACABAMENTO MIOLO	cadernos de 32 pp., costurados e colados
ACABAMENTO CAPA	brochura com orelhas, laminação BOPP soft touch, verniz UV brilhante localizado
IMPRESSOR	Lis Gráfica e Editora (São Paulo SP)
TIRAGEM	10 mil exemplares
TIRAGEM ACUMULADA	20 mil exemplares
PRODUÇÃO	setembro de 2016

FSC
www.fsc.org
MISTO
Papel produzido a partir de fontes responsáveis
FSC® C112738

InterVidas
|| viva além! >>